知行合一
致真立人

李烈军 霍向东 著

华南理工大学出版社
SOUTH CHINA UNIVERSITY OF TECHNOLOGY PRESS

·广州·

图书在版编目（CIP）数据

知行合一　致真立人/李烈军，霍向东著. —广州：华南理工大学出版社，2020.1（2020.10 重印）

ISBN 978 - 7 - 5623 - 6131 - 2

Ⅰ.①知… Ⅱ.①李… ②霍… Ⅲ.①教育 - 文集 Ⅳ.①G4 - 53

中国版本图书馆 CIP 数据核字（2019）第 269893 号

知行合一　致真立人
ZHIXING HEYI　ZHIZHEN LIREN

李烈军　霍向东　著

出 版 人：	卢家明
出版发行：	华南理工大学出版社
	（广州五山华南理工大学17号楼，邮编510640）
	http://www.scutpress.com.cn　E-mail：scutc13@scut.edu.cn
	营销部电话：020 - 87113487　87111048（传真）
策划编辑：	袁　泽
责任编辑：	唐燕池　袁　泽
印 刷 者：	广州市新怡印务股份有限公司
开　　本：	787mm×960mm　1/16　印张：13.25　字数：224 千
版　　次：	2020 年 1 月第 1 版　2020 年 10 月第 2 次印刷
定　　价：	38.00 元

版权所有　盗版必究　印装差错　负责调换

序言

李烈军和霍向东两位同志曾长期从事钢铁生产和研发工作，后进入高校教书育人。此前我曾收到他们的学术专著《钢的物理冶金——思考、方法和实践》，现在新著《知行合一　致真立人》又问世了，令人欣喜。

我与烈军很早就认识，是老朋友了。我认识他时，他是广钢集团技术研发中心主任，把广钢集团的技术开发和新产品开发做得有声有色，为我国第一条薄板坯连铸连轧生产线的建设投产和品种研发做出了重要贡献。后来他又成为华南理工大学教授，在人才培养、科学研究、社会服务、文化传承、成果转化方面均有所建树。在世纪之交，我曾担任973计划项目的首席科学家，当时霍向东正在北京科技大学攻读博士学位，参与了子课题的项目研究。

前事不忘，后事之师。中国古代冶金技术曾经在世界上长期处于领先地位，但为什么科学和工业革命却不是在近代中国发生？要实现中华民族的伟大复兴，这是科研和教育工作者都不容回避的问题。难能可贵的是，这两位工科背景的同志涉猎如此广泛，他们深入思考了科学、文化、教育和人生，认为"致真"是传统文化的精髓、科学精神的根本、人才培养的目标、人生（或人类）的使命。

我认为他们的探索是很有意义的，结论也是有依据的。"致真"的理念显然同他们的钢铁从业经历有关，因为钢铁生产中的除氧脱碳、去除杂质，正是一个"去伪存真"的过程。在钢铁冶金界，老前辈柯俊院士不但是创新的楷模，而且是立人的典范。柯俊院士去世后，两位同志不仅自发在《中国科学报》上发文纪念，而且在新著中详细回顾了柯俊院士的生平事迹，号召学习先生的创新精神和立人情怀，学习他"自强不息，厚德载物"的君子人格，学习他"知行合一"的人生理念和"致真立人"的崇高境界。

在这本书中，他们深入讲述了自己在人生经历和教育实践中形成的"知行合一 致真立人"的理念，在钢铁冶炼的过程中得到"去伪存真"的启迪，从传统文化中的致真理念出发，归纳出独立、创新、平等的中华民族精神，着重分析了阳明心学，特别是结合烈军蓬勃向上的励志人生，归纳出这样的结论："知行合一"是"致真"的途径，"致真"是"知行合一"的方向和目标。而落实到教育事业上，"致真"的具体体现就是"立人"，即帮助学生实现经济、思想、精神和人格的独立，"致真立人"就是教育的根本目标，是教育工作者的人生使命。

两位同志都有较高的文化素养，对诗词、典故信手拈来，令此书读来雅致流畅，并结合了个人经历和伟人事迹，说理深入浅出、引人深思，鼓励青年人胸怀理想与追求、砥砺品质与修养。这本书不但对于青年读者多有启迪，而且弘扬了新时代的正能量，适合不同年龄段的读者群体。正如习总书记所强调的，"不忘初心、牢记使命"重在知行合一，要真正内化于心、外化于行。而以"致真"作为目标，在追求理想、知行合一的道路上就不会偏离方向。

有鉴于此，在本书付梓之前，烈军请我作序，我欣然应允。

中国工程院院士 翁宇庆

2019 年 12 月 11 日于北京

前言

"知行合一　致真立人"是我对人生经历和教育、科研活动的总结，这一理念的形成离不开霍向东的帮助。我们因钢铁结缘，在长期的科研合作中发展了深厚的友谊，并逐渐形成共同的理念和追求。2015年暑期在苏州开会期间，理念的初步构想已具雏形；2015年9月6日，通过短信交流，我们明确了理念的文字和内容；2015年9月13日，在华南理工大学课题组例会上，我首次提出了"知行合一　致真立人"理念。2016年8月21日，由我主持的《诗悟人生》出版发行座谈会暨"知行合一　致真立人"理念分享发布会在华南理工大学召开。

长期以来，我通过课堂讲授、讲座报告、社会活动、撰文发表等形式，大力践行、传播和推广这一理念。我担任两个本科班和一个博士班的班主任；受邀在高校、中学、企业、政府机关等举办了近百场讲座和报告；作为广东博士创新发展促进会会长，我与博士科技集团共同发起和设立了国内第一个鼓励和表彰以博士为代表的高层次人才在创新创业方面做出突出贡献的荣誉奖项"金博奖"，有力地推动了科技成果转化；为纪念对国家做出巨大贡献的"世纪巨匠，一代宗师"柯俊院士，在2017年教师节来临之际，我与霍向东撰文，在《中国科学报》整版发表署名文章《致真立人　中华骄傲》，并被人民网、广东省科协等转载。"知行合一　致真立人"的理念开始得到社会各界的认可，引起了媒体关注，引起了社会反响，我们也收到了许多读者来信。在华南理工大学每年两次的入党发展对象培训班上，我连续三年受邀做了首场报告。2017年9月我以"知行合一　致真立人"的理念入选为"广东省科学道德和学风建设宣讲团"成员。

今天，作为对祖国70华诞的献礼，系统论述这一理念的专著《知行

合一 致真立人》终于出版面世了。传统文化是中华民族的根和魂,任何理念离开它都是无水之源、无本之木,作为一位理工男,尽管我一直在探索、践行,但阐述中肯定有不够完善之处。另外,在书中,我们大胆地提出了许多自己的观点,希望抛砖引玉、有益于人。如有不妥之处,恳请专家、学者不吝赐教,也希望读者能够予以批评指正。

本书共分为致真篇、知行合一篇、立人篇、理念篇、言论篇五部分内容。从"明代大儒,真三不朽"王阳明的心学体系入手,阐明"知行合一"及其与"致真"的关系,强调其现实意义,提出了"为己之学"和"自我实现"的人才培养目标。从"世纪巨匠,一代宗师"柯俊院士的生平事迹,概括出中华民族的独立、创新、平等精神,在学习先生的同时,进行了"立人"的思考,即如何帮助学生实现经济、思想、精神、人格四个方面的独立。其实,中国传统文化里并不缺少"致真"的科学精神,科研活动和其他人类活动一样,都需要真诚的态度,逐渐放下私欲以实现"知行合一",这样创新精神和工匠精神才能落到实处。"致真"是人才培养的目标,包括获得真知、趋近真实(真相)、坚持(追求)真理、保持真诚、顺从真性、实现真我等六个方面。

我们认为,"致真"是人生(人类)的使命,是文化自信的来源之一。"天人合一"是中国传统文化的重要思想,只有去掉私欲的阻隔,才能知道、知命、知天,回到"天人合一""知行合一"的状态。正是由于传统文化中携带着自我完善的基因,中华民族才能历经磨难而长盛不衰。我们倡议:在高等教育,尤其是理工科高等教育中开设传统文化的通识教育课,引导大学生终身学习、体悟、践行传统文化,并将其精髓自觉运用到社会主义建设中去。

对"知行合一 致真立人"的理念可以从下面三个角度进行把握:(1)在"立人"的教育活动中,如果做得不好,往往是由于私欲隔断导致知行分离,只有不断"致真"才能达到知行合一。同样,在进行科研活动的过程中,只有坚持"致真"的态度,做好每一个环节,才会最终实现创新。(2)身教胜于言传,如果教育工作者在教学、科研、生活的每一件事中,都能够做到知行合一,那么"致真"本身就是教育的过程、立人的过程。(3)"致真"教育的目标是引导被教育者幸福生活、自我实现。这可以从"为学日益"和"为道日损"两个方面去努力。但不要试图改良、改革和改造社会，那不是也不可能是"知行合一"。

"知行合一　致真立人"不是一个空洞的口号，关键在于践行。

我在长期的科研工作中认识到，理论和实践相结合才能完成创新。我们团队已经形成研究生培养的三部曲：入学前一个月的"准研究生工厂实习"，理论学习期间的周末和假期实习，课题期间至少一年在企业实践工作。这样，就能把课题落实到学生的自身规划、企业的实际生产和团队的项目研究中。此外，我经常带领同学们参加各种社会活动，鼓励他们参加国际、国内学术会议，读万卷书，行万里路。

在企业近三十年的工作经历，使我在教书育人、科技创新、产学研合作等各方面有自己的思考。"广大科技工作者要把论文写在祖国的大地上，把科技成果应用在实现现代化的伟大事业中。"这是总书记的期待，也是人民的期待。我想通过自己的亲身经历告诉同学们，实践出真知，到国民经济建设的主战场去，用青春和汗水浇筑的梦想，才会开出灿烂的花朵，结出累累硕果！

我主动请缨担任班主任，带领大学新生参观广州农民运动讲习所旧址、黄埔军校旧址，请社会名流担任兼职班主任、给学生举办励志和情商方面的讲座，组织学生到二十多家名企学习和参观交流，等等。教学相长，我通过帮助学生成长实现了自我价值，并以此作为人生的归宿，我很享受这个过程。我坚定地认为，和科学研究、服务社会等相比，高校的基本职能仍然是人才培养。

作为高校教师，我不揣浅陋地讲述在自己的实践经历中总结出来的教育理念，是希望能够抛砖引玉，引发更多的人关注教育、研究教育、献身教育，为促进我国教育事业发展而共同努力、添砖加瓦！

礼赞共和国，追梦新时代。让我们紧密团结在以习近平同志为核心的党中央周围，解放思想、改革开放，勇于担当、奋发有为，主动服务和融入国家发展战略，为实现"两个一百年"的奋斗目标和中华民族的伟大复兴努力奋斗！

李烈军

2019年8月

目 录

致真篇 ·· 1

一、"致真"是传统文化的精髓 ·· 2
 （一）史前文化 ·· 2
 （二）儒家文化 ·· 4
 （三）道家文化 ·· 6
 （四）佛家文化 ·· 8

二、"致真"是科学精神的根本 ·· 10
 （一）中国古代科学技术 ·· 10
 （二）西方科学的起源和发展 ·· 12
 （三）科学的致真精神 ··· 17
 （四）中国的科学与科学精神 ·· 21

三、"致真"是人才培养的目标 ·· 29
 （一）教人求真，学做真人 ·· 29
 （二）传统文化与科学教育 ·· 31
 （三）"致真"教育的内涵 ·· 34

四、"致真"是人生（人类）的使命 ······································· 41
 （一）"真善美"与"假恶丑" ·· 41
 （二）中国文化的性格气质——"悟" ································ 44
 （三）自身和时代的要求——致真 ····································· 46

知行合一篇 · · · · · · 49
一、王阳明与知行合一 · · · · · · 50
（一）明代大儒王阳明 · · · · · · 50
（二）"知行合一"与"阳明心学" · · · · · · 55
（三）"良知"的本体是"真" · · · · · · 59
二、知行合一与"致真" · · · · · · 63
（一）知行合一是什么哲学？ · · · · · · 63
（二）"致真"是知行合一的方向和目标 · · · · · · 64
（三）知行合一是"致真"的途径 · · · · · · 66
（四）知行合一"致真"的现实意义 · · · · · · 68
三、幸福和成功之道 · · · · · · 73
（一）为己之学 · · · · · · 73
（二）实现自我 · · · · · · 75

立人篇 · · · · · · 79
一、柯俊院士生平事迹 · · · · · · 80
（一）山河破碎求学路 · · · · · · 80
（二）抗战运输不顾身 · · · · · · 81
（三）十载英伦图破壁 · · · · · · 82
（四）三尺讲台唱阳春 · · · · · · 82
（五）四海贝茵独树帜 · · · · · · 83
（六）九州电镜首燃薪 · · · · · · 84
（七）冶金考古拓荒者 · · · · · · 85
（八）高教改革先行人 · · · · · · 86
（九）春蚕到死丝方尽 · · · · · · 87
（十）钢铁强国梦渐真 · · · · · · 88

二、中华民族的真精神 ·················· 90
（一）独立精神 ·················· 90
（二）创新精神 ·················· 93
（三）平等精神 ·················· 97

三、学习柯俊先生 ·················· 100
（一）创新精神、家国情怀 ·················· 100
（二）致真精神、立人事业 ·················· 103
（三）自强不息、厚德载物 ·················· 105

四、关于立人的思考 ·················· 110
（一）人是目的，不是手段 ·················· 110
（二）立人与立己 ·················· 112
（三）"立人"的层次 ·················· 116

理念篇 ·················· 123
一、文化自信 ·················· 124
（一）文化自信的重要意义 ·················· 124
（二）马克思主义与中国优秀传统文化 ·················· 125
（三）正确认识中国优秀传统文化 ·················· 126
（四）践行文化自信的途径 ·················· 128
二、文化与科学 ·················· 129
三、知行合一　致真立人 ·················· 133

言论篇 ·················· 139
一、纪念柯俊先生文章 ·················· 140
致真立人　中华骄傲 ·················· 140
世纪巨匠　仰之弥高 ·················· 149
秋风夜雨忆先生 ·················· 151

二、纪念阳明先生文章 …………………………………… 155
中华优秀传统文化的"致真"精神 …………………………… 155
阳明心学的现实意义 ………………………………………… 163

三、《诗悟人生》出版发行 …………………………… 167
《诗悟人生》序言 …………………………………………… 167
《诗悟人生》："致真没有终点，我们都在路上" ………… 169

附录 …………………………………………………… 174
知行合一接地气　致真立人勇登攀 ………………………… 174
千锤百炼心系立人梦　知行合一身在致真途 ……………… 183
这个教授不寻常 ……………………………………………… 192

后记 …………………………………………………… 197

致真篇

　　本篇从中华民族五千年文明史开始,回顾了以儒释道为代表的中华优秀传统文化,明确指出"致真"是传统文化的精髓;为寻找"李约瑟难题"的答案,回顾了西方科学的起源和发展历程,坚定认为"致真"是科学精神的根本,中国古代科学曾引领世界,传统文化中蕴涵科学精神;接下来,提出了"致真"是人才培养的目标,这包括获得真知、趋近真实(真相)、坚持(追求)真理、保持真诚、顺从真性、实现真我等六个方面;"致真"是人生(人类)的使命,不但可以达到"天人合一"的崇高境界,而且共产主义社会也可以说是人类的"致真"追求。

一、"致真"是传统文化的精髓

中华民族在 5000 年的文明史中创造了辉煌灿烂的文化,中华优秀传统文化是中华民族的"根"和"魂",涵养着深厚的文化自信。习近平总书记指出,培育和弘扬社会主义核心价值观必须立足中华优秀传统文化。中国传统文化博大精深,传统文化典籍浩如烟海。我们一直在思考传统文化的精髓所在,并且不揣冒昧地总结了一个字:"真"。因此我们学习、继承传统文化,甚至实现文化创新的途径就是"致真"。

(一)史前文化

如果从宇宙大爆炸开始算起,人类的历史实在太短暂了,相较于宇宙的年龄,人类文明的历史只不过是弹指一挥间。

古巴比伦、古埃及、古印度、中国被称作四大文明古国。在漫漫历史长河中,其他文明陆续消失了,只有中国文化延续下来。古希腊文明被视为西方文明的源头,因此西方有句谚语"辉煌属于希腊,宏伟属于罗马"。但是古希腊文明是次生文明,位于地中海的希腊半岛临近尼罗河流域和两河流域,其中的文明是在古埃及文明和古巴比伦文明基础上发展起来的。而作为东方文明的代表,中华文明在古老的神州大地上绵延不绝、源远流长、历久弥新。

文字的出现常被作为界定文明的标志,在殷墟发现的甲骨文是中国目前已知最早的成系统的文字形式,殷商的建立距今约 3600 年。但是司马迁在《史记》中关于"黄帝"的记载言之凿凿,另外我国最古老的历史文献《尚书》也记载了"虞夏"之事。如果追溯自黄帝,中华有 5000 年的文明史。

"史前文化"是指文字产生以前的人类文化。上古时期的传统神话可以反映这一时期中华儿女淳朴的思想，以及中华民族的精神特质。

中国关于世界起源的传说与西方世界有很大的不同，不是上帝创造了世界，而是盘古开天辟地。很久以前，天地未分，有个叫盘古的巨人，抡斧劈开混沌，顶天立地，倒下后形体化为日月山川，气息、声音变成风云雷电……可见，中华儿女的思想里没有依赖，连创世都不需要外部力量。另外，中国人没有永生的概念，但人和自然密不可分，从这个意义上讲，回归自然也是一种永生。

我们的祖先聪明睿智、勇于担当、有奉献精神。不靠普罗米修斯盗取天火，燧人氏发明了钻木取火。不在诺亚方舟里躲避洪水，大禹带领人民挖沟泄洪、消除水患。女娲炼制五色石子修补苍天，斩巨鳌四足以立四极，救民于水火之中。伏羲见河图洛书，立太极、分阴阳、画八卦，使人民找到了认识客观世界的途径。为给百姓找食物、寻医药，神农遍尝百草，最后因食断肠草而逝世。

我们的祖先勇于追求，明知不可为而为之，具有百折不回的意志。夸父追赶太阳，喝干了渭水，没有跑到大泽，就口渴而死。精卫在东海溺水，死后化作神鸟，衔来木石，欲把大海填平。

开天辟地、繁衍生息、战胜灾难、摆脱蒙昧，先民们筚路蓝缕、脚踏实地、步步前行，走向文明。我们相信，这些神话在很大程度上反映了先民们的精神和意志。

有人说中国人没有信仰，其实中国人是有信仰的，我们相信自己，不依赖外部的力量。这些神话故事体现了中华民族用自己双手改天换日、移山填海的精神和勇气。因此传统文化中没有凌驾于人的存在，也没有神秘力量对人进行惩罚和救赎。"悟"成为东方文化的性格气质，通过领悟，每个人都可以"超凡入圣"，这说明传统文化滋养下的中国人有无限的可能性。

这些神话传说中的人物原型就是原始社会的部落首领，由于华夏很早就进入农耕社会，当时的生产力还不发达，首领要具有聪明睿智、大公无私、艰苦奋斗、勤奋执着等优秀品质。鲁迅先生说："我们自古以来，就有埋头苦干的人，有拼命硬干的人，有为民请命的人，有舍身求法的人……这就是中国的脊梁。"（《中国人失掉自信力了吗》）从中国的传统神话故事里，可以找到这种精神的源头。

但随着社会进步，物质丰富了，产品有了剩余，出现阶级分化的趋势，私欲日益严重，有德行的管理者很为这种状况担心。在《尚书·大禹谟》中记载了舜告诫禹的话："人心惟危，道心惟微；惟精惟一，允执厥中。"意思是说：人心变幻莫测，道心幽微难明，应当精纯专一，诚恳地秉持中正之道。

这十六个字不仅是舜教给禹的治国方略，而且成为儒学乃至中国文化传统中著名的"十六字心传"。因为"道"和"心"是儒释道三家的核心概念和命题；"惟精惟一"就是实事求是，或者说是"致真"；而"允执厥中"即不偏不倚，成了中国人奉行的行为准则。

这十六个字是中国传统文化的源头。因此，中国的传统文化可以说是修心之学、寻道之学、致真之学。在先秦诸子的百家争鸣后，儒家和道家成为中国思想的两大主流。两家互为表里、相互补充、潜在竞争、共同发展，就像一个钱币的两面，又像太极图中的阴阳鱼。经过了秦始皇的"焚书坑儒"，汉武帝的"独尊儒术"，隋唐科举制度的确立，宋明理学的发展，儒学逐渐成为官方哲学、社会主流思想。产生于魏晋时期的玄学被称为新道家，一时出现了"魏晋风流"的盛况。道教是一种宗教，与道家有很大不同。

佛教产生于古印度，具有东方文化的特征，在近 2000 年前的东汉明帝时传入中国。经过斗争和妥协，逐渐融入中国的传统文化，成为中国的佛学，与其他文化互相影响。例如：佛教受儒学和道家哲学的影响，产生了禅宗；宋明理学，尤其是阳明心学，又明显受到了禅宗的影响。

春秋之后的两千多年中，对中国传统文化影响最深的是儒家、释家和道家。中国文化的血脉里，中国人的思想中，儒释道融为一体、密不可分。而以儒释道为代表的传统文化的精髓就是"真"。

（二）儒家文化

作为儒家经典，四书五经是儒家思想的核心载体。四书指的是《论语》《孟子》《大学》《中庸》；五经指的是《诗经》《尚书》《礼记》《周易》《春秋》。中国许多高校的校训就出自这些典籍，如清华大学的校训"自强不息，厚德载物"出自《周易》，华南理工大学的校训"博学慎思，明辨笃行"就出自《中庸》。

人们通常认为，儒家思想是入世之学，用时髦的话说叫成功学。"修身、齐家、治国、平天下"这四个词出自《大学》，但只是八条目的后一半，前面还有四个条目——"格物、致知、诚意、正心"。也就是说，没有基础，不可能建功立业，就像人不会走怎么能跑呢？因此八条目的关键在于"修身"，这要通过穷究物理、求得真知、真心诚意来实现。"诚"是真实不妄的意思，"真"和"诚"同义。也就是说，只有具备以"真诚"为内涵的君子人格才能有益于社会。此外，书中还讲到"大学之道，在明明德，在亲民，在止于至善。"意思是说：大学教人的道理，在于彰显光明德性（明明德），再推己及人（亲民），而且精益求精，达到完美的境界（止于至善）。也就是达到"真"的状态。

《中庸》是一篇论述儒家人性修养的文章，"诚"作为儒家思想体系中十分重要的概念，在不到4000字的《中庸》里出现了25次。"诚"是真实不妄的意思，也就是"真"，文中也给出了定义："诚者自成也，而道自道也"。

文中引用了孔子的话："舜其大知也与，舜好问而好察迩言，隐恶而扬善，执其两端，用其中于民，其斯以为舜乎！"这是对"十六字心传"的注解，下面的话继续阐发："诚者，天之道也；诚之者，人之道也；诚者不勉而中，不思而得，从容中道，圣人也；诚之者，择善而固执之者也！"意思是说，真实无妄是天生万物的道理，追求真诚是做人的原则；天生真诚的人，不用勉强就能符合于中，不用思虑就有所得，从从容容就会符合中庸之道，达到这种境界的人是圣人；努力求得真诚的人，就是选择善道而执着坚守的人。这是对"真"和"致真"的表述。

"自诚明，谓之性；自明诚，谓之教。诚则明矣，明则诚矣。"由于诚恳而明白事理，这叫作天性；由于明白事理而做到诚恳，这是教育的结果。真诚就会明白事理，能够明白事理也就能够做到真诚了。说明了教育在"致真"中的作用。

"道"存在又难言，如果说"中庸"是"诚道"的表现，"忠恕"就离道不远了。"己欲立而立人，己欲达而达人"是"忠"，"己所不欲，勿施于人"是"恕"，也就是推己及人。这两句话都出自《论语》，该书较为集中地反映了孔子的言行和思想。孔子思想的核心内容是"仁"，仁者爱人，就是推己及人，就是忠恕之道，接近于"真"和"诚"了。

"诚"在《孟子》中出现了22次，孟子阐发了孔子的思想，把真诚视为做人的根本。如"诚者，天之道也；思诚者，人之道也""万物皆备于我矣。反身而诚，乐莫大焉；强恕而行，求仁莫近焉"等。他在孔子"性相近，习相远"的基础上提出了性善论，认为人有"四端"，即恻隐之心、羞恶之心、辞让之心、是非之心，将此"四端"加以扩充，便是仁、义、礼、智"四德"。

"善"比"真"更容易理解，"性善论"容易被人接受。但是也有人提出了不同的意见，例如：荀子的"性恶"之说，告子的"不善不恶"说。老子在《道德经》第二章中就提到了美和善："天下皆知美之为美，斯恶已；皆知善之为善，斯不善已。"这至少可以从两个角度理解。当美和善的概念产生时，丑和恶的概念就产生了；追求美和善的过程，会带来相反的结果，并不存在至美至善。

这说明善和美是在比较和对立中产生的。有人会问，真和假不是对立和比较的概念吗？其实古人认识到"真"，是因为出现了"伪"。"伪"的最初意思是"人为"，不是天真，是人能学到的、人能做到的、人能创造的。"真"指的是没有人为成分，那就是自然状态，就是"天道"。下面看"道家"是怎么表述的。

（三）道家文化

老子是春秋时期著名的思想家。相传孔子曾向老子问道，回来说："鸟，吾知其能飞；鱼，吾知其能游；兽，吾知其能走。走者可以为罔，游者可以为纶，飞者可以为矰。至于龙吾不能知，其乘风云而上天。吾今日见老子，其犹龙邪！"（《史记·老子韩非子列传》）

老子曾做过周王室管理藏书的史官，后来隐居不仕，骑青牛西出函谷关，留下一部五千余字的《道德经》，扬长而去，不知所终。其行止代表着中国知识分子对"出世"的向往。

《道德经》上来就给人一个"下马威"——"道可道，非常道"，相当于佛家的"不可说"。既然"道"的本身不可说，那就勉强描述一下它的表现形式、作用规律，以及怎样学习吧！"道"和"德"是自然和人两个层次的问题，人要向自然学习，才接近于"道"，正如"人法地，地法天，天法道，道法自然""上善若水。水善利万物而不争"……

"天之道，其犹张弓与！高者抑之，下者举之，有余者损之，不足者与之，天之道损有余而补不足。"这是"道"的表现形式，就是"中庸"，也是"诚"的表现形式，而"诚者，天之道也"(《中庸》)。可见古人认为"道"和"诚""真"相关联，而以自然为师、向自然学习的过程也就是"致真"。

庄子生活在战国中后期，同上述几部典籍相比，《庄子》成书应该较晚。尽管大家对"真"的认识早已形成，但"真"字在《庄子》中才开始大量出现。庄子给出了它的定义，即"真者，精诚之至也"，"诚"到了极致就是"真"。"真者，所以受于天也，自然不可易也。故圣人法天贵真……"这告诉我们它是超越于物质世界的一种存在。

庄子告诉我们："天与人不相胜也，是之谓真人。""故无所甚亲，无所甚疏，抱德炀和，以顺天下，此谓真人。"在庄子看来，"真人"是没有矛盾、没有亲疏、没有巧诈、温和顺应的。

庄子说："有真人而后有真知。"这不同于我们现在讲的"求知"，却类似于王阳明讲的"良知"。它不是通过后天努力获得的，反而等同于"无知"。如果认为它是更高的知识，就是"不知之知"。

《中庸》开篇讲"天命之谓性，率性之谓道，修道之谓教"。儒家思想认为：用仁义礼乐来规范人的行为，是符合人的本性的。而庄子则主张自由发展我们的自然本性。他在《逍遥游》中讲了大鹏和小鸟的故事：大鹏扶摇直上，飞跃万里，小鸟朝出夕还，飞行距离不过桑榆之间，但都做到了它们能做的、爱做的，就没有区别，说到底也就是适性而已。

但大鹏和小鸟都不可能绝对逍遥，因为它们还有所依赖。大鹏飞翔九万里要等待风，"风之积也不厚，则其负大翼也无力"。随后庄子提到"列子御风而行"，仍旧要依赖风。只有"真人"无所依赖，"若夫乘天地之正，而御六气之辨，以游无穷者，彼且恶乎待哉"，"故曰：至人无己，神人无功，圣人无名"。至人、神人、圣人都是对"真人"在不同场合的称呼。

这些究竟是庄子的想象、亲见或实证，我们不得而知，但后来的道教从中找到了依据，相信自己通过修炼也可以成为"真人"。唐玄宗天宝元年（742年）追封庄子为南华真人，《庄子》也被称为《南华真经》。后来宋朝时王重阳创立了"全真道"，以全老庄之真、苦己利人为宗旨。

作为传统文化的代表，儒释道有着千丝万缕的联系。"至人无己"就与佛家的修"无我"、破除"我执"，以及《金刚经》上讲的"无我相、人相、众生相、寿者相"都有着共同之处。

（四）佛家文化

佛教的创始人释迦牟尼，出生于公元前五百余年的古印度，是净饭王的太子。他为人的生老病死和相互残杀而苦恼，为寻解脱之法，19岁出家苦修，30岁于菩提树下夜睹明星开悟，弘法49年，80岁时在拘尸那迦城示现涅槃。圆寂时告诉弟子说，"以己为灯，以己为靠"。

佛法的目的应该是解脱生死、离苦得乐。但由于人的秉性不同、根性不同，类似孔子的"因材施教"，佛也是应机说法，八万四千法门不是确切的数字，而是形容方法之多。佛教于东汉传入中国，同本土文化相结合，于隋唐时期达到鼎盛，形成八大宗派。后来其他宗派渐渐衰落，净土宗和禅宗成为流传最广、影响最大的佛教宗派。

印度佛学和中国道家哲学的结合，形成了中国形式的佛学。对应于尘世间的真理——"俗谛"，用"真谛"表达出世间的真理。佛教主要目的是教人破除我执、法执而体认真实。唯有从事物的两个对立方面互成互破，才能扫尽一切执着而显现真实，即"从真谛来看是空，从俗谛来看是有"。

禅宗对中国文化影响很大，引起了知识分子浓厚的兴趣，如苏东坡和佛印禅师的故事就广为流传。达摩祖师于南朝来到中国，面见梁武帝，言语不睦，一苇渡江，在少室山石洞中面壁十年。禅宗主张"以心传心"，相传他与徒弟慧可曾有关于"安心"的对话。260字的《心经》是禅宗一部重要经典。禅宗传至五祖弘忍前一直用《楞伽经》印心，五祖又加了一部《金刚经》。五千余字的《金刚经》中出现了39个"心"字。

六祖慧能的得法经历很像《西游记》中的孙悟空，他到黄梅的东山禅寺拜弘忍为师，与菩提老祖一样，弘忍以杖击地三下，暗示慧能夜半三更入室，传授《金刚经》。慧能开悟后，说了一番话，表明"一切万法，不离自性""何期自性，本自具足"，这与"诚者自成也"（《中庸》）何其相似，都表明了自我圆满、无所依赖的存在。

六祖慧能后来回到韶关曹溪说法，驻锡之处就是今天的南华寺。他的言行由弟子法海等人集录为《六祖坛经》，这是唯一一部由中国人宣说并被称作"经"的佛教典籍，可见其地位之崇高。它把日常生活当作宗教的终极世界，如"菩提在世间，不离世间觉。离世觅菩提，恰如寻兔角"；把人性中本有的美好东西当作宗教追求的佛性，如《无相颂》中"心平何劳持戒，行直何用修禅。恩则孝养父母，义则上下相怜……菩提只向心觅，何劳向外求玄。听说依此修行，西方只在目前"；认为人人皆有佛性，人人皆可成佛，只因"邪见障重，烦恼根深。犹如大云覆盖于日"，不能见性，而经人指引后，"拨云见日"终究要靠自己。王阳明的"心学"与之如出一辙。

经过六祖慧能的改造，禅宗变得如此朴实，"劈柴担水，无非妙道，行住坐卧，皆在道场"。它的思想和实践完成了对宗教的超越，实现了向人文精神的回归，"旧时王谢堂前燕，飞入寻常百姓家"，成为一种生活的追求，一种人生的境界，一种处世的智慧。

禅宗的特征通常被概括为"不立文字，教外别传，直指人心，见性成佛"。"不立文字"，即不依据文字，不依据经书。因为担心人们落入名相，看不到本质，不能"致真"，佛在《金刚经》中告诫人们"说法者无法可说，若言说法者，即是谤佛"。如此看来，佛不是教主，更像是个老师，苦口婆心，颇似孔子，这是佛教和儒家在教育上的共同之处。有人据此评价禅宗衰落了，但是其实这丢弃的只是形式，它的内容最终融入博大精深的中国传统文化中了。

《六祖坛经》中"道"字出现了 97 次，以成道、得道、求道的含义为主；"真"字出现了 83 次；"性"字出现了 258 次；而"心"字出现了 254 次。除了真性、真道、真如等词语外，"真"也常单独出现，如"一真一切真""真无常义""作法求真""离假即心真"等。

"真"在词组中作为定语，同"假"相对。另外它还可以作为独立的存在，是脱离了假的状态。而道、心、性等作为名词使用，由于汉语长期演变和一词多义的特点，变得很难把握。因此学习传统文化从"真"入手，认识到传统文化的精髓是"真"和"致真"，是学习、继承传统文化并实现文化创新的重要途径。

上面讲到的都是中国传统文化之根，除了佛教在东汉时期传入，儒家与道家文化都成型于春秋战国（公元前 770—前 221 年）中晚期。其实佛

教的创始人释迦牟尼也是出生于这一时期,而古希腊哲学的发展和繁荣也是处于这一时期。公元前400年左右,古希腊就已经有了完整的哲学体系,出现了泰勒斯、德谟克利特、苏格拉底、柏拉图、亚里士多德等众多哲学家。古希腊自然哲学是科学思想之源,对近现代自然科学的发展造成了很大的影响。

二、"致真"是科学精神的根本

(一)中国古代科学技术

中国古代在造纸、印刷、纺织、陶瓷、冶铸方面取得了突出的科技成就。作为四大发明的指南针、造纸术、印刷术和火药,对世界文明做出了杰出的贡献。张衡、祖冲之、沈括、郭守敬、李时珍等众多科学家,在天文学、数学、物理学、医药学、地理学、建筑学等领域进行了深入研究,针对世界本源和宇宙结构等问题也进行了探索。可以说,古代中国科学技术曾经长期处于世界领先地位,但后来却被西方迅速超越,从钢铁冶金技术的发展史就可见一斑。

人类最早使用的是陨铁,中国约自公元前1400年(商朝中期)开始使用陨铁。世界上铁的熔炼大约在公元前2000年出现。最早的铁器都是将铁矿(氧化铁)还原成炉渣和固态纯铁的混合物(称为块炼法),然后经锻造,排除大部分半固半液态的炉渣后而制成的。我国在春秋中期,开始使用海绵铁锻成的铁和可能是渗碳得到的钢。

中国古代的冶铁竖炉温度可达1200℃,由于被木炭还原的固态铁在渗碳后熔化温度降低,因此最晚于公元前5世纪初(春秋战国时期)就能制取液态生铁。而欧洲使用生铁则在公元14—15世纪以后,也许是冶炼温度不够高的原因。公元前5世纪我国发明将脆硬白口铸铁经退火转变为脱碳铸铁、韧性铸铁的方法,公元前3世纪开始用铁范制作农具,使得铸铁件迅速推广。

自此，以生铁为原料的制钢技术不断发展，如铸铁脱碳钢、炒钢、灌钢等，还出现了反复叠打以改善钢材性能的工艺，被称作"百炼钢"。钢铁广泛应用于农具、兵器、犁镜、马镫等的制作，人们在铸铁时不仅应用了淬火技术，而且掌握了水质与淬硬的关系。

钢铁业的发展体现在多方面，如炉容扩大、用石灰石做熔剂、风口增加、利用畜力或"水排"鼓风。唐宋时期，我国实现了农具由铸制改为锻制这一具有重大意义的历史性转变。北宋时期，已普遍使用煤炼铁。明代初期，在"灌钢法"基础上优化出"生铁淋口"法，而后再由苏州冶铁工匠提升为"苏钢法"。明代中期，出现炼铁半连续系统，人们开始使用焦炭炼铁。在17世纪以前，中国至少有10项钢铁技术居世界领先地位。

明代中后期到清代，我国传统钢铁技术的发展速度变缓。而此时的西方，工业革命方兴未艾，生铁冶炼技术长足发展。在15世纪初，欧洲采取了加强鼓风、加大炉身、增大燃料比等强化冶炼的措施；1709年焦炭、1755年蒸汽机、1828年热风的应用不断把炼铁技术和生产推向高潮；在16世纪后期，冶金技术同物理、化学、力学的最新成就结合，逐渐发展成为"冶金学"。

19世纪，西方国家的冶金学在生产力的推动下蓬勃发展。1856年英国人贝塞麦发明了酸性底吹转炉炼钢法，标志着现代炼钢技术的产生；同年出现了平炉炼钢方法。连续浇铸的专利在1886年问世。1899年电弧炉炼钢方法发明成功。20世纪末，薄板坯连铸连轧技术开发成功，并得到了广泛应用。

相较之下，尽管改革开放以来，我们走过了波澜壮阔的发展历程，实现了"钢铁大国梦"，但中国仍旧算不上钢铁强国。更应该指出的是，尽管我们有辉煌灿烂的古代文明，在工业革命时期却是西方现代科学推动了钢铁行业和其他行业的发展。"尽管中国古代对人类科技发展做出了很多重要贡献，但为什么科学和工业革命没有在近代的中国发生？"这个问题被称为李约瑟难题，是由英国学者李约瑟（1900—1995年）在其编著的《中国科学技术史》中正式提出的。

这值得我们每个人深入思考，下面还是看一下西方科学的发展历程。

（二）西方科学的起源和发展

（1）西方科学的源头

希腊文明的突然兴起令人惊异。古巴比伦文明和古埃及文明都是农业文明，受两者的影响在克里特岛上首先出现了航海民族的文明——米诺文明，传播到希腊大陆形成了迈锡尼文明（约公元前2000—前1150年），《荷马史诗》记录了这一时期发生的故事。但史诗成书要晚一些，其中的宗教气味并不浓厚，包括宙斯在内的奥林匹亚诸神们并不是万能的，也要接受命运的摆布。这也许是科学可以诞生的原因之一。

西方科学的滥觞是诞生于公元前六世纪初期的古希腊自然哲学，最早是从泰勒斯开始的。他第一个提出了世界的本原是什么的问题，认为"水是世界的本原"。随后其他哲学家陆续提出了对世界本原的认识，如毕达哥拉斯认为数就是万物的本原；巴门尼德认为万物的本原是"一"而且不变；德谟克利特把万物的本原归结为最小的不可再分的"原子"，成为近代物质结构学说的先导。

约公元前五世纪，历经几次民主改革和希波战争的胜利，雅典成为古希腊世界的经济、政治和文化中心。

苏格拉底是著名的古希腊哲学家，他和学生柏拉图及柏拉图的学生亚里士多德被并称为"希腊三贤"。苏格拉底扩大了哲学研究的范围，他将哲学引到对人心灵的关注上来。苏格拉底认为，对于自然的真理的追求是无穷无尽的，感觉世界常变，因而得来的知识也是不确定的；要追求一种不变的、确定的、永恒的真理，这就不能求诸自然外界，而要返求于己，研究自我。他在雅典大街上高谈阔论，到处向人们提出一些问题，帮助别人产生他们自己的思想，但他说"我除了知道我的无知这个事实外一无所知"。苏格拉底一生追求真理，最后为自己信仰的真理而献身，饮鸩而亡。

柏拉图是客观唯心主义的创始人，他认为存在"理念世界"和"现象世界"，宇宙间的原则和道理是第一性的、永恒普遍的，至于感官接触的世界不仅是第二性的，而且是不真实的。

亚里士多德在古希腊哲学史上标志着一个转折点，他是第一个从事广泛经验考察的人。作为一位百科全书式的科学家，他几乎对每个学科都做出了贡献。他认为运行的天体是物质的实体，地球是球形的，是宇宙的中心；地球和天体由不同的物质组成，地球上的物质是由水气火土四种元素组成，天体由第五种元素"以太"构成。亚里士多德关于物理学的思想深刻地塑造了中世纪的学术思想，其影响力延伸到了文艺复兴时期，直至被牛顿物理学取代。

苏格拉底之后，哲学与科学开始分离。亚里士斯多德则进行了划分：哲学是以与存在本身有关的理论为研究对象，是对支配存在和形式存在的一般原理进行探讨的学问，他称之为第一原理、最高原理、第一哲学或形而上学；科学则是以具体的特殊的事物为研究对象，是对现存事物的个别领域进行研究和认识的学问，他称之为物理学或自然科学。

公元前431年起，伯罗奔尼撒战争使雅典衰落，后来希腊被马其顿征服，希腊文明由自由城邦时期进入希腊化时代。

欧几里得（公元前330—前275年）把形式逻辑的公理演绎方法应用于几何学，从而完成了数学史上具有划时代意义的重要著作《几何原本》，被称为"几何之父"。他也写了一些关于透视、圆锥曲线、球面几何学及数论方面的作品。

阿基米德（公元前287—前212年）是古代希腊文明所产生的最伟大的数学家及科学家之一，在诸多科学领域做出了突出贡献。他在物理学方面，发展了流体动力学和静力学基础，发明了阿基米德原理；数学上利用"逼近法"算出球的面积和体积等；制作出天象仪，可精确显示日、月、星辰等的运行；在机械方面，发现了杠杆原理，也有许多设计和发明。

同希腊人重思辨、追求知识、追求真理的文化特性不同，罗马人更重视实用。因此他们在理论科学的成就乏善可陈，但是在实用科学上取得了一定的进展。儒略历的诞生是重要事件，是现行的公历直接来源；此外塞尔苏斯著有《医学大全》，托勒密著有《天文集》，老普林尼著有《自然史》。

（2）中世纪与文艺复兴时期

公元476年西罗马帝国灭亡，从此欧洲进入漫长的"中世纪"，一直到15世纪的意大利文艺复兴为止。中世纪是欧洲从希腊和罗马文明坠落，又重新沿着现代知识的山路攀爬时所经历的低谷，它被称为欧洲人经历的"黑暗时代"。但这只是黎明前的黑暗，文明在慢慢集聚力量，准备迎接近代科学的到来。

在基督教会的统治和摧残下,科学成为恭顺的婢女,这是一个学术气氛沉闷、科学黯淡无光的时代。但在教会有意无意的组织下,形成了文化交流的氛围。除了辉煌的大教堂,大学的创建是中世纪留下的最大遗产。有组织的大学形成于12世纪,是从教会办的行会性质的学校发展起来的。这些大学在力学方面的理论分析冲击了亚里士多德的观点,为经典力学做了理论上和方法上的一些准备。

经院哲学经历了早期发展、鼎盛和衰落的过程。培根依据亚里士多德的思想向自然科学进行发展,他指出人类产生错误思想的原因在于盲从权威,到达真理的唯一途径是周密地观察事物,并强调数学和实验科学的重要性。经院哲学的高度繁荣为近代科学的建立创造了条件。

宗教性军事行动"十字军东征"造成了生灵涂炭,最后以失败告终,但在客观上促进了东西方文化的交流,并且让欧洲人在阿拉伯世界获得了失传已久的希腊哲学家的作品。1453年,君士坦丁堡陷落,东罗马帝国灭亡,大批学者带着手稿来到欧洲,古希腊哲学和语言重新被西方学者熟悉。尤其是自由世界分崩离析的局面,使科学间接成为宗教改革家的目标之一,推动了思想自由的实现。

文艺复兴是从文学开始的,其目的之一是恢复古典思想中追求理想和自由的真精神。达·芬奇把对自然世界的观察和实验,作为科学的独一无二的真方法,认为权威的演绎必须代之于从自然界而来的归纳。文艺复兴不仅大大解放了人们的思想,同时也推动了近代自然科学的产生。

地理大发现增加了人类的知识,开阔了人类的眼界,探险航行还带动了航海、天文学等学科的发展,让人们认识到权威和《圣经》的局限,为摆脱心灵的束缚、探索未知世界扫除了障碍。

（3）近代自然科学的发展

近代自然科学以天文学领域的革命为开端。亚里士多德、托勒密等都支持"地心说",教会也把它作为上帝创世的依据,但逐渐有观测资料表明地心说的错误。波兰天文学家哥白尼从1506年开始进行了30年的天象观测,提出了"日心说",并于1543年出版《天体运行论》。日心说是天文学发展的重要里程碑,是人类认识自然界的巨大飞跃,引起了西方人价值观念的转变,也是近代自然科学诞生的主要标志。随后开普勒发现了行星运动的三大定律（椭圆定律、面积定律、周期定律）。

伽利略遵循着阿基米德的足迹，在观察、实验的基础上，用数学描述事物运动的规律。他造出了第一架用于天文观测的望远镜，利用望远镜观测天体并取得了许多重要的天文发现成果。他对于自由落体定律、钟摆和抛射体的运动的研究，建立了定量实验和数学论证相结合的科学方法。

伽利略在1642年去世，次年，牛顿诞生了。从哥白尼开始，经过了几代科学家的积累，最后推进了牛顿对物理世界做出的伟大的综合贡献。据说牛顿看到了一只苹果落在地上，启发他发现了万有引力定律。1687年，牛顿发表《自然哲学的数学原理》，系统论述了牛顿力学三定律（惯性定律、作用力反作用力定律、加速度定律）和万有引力定律。这些定律构成一个统一的体系，把天上的和地上的物体运动概括在一个理论之中。这是人类认识史上对自然规律第一次理论性的概括和综合。此外，牛顿为光学的理论和实践开拓了新的基础，对机械论的自然科学概念赋予新的意义，与莱布尼兹以不同的形式发现了微分学。所有这些工作，为整个自然科学领域开创了新的前景。牛顿具有谦虚的美德，他说："如果我比别人看得远些，那是因为我站在巨人们的肩上。"他还把自己比作在海边捡拾贝壳的孩子，而面前浩瀚的真理海洋却完全是个谜。

在这一时期，为了促进实验科学，一批有影响的机构成立了，其成员受到激励而进行各种科学研究。这些新机构中，最重要的有佛罗伦萨的西芒托学院、伦敦的皇家学会和巴黎的法兰西科学院等。在各个领域涌现出的大量科学家和研究成果，加快了科学方法的推广，促进了科学精神的传播。

如果说17世纪对人类文明进步有巨大影响的是科学革命，那么18世纪给人类社会带来深刻变革的则是工业革命。18世纪60年代，英国开始了工业革命，由此开启了第一次科技革命。不过此时的技术发明大都来源于工匠的实践经验，科学和技术尚未真正结合。

19世纪被看作科学时代的开始，为追求纯粹的知识而进行的科学研究，开始走在实际的应用和发明前面。道尔顿的原子论、阿伏伽德罗的分子学说以及康德的星云假说开始都是以假说形式出现的。科学家们开始论及太阳系的起源和演化；英国的地质学家赖尔提出地质渐变理论；细胞学说、生物进化论、孟德尔的遗传规律相继被发现；原子-分子论被科学肯定；拉瓦锡推翻了燃素说，并成为发现质量守恒定律的第一人；1869年，

俄国化学家门捷列夫发现了元素周期表。而19世纪最重大的科学成就是电磁学理论的建立和发展。

在19世纪之前，人们基本认为电与磁是两种不同现象，1829年丹麦的奥斯特通过实验证实了电与磁的相互作用，并称之为"电磁学"。法国的安培提出了电动力学理论。英国的法拉第总结出电磁感应定律，但他虽有实验数据，却对电磁学缺乏足够的数学描述。英国物理学家麦克斯韦运用矢量分析的数学手段，提出了真空中的电磁场方程；他又推导出电磁场的波动方程，还从波动方程中推导出电磁波的传播速度刚好等于光速，并预言光也是一种电磁波。这样，电磁学就被建立在一个严格的数学体系中，继牛顿力学以后又一次完成了对自然规律的理论性概括和综合。电力的广泛应用是继蒸汽机之后近代史上的第二次科技革命，电磁学的发展为这次科技革命奠定了理论基础。

科学的产生和发展始终是一个不断排除神学宗教干预的过程，进化论创立以后，科学观念和神学思想直接冲突，最终分道扬镳。达尔文在1859年11月24日出版《物种起源》一书。达尔文进化论无疑是生物进化论发展史上的飞跃，它的伟大意义在于引起了一场全方位的社会思想文化的大讨论，触动了社会思想领域的每一个方面。作为一种科学思潮和社会思潮，达尔文主义已成为现代西方文化的组成部分。

（4）现代科学的诞生和第三次科技革命

在19世纪末，经典物理学（包括力学、声学、热学、光学、电磁学等）已经趋于完善，在各个领域都取得了令人欣喜的成就。1900年，著名英国物理学家开尔文发表了一篇展望20世纪物理学的文章，他说："在已经基本建成的物理学大厦中，后辈物理学家只要做一些零碎的修补工作就行了……"同时他也表达了一丝隐忧："但是，在物理学晴朗的天空的远处，还有两朵小小的令人不安的乌云。"这两朵乌云指的就是人们在迈克尔逊-莫雷实验和黑体辐射研究中的困境。

根据经典力学的波动理论，当时的科学家认为，电磁波的传播应该依赖于某种介质，并称之为"以太"。然而，迈克尔逊与莫雷合作进行的实验表明，以太与地球之间并没有相对运动。这就说明，要么以太不存在，要么以太总是与地球一起运动，科学家处于左右为难的境地。

热辐射是普遍的自然现象，物体在任何温度下都会以电磁波的形式向外辐射能量，黑体是研究热辐射的理想模型。经典物理学的理论结果与实验事实在低频区比较符合，但在高频区（紫外光区）相去甚远。这说明经典物理学并不是普遍适用的，因此也被称为"紫外灾难"。

迈克尔逊－莫雷实验直接导致了相对论的产生，而对黑体辐射的深入研究则促进了量子论的建立。1900年量子理论的提出和1905年狭义相对论的建立，是现代物理学革命的重要标志。

量子论的提出者是德国物理学家普朗克，他大胆地提出了一个和经典物理学"能量变化的过程必定是连续的"结论截然相反的假说，即能量的交换是不连续的，是一份一份的。量子论是反映微观粒子结构及其运动规律的科学。19世纪末，德国物理学家伦琴发现了X射线，贝克勒尔发现了放射性现象，居里夫妇提炼出辐射强度比铀强200万倍的镭元素，汤姆生发现了电子。电子和元素放射性的发现，使人们的认识得以深入到原子的内部，为量子论的创立奠定了基础。

1905年的夏天，德国物理学家爱因斯坦完成了一篇论文《论运动物体的电动力学》，奠定了狭义相对论的基础。在狭义相对论中，光的传播不需要以太，自然地解决了以太"漂移"实验零结果的难题。狭义相对论的建立，从根本上突破了牛顿绝对时空的旧框，把空间、时间和物质的运动联系了起来，这是继牛顿力学、麦克斯韦电磁学以后的又一次物理学史上的大综合。

量子论和相对论是现代物理学的两大支柱，是促成20世纪科学技术飞跃发展的理论基础。20世纪50年代，第三次科技革命兴起。电子计算机的发明和应用是科技发展史上一项划时代的成就，与蒸汽时代和电气时代的技术发明不同，它开始替代人的部分脑力劳动，并放大了人类的智力，极大地增强了人类认识和改造世界的能力，广泛渗透和影响到人类社会的各个领域。

尽管科学的发展日新月异，但人类对自然世界的认识仍非常有限。目前人类所认识的物质，只占了整个宇宙的5%左右，自然世界中还有太多东西等着人类去探索。

（三）科学的致真精神

科学的本质是人类对于自然界的近似求解，其目标是无限趋近于自然

界的真实情况。科学在其发展早期，更多地表现为抽象性，往往更侧重于从纷繁万象中提炼出具有普遍性的定理和定律，例如数学和物理学；在目前的发展阶段，更多地表现为具体性，往往更侧重于了解自然界或者生命体中某个具体事件的发生与发展，例如生物学和医学。尽管科学在某些具体事物上的解释力仍存在欠缺，在目前已知的各种对自然界的解释体系中，科学无疑已经超越了宗教、神学等，成为对自然界最真实最准确的描述途径。

科学不是知识，不是技术，而是一种精神。那什么是科学精神？仁者见仁，智者见智。有人说是探索精神，有人说是实证精神，有人说是怀疑精神，有人说是创新精神……其实科学精神的根本与精髓在于"致真"，如果没有或失去了"致真"的目标，科学就如"皇帝的新衣"一样，成了谎言，或者金玉其外、败絮其中，经不起事实的推敲和逻辑的验证，摆脱不了半路夭折的命运。

在以雅典为代表的古希腊城邦里，拥有公民权利的民众享受着优越的物质生活、极大的精神自由和广泛的政治自由，善于理性思考的希腊人可以毫无限制地发挥所长和所爱，穷究宇宙的来源，探索万物的真实，诘问人生的目的，正是古希腊哲学家这种"天真"的好奇成为西方科学的源头。因此古希腊自然哲学的产生，源于人类追求自然世界真理产生的好奇。

而怀疑精神在追求真理的过程中成为科学探索的起点。科学不迷信权威，不盲从传统，怀疑和批判是人类追求真理过程中的开路先锋。

古希腊哲学家亚里士多德曾经说过，"物体越重，下落越快"。由于他被奉为仅次于上帝的权威，近 2000 年间，从来没有人敢怀疑过这个论断。直到 16 世纪，意大利比萨大学年轻的数学讲师伽利略，勇于挑战权威、追求真理，经过深入思考、分析、反复验证后，他于 1590 年的一天在人们的嘲讽与猜疑中走上比萨斜塔，让重十磅①和重一磅的两个铁球，同时由塔上自由下落，结果两者几乎同时落地。"比萨斜塔双球试验"作为自然科学实例，为"实践是检验真理的唯一标准"提供了一个生动的例证。

欧洲 15 世纪文艺复兴之后，集哥白尼、伽利略、开普勒等人的研究成

---

① 1 磅≈0.4536 千克。

果之大成，牛顿为认识物理现象建立了一个力学模型，这便是大名鼎鼎的"机械自然观"。面对电磁学的力学模型，人们的第一个怀疑产生于这种模型理论和观测事实之间的矛盾，尽管引入了"以太"的概念，但迈克尔逊－莫雷实验仍给其致命一击。爱因斯坦曾在16岁时朦胧地提出"光速悖论"，10年后他对电动力学绝对静止的初步怀疑转化成对力学和电磁学不对称的怀疑，发表了对物理学发展具有划时代意义的《论运动物体的电动力学》，进入了他的创造性研究。

爱因斯坦于1905年和1916年先后创立了狭义相对论和广义相对论，否定了牛顿的绝对时空观，揭示了空间、时间、物质、运动之间的统一性，把牛顿的力学理论作为一种特殊情况概括在内。由于科学的本质是人类对于自然界的近似求解，爱因斯坦认为，他的理论是比牛顿理论更好的一种近似解。科学无终极真理，因此创新就成了人类追求真理过程中的里程碑。

太阳东升西落，在我们的直观体验中，地球是宇宙的中心。地球中心说是由古希腊哲学家亚里士多德明确提出的，希腊天文学家托勒密加以推演和论证，使之系统化。在漫长的中世纪，"地心体系"的理论统治着人们的头脑。托勒密认为：地球居于中央不动，日、月、行星和恒星都环绕地球运行。但是，新时代召唤新思想，航海事业的发展和天文仪器的出现，越来越多地暴露出托勒密体系的错误，天文学必须进行一次重大的革新。哥白尼推翻了托勒密的理论，他在《天体运行论》中阐明了日心说：太阳是宇宙的中心，地球围绕太阳旋转。其后，布鲁诺理解并发展了哥白尼的日心说，认为宇宙是无限的，太阳系只是无限宇宙中的一个天体系统。伽利略通过望远镜观察天体，发现月球表面凹凸不平，木星有四个卫星，太阳有黑子，银河由无数恒星组成，金星、水星都有盈亏现象等。开普勒分析第谷的观察资料，发现行星沿椭圆轨道运行，并提出行星三大运动定律，为牛顿发现万有引力定律打下了基础……因此，可以这样说：科学是不断发现的过程，追求真理是不断创新的过程。

但是科学的道路布满荆棘，追求真理的路途是不平坦的，会遇到很多困难，甚至需要献出生命。人类在致真的过程中，不但要远离主观的假、客观的假，还要克服主动的假、被动的假，任何一位科学家都是在一种圣洁的思想指导下实现创新的。为科学而献身的精神正是追求真理的根本

保证。

地球围绕太阳转已经是今天人类的常识,但日心说取代地心说的过程如此艰难,甚至有人献出了生命。哥白尼提出的日心说在当时备受攻击,不仅面临宗教的迫害,而且学术权威和"科学常识"也是罪魁祸首。因此哥白尼在完稿后,迟迟不敢发表,直到古稀之年才决定出版,1543年5月24日去世当天才收到出版商寄来的书。在1616年的时候,罗马教廷还把哥白尼发表日心说的《天体运行论》列为禁书。布鲁诺勇敢地捍卫和发展了哥白尼的太阳中心说,并把它传遍欧洲,由于批判经院哲学和神学,反对地心说,宣传日心说和宇宙观、宗教哲学,他于1592年被捕入狱,最后被宗教裁判所判为"异端",烧死在罗马鲜花广场上。布鲁诺在宗教法庭上这样说:"你们以为判我死刑,我会害怕。但我发现,签署死刑判决书的时候,你们在颤抖,你们比我更恐惧。"从1616年开始,伽利略受到罗马宗教裁判所长达20多年的残酷迫害,他曾被迫跪在冰冷的石板地上,在教廷已写好的"悔过书"上签字。据说,伽利略在签完字,走出宣判庭时,口中喃喃自语:"你们不让我说地球是动的,可地球仍然是动的啊!"在1642年离开人世前,他还重复着这样一句话:"追求科学需要特殊的勇气。"

居里夫人是历史上第一位两次获得诺贝尔奖的女性科学家。她坚持不懈地为科学实验而奋斗着,将自己的一生都奉献给了科学事业。居里夫妇发现放射性元素镭后,为了提炼纯净的镭,居里夫人每次把20多千克的废矿渣放入冶炼锅熔化,连续几小时不停地用一根粗大的铁棍搅动沸腾的材料,而后从中提取仅含百万分之一的微量物质。他们从1898年一直工作到1902年,经过几万次的提炼,处理了几十吨矿石残渣,终于得到0.1克的镭盐。出人意料的是,在居里夫人获得诺贝尔奖之后,她并没有为提炼纯净镭的方法申请专利,而是将之公布于众,这种做法有效地推动了放射化学的发展。

达尔文(1809—1882年)生于英国一个科学世家,从小就热爱大自然。1831年他从剑桥大学毕业时,参加了"贝格尔"号的环球考察。考察中,达尔文大量采集动物、植物和化石标本。当来到南美洲沿岸的加拉帕戈斯群岛时,达尔文发现这些岛上栖居着十几种金翅雀。它们虽与南美大陆本土的金翅雀十分相像,但每个岛上的鸟又各具特点。此时,关于"物种可变"的想法涌上他的心头。岛上的225种植物，他采集了193种，其中100种是新种；他搜集的26种鸟类中有25种是变种。仅寄回国的标本记录就有六本。《物种起源》一书的出版，标志着生物学上形而上学的寿终正寝，恩格斯将达尔文的进化论和能量守恒与转化定律、细胞学说并列为19世纪自然科学的三大发现。

达尔文在回忆录中说："我一生的主要乐趣和唯一职务就是科学工作。"他进行了生死未卜的环球考察，与大海为伴，度过了1800多个日日夜夜，又以病弱之躯顽强地实验、观察、记录，出版了十几部著作，直到生命的尽头。达尔文的进化学说作为人类对生物界的认识中的伟大成就，为生命科学升起了一盏不灭的航灯。同时，建立在大量事实基础之上的进化学说也告诉我们，搜集事实资料是追求真理的前提条件。

从这些科学事件和科学家身上，始终体现着求真、唯实的科学精神。科学精神是人类精神文化的体现，"致真"是科学追求的目标，突出地体现在探索和揭示客观世界基本规律、追求客观真理的精神中。正是"致真"激发了伟大的科学革命和工业革命，推动着人类文明不断进步。

（四）中国的科学与科学精神

（1）中国有哲学和科学吗？

从黑格尔时代开始，西方哲学家基本上都否认中国有哲学。黑格尔曾说过，"我们看到孔子和他的弟子们的谈话，里面所讲的是一种常识道德，这种常识道德我们在哪里都找得到，在哪一个民族里都找得到，可能还要好些，这是毫无出色之处的东西。孔子只是一个实际的世间智者，在他那里思辨的哲学是一点也没有的——至于一些善良的、老练的、道德的教训，从里面我们不能获得什么特殊的东西。"2001年9月，法国哲学家德里达应邀来华，在餐桌上，他随口说了一句他对中国哲学的感想："中国有思想，但没有哲学。"

事实不是这样的，西方哲学家由于对博大精深的中华传统文化缺乏了解，犯了以偏概全的错误。《中庸》里指出，"忠恕"离形而上的"道"不远，《论语》反映了孔子思想的核心内容"仁"，就是忠恕之道。"孔子不语怪力乱神"，他回答学生"未知生，焉知死"，因此孔子关心的是百姓日用。正如《中庸》所言："君子尊德性而道问学，致广大而尽精微，极

高明而道中庸。"如果孔子没有高度的智慧,做事哪能不偏不倚,而语录又怎会像汩汩清泉流入人们的心田?

东方哲学和西方哲学在许多方面都呈现出不同。具体来说,东方哲学讲天人合一,着重精神修炼;西方哲学讲物我相待,讲究抽象思辨。东方哲学的工具是感受和顿悟,注重整体领悟;西方哲学的工具是概念和逻辑,注重深入分析。

笛卡尔的"我思故我在"和禅宗的"明心见性",分别是运用思维和放弃思维的明显例证。如果西方哲学是"爱智慧",东方哲学本身就是"智慧",知行合一、浑然一体既是追求也是目标。这种智慧是存在于生活之中、脱离了冥思苦想、完全内化的人格中的哲学。

人们通常认为,正是西方哲学的抽象思辨推动了自然科学的发展。西方哲学在"现象界"寻求对事物的直观解释与思维的结合,立足于知识与对象之间的关系,寻求事物的概念、判断和推理演绎方法以及实践验证性,进而促进了以"形式逻辑"为主导的各个门类科学(数学、天文、物理学、化学、生物、地理等)的大发展。在现代,以语言学、心理学、逻辑学、行为学、信息学、脑科学等为主要内容的"思维科学"在飞速发展。"思维"作为"思想"的对象,已经逐渐成为"科学"的领域。

那么,中国古代到底有没有科学?这个问题常常被人提起,引起各种争论。许多人不承认中国有真正意义上的自然科学,他们认为:有意识、有计划、有组织的科研活动,才是科学能够独立发展的先决条件,而无意识的、偶然性的研究成果,终究不能持续。然而,这只是近现代自然科学的标准,中国不但有古代自然科学,而且曾经引领世界:

四大发明被公认为中国对全人类做出的杰出贡献;天文历法从夏朝开始发展;春秋时期留下了世界公认的关于哈雷彗星的最早记录;东汉张衡发明了浑天仪和地动仪(比欧洲早1700多年);唐朝的僧人一行还是世界上用科学方法实测地球子午线长度的第一人;元朝郭守敬编的《授时历》早于现行公历300年问世。

数学上的勾股定理在西周时期就有记载;东汉的《九章算术》是当时世界上最先进的应用数学;南朝的祖冲之把圆周率精确到小数点后七位数,这一成果比欧洲早1000年;唐朝王孝通撰写的《缉古算经》,首次提出三次方程式正根的解法,比欧洲早600多年。

商周时期已有丰富的医药学知识；战国时扁鹊发明的"望闻问切"成为中国中医传统的诊病法；西汉编定的《黄帝内经》是我国现存较早的重要医学文献；东汉张仲景著有《伤寒杂病论》，被后人称为"医圣"；华佗发明的麻沸散比西方早1600多年；唐朝孙思邈的《千金方》、明朝李时珍的《本草纲目》等著作奠定了中医学的基础。

战国时的《山海经》反映了当时人们对中外地理的认识；西晋裴秀绘制出《禹贡地域图》，提出绘制地图的六项原则；北魏地理学家郦道元著的《水经注》，是一部综合性地理著作；明代徐弘祖的《徐霞客游记》是一部地理学巨著。

另外中国古代还出现了《齐民要术》《梦溪笔谈》《天工开物》等农业、手工业论著。

……

但是，中国为什么没有发展出西方的近现代科学呢？这又回到了文前提到的"李约瑟难题"。"为什么我们的学校总是培养不出杰出人才？"——著名的"钱学森之问"与"李约瑟难题"一脉相承，都是对中国科学的人文关怀。

（2）为什么中国古代科学没有发展成为现代科学？

爱因斯坦认为西方科学的发展以两个伟大的成就为基础，那就是：希腊哲学家发明的形式逻辑体系（在欧几里得几何学中），以及通过系统的实验发现有可能找出因果关系（在文艺复兴时期）。由于缺少这两个基础，中国古代科学没有发展成现代科学，但背后的原因值得深入思考。

中国为大陆文明，中国古代社会形成了以农业为核心的关系。农业社会人民个性的特点是淳朴、单纯，但缺乏开拓和冒险精神。而古希腊文明源自一种航海民族的文明，克里特的水手们在埃及和克里特之间进行过发达的商业贸易。

古代中国和古希腊几乎在同时迎来了文化繁荣和思想解放，时间在春秋战国中晚期。在中国，由于教育的平民化导致知识的普及，思想骤然解放，出现百家争鸣的盛况；而在古希腊，由于几次民主改革和希波战争的胜利，雅典成为古希腊的中心，积累了大量财富，经济空前繁荣，出现了苏格拉底、柏拉图、亚里士多德等伟大的哲学家。

有人认为，中西文化在价值意识上存在差异，中国人太重实用，而西

方人有兴趣探索实用之外的东西，看似无用，终成大用。其实这样的说法不但曲解了道家和佛家哲学，即使对儒家，也只看到了表面的形式。中国传统文化并不缺少对出世的向往和追求。但中西文化在思维方式上确有不同，两者在"归纳法"和"演绎法"各有侧重，中国文化重视"同"，西方文化重视"异"。类似于古希腊自然哲学家对世界本源的探索，中国也有"五行之说"。但不同于古希腊原子论和时空无限论的竞争，"五行"为所有问题提供了一个统一的、满意的解决方案。因此，中国文化的特点是先形成一个统一的框架，然后把所有的事物和情况逐渐纳入。例如《周易》原本是卜筮之书，后来增添了《易传》变成儒家的经典，西汉京房（公元前77—前37年）的"纳甲"体系完善后又和"五行生克"联系起来，具备了"象数理占"四大功能，应用在生活的方方面面。而西方文化追求区别和精确，这也许是中国古代科学和古希腊自然科学差别的原因之一。

从苏格拉底开始，哲学和科学在古希腊实现了分离。在苏格拉底看来，自然哲学家们在哲学对象、目标、途径、方法等问题上的看法都是错误的，他们不去关心自身而去关心自然，以自然物作原因，因而自以为是，众说纷纭，让人无所适从。"认识你自己"本是希腊德尔斐神庙门楣上的铭言，苏格拉底将其作为自己哲学原则的宣言，具有深刻的背景和重要的意义。

探究自然界的古希腊自然哲学是西方哲学和科学的起源，关注自然和关注内心是科学和哲学的分野。但中国文化从诞生之初就具备"天人合一"的特点，"道"是无所不包、无所不能的，人生、社会、自然的规律都涵盖在内。即使发展到宋明理学时，程朱理学依然讲"天理人性"，阳明心学依然讲"心外无物"。从这个意义上讲，中国古代的哲学和科学都涵盖在传统文化里，没有明确地分开，这也许就是西方说"中国没有科学和哲学"的原因之一。

孔子的初心是好的，他不关注自然，也不关注内心，更关注社会的和谐和秩序。《礼记》中讲"刑不上大夫，礼不下庶民"，意思是贵族阶级的道德教化对老百姓是没用的，必须采用法律。春秋战国天下大乱，贵族和平民的界限模糊了，礼崩乐坏，建立起社会的新秩序是当务之急。尽管《论语》大多是规范人的言行，但其中也有清新之作，如"吾与点也"

"贤哉回也"等。

然而，后来儒家思想经过汉武帝"罢黜百家，独尊儒术"、隋唐的"科举取士"一直到宋明理学的统治地位，逐渐脱离了"真诚"的内涵，成为封建统治的工具。孔子的形象也由富有人情味的老师，变为世俗的权威、庙堂的偶像，儒家活泼的创新精神消失殆尽，反而成了禁锢人们思想的枷锁。中国传统文化完全被曲解了，儒家成了入世之学、成功学、社会的显学，而道家、佛家思想则被边缘化，作为知识分子疗伤的良药，修行人远遁山林，普通人对神仙、佛像顶礼膜拜、求名利保平安。在这种情况下，不但不会出现现代科学，哲学精神也离人们越来越远了。

封建帝王主要采用了两个措施来维护社会的稳定和自己的统治：重农抑商，科举取士。前者是对社会的利益导向，后者引导知识分子追求名利。这不但束缚了人们的思想、压抑了创新活动，也造成了科学发展的阻碍。

"士农工商"的排序反映了封建社会的等级制度。封建统治阶级认为农民安土重迁，是社会稳定因素，而商人轻迁徙，"则国家有患，皆有远志，无有居心"（《吕氏春秋·上农》）。农业社会的特点就是"日出而作，日落而息"，有规律的生活、狭窄的交际、局限的视野，使人保守、重视经验、缺乏开拓和创新精神，也自认为不需要求知。

封建帝王通过科举制度保证官方意识形态的统治。参加考试的人，都必须根据儒家思想的官方版本和注释写文章。南宋的朱熹为"四书"作注，从1313年元仁宗开始，"四书"成为国家考试的主要内容，以朱注作为官方解释。这种制度经过明、清两朝一直延续到1905年废除科举。凡要博取功名的人只在"四书"上用功就可以了，不但不用形成新的思想，连已有的知识和思想也是多余的，人变成了记忆的工具、考试的机器。

西罗马帝国灭亡后，古希腊文明就消失了，而基督教神学文明兴起并取而代之，神权至上的基督教统治着欧洲。后来大量古希腊时期的著作在阿拉伯世界被发现，西方人重新学习和研究后，形成了现在的西方文明体系。我们也应该把科学或科学精神纳入中国的文明体系。

从冶金的历史来看，古代中国的冶金和其他学科一样，重视实用，尽管长期在世界处于领先地位，但没有从应用技术发展成理论科学。而西方尽管发展缓慢，但在16世纪后产生了"冶金学"，掌握了冶金规律，从而

推动了现代钢铁工业的进步。回过头看中国古代的冶金技术，原来"炒钢"就是用氧脱碳，"灌钢"就是渗碳，"百炼钢"就是去夹杂和晶粒细化，而炼铁也在冶金学中找到了理论依据，因此正是"不知其所以然"成为中国古代科学发展的瓶颈。历史上，中国人曾向印度学习佛教思想，并且和传统文化完成了融合，这说明中国人具有海纳百川的勇气、虚怀若谷的智慧，也应能向西方学习科学精神，将之纳为中华文明的一部分。

其实，西方近现代科学的出现至今不过几百年的时间，并且是由于特殊的背景和机遇才出现的。文艺复兴解放了人的思想，宗教改革运动进一步摆脱了心灵的束缚和对权威的依赖，地理大发现开阔了人类的眼界，工商业的活跃推动了近代科学的产生。

如果说，中国古代科学缺乏向近现代科学转变的条件，那么现在这些条件已完全具备。全球一体化已打破了大陆文化和海洋文化的界限；中国不再是农业社会，工商业高度发展；改革开放40余年来取得了翻天覆地的变化，中国早已不再闭关锁国、故步自封；高等教育的普及，提高了全民的科学素质。科学的发展和进步迎来了最好的历史机遇。

也许"李约瑟难题"有其历史的局限和原因，那么"钱学森之问"怎样回答？"为什么我们的学校总是培养不出杰出人才？"答案就是我们应该在中国文化中寻找、发现并培植科学精神，也就是"致真"的精神。

(3) 中国文化与科学精神

科学是文化的重要组成部分，因为科学只能在整个社会的文化氛围中存在和发展，只有一定的文化基质才能构成科学技术发生与发展的社会条件。文化本身应该包括科学。

既然致真是中国传统文化的精髓，是现代科学精神的根本，那么中国传统文化中本身具有科学精神。仅用儒家思想举两个简单的例子。《中庸》里讲，"诚者，天之道也；诚之者，人之道也"，这说明儒家认为真诚既是天道，又是人道，学科学、从事科学研究要求我们要诚实、诚恳。《大学》八条目包括"格物、致知、诚意、正心、修身、齐家、治国、平天下"，人们把儒家看作入世之学、成功学，其实"格物、致知"就是探究事物的性质，认识到规律，远离客观的假；"诚意、正心"就是真诚地面对自己，放下主动的假。它讲明了古人从"修养"到"入世"的用功次第，而科学家正是这样取得了科研成就。

有人说中国文化中缺少"致真"的传统,只能说明他对传统文化缺乏全面深入的了解。除了上面儒家的例子,道家常说的真人、真知、真性,佛家所说的真谛、实相、真如,都体现了对"真"的认识和追求。道教的一大宗派"全真道"强调个人内修之"真功",追求"真性"的解脱。这些都与现实生活、人际关系以及朝廷兴亡没有关系,不带有任何的功利性。因此中国传统文化中并不缺乏致真的科学精神,只是由于人们对传统文化的误解,以及民间盛行的实用主义,造成了"真"的隐而不现和当今社会"致真"精神的缺失。

怎样才能提倡和弘扬致真的科学精神呢?首先要了解科学精神,它并不是科学所独有的,一切对"真"的向往、追求和坚持都是科学精神,那是一种崇高而美好的心灵状态,不只是科学界,全社会都应该讲求科学精神。以"致真"为荣,远离主观的假、客观的假,放下主动的假、被动的假。科学追求真理,待人真诚,不忘初心,不自欺欺人。也许有人会说,"完全说真话很难",其实我们可以不说话,但不要说假话。

"实践是检验真理的唯一标准",而书本、权威等都不是。中国漫长的封建社会给我们留下了宝贵的精神财富,但统治阶级有意无意地束缚了人们的思想,有时甚至"以假乱真"。从"罢黜百家,独尊儒术"到科举考试以"四书"为主,到"文字狱"、因言获罪,要读圣贤书、听皇帝话,不允许有不同的思想和声音,而人们也自觉地追随着主流社会,以名利作为衡量成功的标准,在比较的假象中生生死死、沉沉浮浮,距离"真"越来越远。陈云同志说过"不唯上、不唯书、只唯实",孟子也告诉我们"尽信书,不如无书",这些都是科学精神。

国家教育咨询委员会委员、中国科技馆原馆长王渝生教授在接受采访时说:"'探索求真,理性实证,质疑创新,实践独立'是科学精神的四个内涵。科学家群体的特点就是对未知事物抱着惊讶的态度,对花花世界抱着质疑的态度,探究事物内在的本质,而且探索不是胡思乱想,而是要实证。科学精神,不仅仅是科学知识,更是一种文化,一种上层建筑,一种意识形态。不是说搞科技和搞物质生产的人才要有科学精神,当领导的、搞意识形态的、学文科的,乃至普通公民,都需要有科学精神来武装自己的头脑。不具备科学精神的人,他会说假话,伪造实验结果,欺上瞒下,糊弄老百姓,得到他自己的利益。"

胡适先生曾说过，"大胆地假设，小心地求证"，这就是"致真"精神，也就是科学精神。

一方面，文化里应该包括科学精神，另一方面，科学行为里也应该贯穿人文精神，因为科学发明并不总是对人类有利的，甚至有可能会危害人类。

人类和自然界是和谐统一的关系，人类起初敬畏自然，后来通过科学认识自然，又发展到妄图控制自然、征服自然。这样，科学发展到一定程度，就成了一把双刃剑。约在20世纪30年代，西方有识之士就已经指出，如果人类掌握自然的能力超过自律的能力，科学就将变成难以驯服的野马。让科学成为人类的福祉，而不是造祸于人类，这就需要将其与人文精神结合在一起。

恩格斯说："我们对自然界的全部支配力量就在于我们比其他一切生物强，能够认识和正确运用自然规律。""不要过分陶醉于我们人类对自然界的胜利。对于每一次这样的胜利，自然界都会对我们进行报复。"气候变暖、臭氧层破坏、环境污染、生物多样性减少等问题给人类敲响了警钟。人类不仅要认识自然、运用自然规律，而且要真诚地对待自然，传统文化中的"天人合一"思想有助于解决日益严重的环境问题。

马克思说："我们这个世界面临着两大变革，即人同自然的和解以及人同自身的和解。"原子能的和平利用可以造福人类，而原子弹应用于战争可能造成人类的毁灭；克隆技术可以推动医学和农业科学的发展，但也会引发伦理方面的问题……天性中的好奇和对科学的崇拜，可能会促使人类打开"潘多拉魔盒"，引发人类无法承受的后果。而传统文化所承载的人文关怀，通过"诚意、正心"对"道"的追求，能够避免对科学的滥用，利用科学造福人类。

为了说明中国缺乏"真"的精神，有人将同时代的方孝孺和布鲁诺相比，认为同样是死，西方人为了真理，中国人为了皇上。其实，方孝孺的死也是为了心中的真理，为了"忠"的原则。世界上没有绝对真理，布鲁诺死后，天文学也有了很大发展。这个时代的我们也许不理解前人的价值观，但关键是认识坚持"真"的精神。同样伍子胥自刎不是为了吴王，王国维沉湖不是为了大清……那是一份坚持原则、坚持真理的精神，重点不在于他们心中原则（真理）的对与错，而是一种坚持的精神。因此，中国传统文化中确有坚持真理的"致真"精神，这就是科学精神。

中国人可以同西方人一样，追求真理，发展科学。另外中国人可以在传统文化中汲取营养，通过自我完善达到真和诚，实现人生的圆满，这是西方人所不具备的。传统文化和科学的"致真"精神，是解决当今环境问题、宗教问题、人类生存危机等的有效途径，是中国的未来，也是人类的未来。

三、"致真"是人才培养的目标

（一）教人求真，学做真人

1922年梁启超先生应苏州学界之邀做了一场演讲，开口便问大家，"为什么进学校？"他知道答案一定是求学问，再问"你为什么要求学问？""你想学些什么？"他随后给出回答："为的是学做人。"这是中国传统文化熏陶下的读书人才能给出的答案。梁启超先生认为，所有的知识和学问不过是做人所需的一种手段，还远没有解决做人的问题。任公接着说，只有人类知、情、意三部分达到圆满发达的状态——智、仁、勇，才能做成一个人。正如孔子所说："知者不惑，仁者不忧，勇者不惧。"

人民教育家陶行知先生曾这样说："千教万教教人求真，千学万学学做真人。"这句话道出了教育的本质——"真"，"真"字是教育的根本，做人的真谛。这句话又包括两层含义，一是真的教育，二是"真人"教育。先生说："真教育是心心相印的活动。唯独从心里发出来的，才能打动心的深处。"注意"真教育"不是想出来的，不是强迫的，不是被动的，不是压抑的，没有任何苦思冥想，而是"真心"的呈现，也就是王阳明说的"良知"。它的表现一定是不偏不倚、符合中道的。"为了一切学生，为了学生的一切，一切为了学生"是很好的提法，但其实并不一定能做得到，这和"致真"教育还是有区别的。

知行合一　致真立人

陶行知，1891年生于徽州歙县西乡黄潭源村一个贫寒的教师之家。1910年入读南京金陵大学文科。1914年留学美国，入读伊利诺伊大学，后转入哥伦比亚大学研究教育。1917年秋回国，先后任南京高等师范学校、东南大学的教授、教务主任等职，研究西方教育思想，并结合中国国情提出了"生活即教育""社会即学校""教学做合一"等教育理论。1921年，中华教育改进社成立，以"调查教育实况，研究教育学说，力谋教育改进"为宗旨，陶行知被聘为总干事。1923年，陶行知发起成立中华平民教育促进会总会，后赴各地开办平民识字读书处和平民学校，推动平民教育运动。1927年3月在南京北郊晓庄创办乡村师范学校，即晓庄学校。1932年10月1日在上海市创办山海工学团，主张"以工养生，学以明生，团以保生"。1938年12月15日，在桂林正式成立生活教育社，当选为理事长。1939年7月在四川重庆附近的合川县古圣寺创办了主要招收难童入学的育才学校。1945年1月，在重庆创办社会大学并任校长，社会大学的宗旨是"人民创造大社会，社会变成大学堂""大学之道，在明民德，在亲民，在止于人民之幸福"，有力地推动了民主教育的进程。1946年7月25日上午，因积劳成疾，不幸于上海逝世，享年55岁。

人民教育家陶行知先生的教育活动是在当时民族危亡、国难当头的社会环境中进行的，因此他的教育实践是与民主爱国的活动相伴而行的。他最早注意到乡村教育问题，先后创办晓庄学校、山海工学团、生活教育社、育才学校和社会大学。陶先生宣传生活教育，提倡教学做合一及小先生制，要求教育与实际结合，为人民大众服务。

"真人"教育就是陶行知先生办学的特色，也是他毕生追求的目标，从理论到实践达到了高度的完整与统一。

首先，陶行知先生自己就是一位"真人"，言行一致，并且对自己和家人要求严格，努力做到率真。他的儿子陶晓光到一家工厂求职，厂方需要学历资格证明书，晓光就从晓庄学校找人开具了毕业证书应急。陶行知知道后，发电报催他把证书退回，并告诫他"宁为真白丁，不作假秀才"。陶行知在信中写道："'追求真理做真人'，不可丝毫妥协……你记得这七个字，终身受用无穷，望你必须努力朝这方面修养，方是真学问。"

陶行知先生认为，不要做"人上人"，也不要做"人下人"，做"真人"就是要做"人中人"，做立志为老百姓造福、为整个人类谋利益的人。

这不同于"吃得苦中苦，方为人上人"的世俗教育，而是强调人生平等，放弃功名利禄的比较，树立更远大的志向。

陶行知先生还认为，"教人做真人"就要实行全面培养，使学生成为"整个的人"。其中有三个要素：健康的身体，独立的思想，独立的职业。"真人"教育是人才培养的出发点和归宿，体现了陶行知先生崇高的人生境界和无私的人格魅力。

"真人"教育的实践离不开生活，在生活中养成，在生活中提升。先生把劳动教育作为"真人"教育第一课，他曾写过一首《自立歌》："滴自己的汗，吃自己的饭，自己的事情自己干，靠天靠地靠父母，不算是好汉！"这是对传统观念"万般皆下品，唯有读书高"的否定，强调了知行合一的过程。

陶行知先生把人生观教育作为"真人"教育的核心内容，把养成教育作为"真人"教育的常规内容，把"人格防"教育作为"真人"教育的巩固性内容。他说，"人生天地间，各自有禀赋：为一大事来，做一大事去。"他指出，做大事的人必然要追求"真、善、美"，追求高尚的精神境界。先生把"真人"教育的远大目标落实到学生的日常生活中，追求"润物细无声"的教育效果和境界。他认为，每个人都要建筑自己的人格防线，也就是人格长城。先生的"每天四问"类似于儒家思想的"三省吾身"，他撰写的对联"慧眼识人长处，正心慎我独时"也就是"君子慎独"。

陶行知先生形成了"真人"教育的系统理论，并把它落实到生活实践中，教人怎样做人、怎样做事、怎样追求人生的更高境界，以实现"教人求真，学做真人"的教育目标。

陶行知生活的时代是中国历史上内忧外困、战乱频仍、山河破碎的动乱年代。先生立志报国、救亡图存、开启民智，立足中国传统文化，结合西方先进的教育理念和思想，在他的生活教育论中倡导"知行合一"，创造性地提出了"真人"教育的理念，这是历史的必然，也是时代的要求。

（二）传统文化与科学教育

正是由于传统文化的延续，四大古文明只有中华文明独存。中国人一直有古老文明的优越感，因此一度把外国人视为蛮夷。当西方人用洋枪洋炮打开了大清的国门，也惊醒了"天朝大国"的美梦，中国人突然发现，

世界上还有另外一种文明存在,并把被动挨打、丧权辱国归因于传统文化的落后,从一个极端走向另一个极端。部分新文化运动的倡导者批判孔学,在某种意义上来说对传统文化道德采取的是全盘否定、全部割舍的态度,很容易造成矫枉过正的倾向。

作为新文化运动的旗手,鲁迅先生在《狂人日记》中写道:"我翻开历史一查,这历史没有年代。歪歪斜斜的每页上都写着'仁义道德'几个字,我横竖睡不着,仔细看了半夜,才从字缝里看出来,满本上都写着两个字'吃人'!"目的就是要"暴露家族制度和礼教的弊害",人们读过之后很容易把传统文化和"吃人"联系起来。但他也曾经写过这样的话:"我们从古以来,就有埋头苦干的人,有拼命硬干的人,有为民请命的人,有舍身求法的人……这就是中国的脊梁。"而这些人正是传统文化孕育出来的。为了救亡图存,鲁迅和旧文化、旧道德彻底决裂,纸做战书笔做刀,对旧社会反戈一击,但他能成为令中国人民骄傲的一代文豪,也离不开传统文化的熏陶。

鲁迅,从6岁起入私塾学习,12岁到三味书屋师从寿镜吾先生,接受过非常严格的传统文化教育;陈寅恪,从小就能背诵四书五经;胡适,幼时在绩溪老家接受过9年私塾教育……对传统文化的学习,并没有妨碍他们日后接受新思想新文化,成为学贯中西的一代大师。

钱学森在2005年感慨:"这么多年培养的学生,还没有哪一个的学术成就,能够跟民国时期培养的大师相比。"回首民国时期,在那个军阀混战、日寇入侵的动乱年代,"华北之大,放不下一张书桌",教育之难可以想象。但是由于师生还有传统文化的根基,还有"天下兴亡、匹夫有责"的家国情怀,又有"科学救国"的热忱,所以出现灿若星辰的大师、巨匠就不难理解了。

抗日战争期间成立于昆明的国立西南联合大学,在8年时间内就读学生不足8000人、毕业生不到3000人,却培养出大量人才。其中有杨振宁、李政道两位诺贝尔奖得主,朱光亚、邓稼先等6位"两弹一星"元勋,黄昆、刘东生、叶笃正3位国家最高科学技术奖获得者;中华人民共和国成立后的两院院士中,联大师生占了164人①。联大教授中的绝大多数人有

---

① 资料来源:《珍惜西南联大的遗产》,《人民日报》,2007年11月02日。

留学欧美的经历，学习了西方先进的科学知识、研究方法、管理模式，具有国际视野和科学精神；但在接受西方教育之前，他们受过系统的传统文化教育，有着浓厚的家国情怀，在国家危难之际焕发出高度的责任感、使命感和强烈的民族自信心。有人惊叹西南联合大学是中国教育史上的奇迹，中西合璧的教育思想和教育模式也是这一奇迹出现的重要原因。

因此中国老一辈的科学家，一般都具有深厚的传统文化根底。杨振宁幼时在厦门上过私塾，背过《龙文鞭影》等启蒙读物，在中学时代能背诵《孟子》全文。中国的科学大师大多都写得一手好字，许多擅长作诗为文。听过北京科技大学肖纪美先生讲座的人，一定会对先生的诗词印象深刻。据说数学大师华罗庚热爱中国传统文化，留下了许多诗文，而现在的理工科学生对传统文化略知皮毛就很不错了。

1873年，梁启超出生于广东省江门市新会区茶坑村。他是戊戌维新运动领袖之一，是中国近代史上著名的政治家、思想家、文学家和教育家。他一生以变法强国为己任，影响了一代乃至几代青年。梁启超作为中国近代史上的风云人物，兼具中国传统文化和西方科学精神。秉承了先辈的"义理""名节"，又接受了西学的科学、民主、平等、自由、尊重个性、启发式教育的理念。梁启超对子女以人格教育为主，加以儒家的教化，并融合了现代教育的教育方式，取得了巨大成功。

梁家一门三院士，九个子女都是杰出人才。长女思顺，诗词研究专家；长子思成，著名建筑学家、中华民国国民政府时期中央研究院院士；次子思永，著名考古学家、中华民国国民政府时期中央研究院院士；三子思忠，西点军校毕业，参与淞沪抗战；次女思庄，北京大学图书馆副馆长、著名图书馆学家；四子思达，经济学家，与人合著《中国近代经济史》；三女思懿，著名社会活动家；四女思宁，早年就读南开大学，后奔赴新四军参加革命；五子思礼，火箭控制系统专家、中科院院士。可谓"一门三院士，九子皆才俊"。

梁启超没有成文的家规家训，却用言传身教，将一生不变的家国情怀，融入了几代梁氏后人的血脉。新文化运动批孔反儒，但是梁启超并没有全盘否定儒家教育，在南京讲学时他强调教育应分为知育、情育、意育三个方面，并引用孔子的话"知者不惑，仁者不忧，勇者不惧"作为理论依据。

梁启超从不强求子女的考试成绩，他认为孩子学到知识、内心快乐比成绩更重要；也从未将自己的意愿强加于子女，认为顺从孩子自己的兴趣最重要。但是他十分在意子女的品行，在子女小时候就开始培养他们的爱国情感。梁思成和林徽因的女儿梁再冰谈及祖父对她的影响时说，在教育子女问题上，祖父非常开明又有超前的眼光，"祖父认为家风不能只想到家，应该首先想到国，先有国才有家。"

梁启超强调教育的重要性，在他看来，教育子女并非一个人、一个家庭，乃至一个家族的私事，广而言之，教育与国家的兴亡、天下的兴亡，都有着密切的关系。

科学是文化的一部分，因此传统文化的教育和科学的教育并不矛盾。相反，没有文化的滋养，科学就成了无源之水、无本之木。1914年冬梁启超在清华大学做了题为"君子"的演讲，用《周易》里"天行健，君子以自强不息；地势坤，君子以厚德载物"激励学子，后来"自强不息，厚德载物"就成了清华大学的校训。"做人"应该立地顶天，从传统文化中汲取营养，才能厚德载物，对自然科学孜孜以求，做到自强不息。

（三）"致真"教育的内涵

"致真"既是传统文化的精髓，又是科学精神的根本，因此"致真"教育的基本目标就是培养"厚德载物，自强不息"的优秀人才。现代科学有许多门类，社会分工越来越细，"致真"教育首先要满足社会的需要，培养有专长的劳动者，因此不仅要"成器"，而且要"成大器"。自古以来，我国知识分子就有"为天地立心，为生民立命，为往圣继绝学，为万世开太平"的志向和传统，因此"致真"教育又不能仅满足于造就特定的专业人才，也要培养胸怀天下、有担当、有责任感的引领社会发展的中坚力量。另外，快乐生活、自我实现也是"致真"教育的目标，"自我实现"是人本主义心理学关于健康人格的最高层次的需求。正如奥斯特洛夫斯基所说，"不因虚度年华而悔恨，不因碌碌无为而羞耻"。每个人都是独一无二的，来到世间都有自己的使命，"曾经来过，不枉此生"是每个人的内心需求。

为实现"致真"教育的目标，应该从以下几个方面对被教育者进行引导。

(1) 获得真知

人在社会上立足需要有真才实学、一技之长。虽然说"实践出真知",但事事亲身实践没有时间、也不可能。而通过看书可以扩大自己的视野,因为那是他人实践的总结。尽管网络上有海量的信息,但那都是碎片化知识,无助于一个人形成系统、深入的认识,也无法获得真知。

《中庸》提出了治学求进的方法,即"博学之,审问之,慎思之,明辨之,笃行之",意思是说:要广泛地学习各种知识,详细地向别人询问,缜密地进行思考,明确地分辨是非,踏踏实实地去践行。华南理工大学的校训"博学慎思,明辨笃行"就出自这部儒家经典,既要广泛地学习,又要践履所学,这本身就是一个"知行合一"的过程。"读万卷书,行万里路"也强调了理论和实践的重要性。尽管"耳听为虚,眼见为实",亲身实践似乎更为可靠,但人的寿命和行动范围具有局限性,需要靠读书弥补。传统文化重视生活中的领悟,有些书暂时读不懂没关系,先在心里播撒下智慧的种子,遇到合适的机会就会生根、发芽,开出自己的绚烂花朵。看书最好到书店和图书馆,这样才能广泛地涉猎,不经意间可能会发现另外一座知识的宝库。

"黑发不知勤学早,白首方悔读书迟",读书要趁早,踏入社会后各种事务繁忙,没有大量的时间阅读,而年纪再大一些,精力不行了,记忆力也会减退。但读书要趁早并不是说不需要"终身学习",一个人要不断进步,才能不被时代抛弃。另外要在社会大学学习,增加自己的阅历,向高人请教,学会读无字之书,在生活中慢慢领悟,获得真知。

(2) 趋近真实

这同样需要用到《中庸》里的治学方法,也就是胡适先生所说的"大胆地假设,小心地求证",因为怀疑是科学精神的一部分,也是实现创新的宝贵素质。正如陈云同志告诫我们的,"不唯书,不唯上,只唯实"。

尽信书,不如无书。著书人由于各种条件的限制,其观点并不是放之四海而皆准的,甚至可能会是错误的。如果没有怀疑,人们会一直认为地球是圆的,而太阳围绕着地球转。很多时候科学的进步是对已有理论的否定;正如《论语》中有些行为准则并不适合当今社会。另外,有些经典著作由于被人们断章取义、以讹传讹、反复误读,丢失了信息或完全被解读

成了相反的意思。例如"吾生也有涯,而知也无涯",庄子其实是想告诉人们"不要用有限的生命去追求无限的知识",尽管这句话作为鼓励人们学习的警句有积极的意义,但却曲解了庄子的思想。因此看书最好去看原始文献,这就既需要具备科学素质,也要有传统文化的根基。

人和人都是平等的,每个人都有无限的可能性。向优秀的人学习是进步的重要途径,但不能人云亦云、迷信盲从。专家都有自己的局限性,也有自己的认识和表述的角度,不能用他们的思想代替自己的思想,而要形成独立的思想。我有时和学生讨论问题,希望他们提出不同的意见,但他们鸦雀无声、噤若寒蝉,反复追问下才说,"从小我们就被教育,家长和老师都是对的,即使我们说得对也没用。"这样社会怎样进步?怎样实现创新?现在的学生和孩子比我们当年有更宽广的视野,只不过少了一些经验,世界最终是他们的,要提供给他们发展的空间,要允许他们有不同意见,接受他们的反驳。当然开始有些难,慢慢地就可以相互切磋、共同进步。

"实践是检验真理的唯一标准",如果自己的想法和书本、权威意见相左,不能"存而不论",除了要"审问、慎思、明辨",还要笃行,正如陆游所说:"纸上得来终觉浅,绝知此事要躬行"。

(3)坚持(追求)真理

世界上没有绝对的真理,但坚持真理体现的是一种坚持原则、坚守底线的精神。车尔尼雪夫斯基说,"真理之所以为真理,只是因为它是和谬误以及虚伪对立的。"远离谬误和虚伪,就会靠近真理。哥白尼说,"人的天职在勇于探索真理。"伟大的爱国主义诗人屈原在《离骚》中写道:"亦余心之所善兮,虽九死其犹未悔。"也是对理想和原则的追求和坚持,这是现代科学和传统文化共同具有的精神。

由于"日心说"和上帝创世的说法不符,更和人们的直觉不一致,哥白尼去世之前才敢把书出版,伽利略被迫跪着在悔过书上签下名字,布鲁诺甚至被烧死在鲜花广场。但真理之火尽管微弱,却不会被扑灭,最终必定星火燎原;谬误和虚伪看似庞大,本质上却是虚弱的,最终无法逃脱失败的命运。

屈原是战国时期楚国人,才华横溢,忠心耿耿,一心探索治国之道,想使国家富强起来。早年曾受楚怀王信任,任左徒、三闾大夫,兼管内政外交大事,但后因楚王听信谗言,把他削职流放。在流放过程中,屈原写下了《离骚》这一千古名篇,倾诉了对祖国的热爱和对人民生活的关心。"宁溘死以流亡兮,余不忍为此态也"反映了他忧国忧民、不惜牺牲生命的高尚情操;"路漫漫其修远兮,吾将上下而求索""亦余心之所善兮,虽九死其犹未悔"表达了他对真理的执着追求和坚定信仰。当听到楚国都城被秦军占领,百姓遭难,他伤心欲绝,于农历五月初五这天,纵身投入汨罗江中。尽管屈原曾经发出了"举世皆浊我独清,众人皆醉我独醒"的叹息,但公道自在人心,谁真谁假老百姓最清楚。人们含着泪、划着船赶来打捞,还把粽子扔到江里喂鱼,希望鱼儿不要伤害屈原的身体。传统节日端午节就是为了纪念屈原,赛龙舟、吃粽子的习俗流传了两千多年。如今,战国早已成了历史,楚王和奸臣们也都烟消云散,追求真理的爱国主义诗人却被人民永远地纪念和爱戴。

如果说追求真相需要有独立的思想,那么坚持真理就体现了独立的人格。墙头草随风倒、随波逐流的人,难以担当历史重任;而只有坚持真理、坚持原则、坚守底线的人才是社会的中流砥柱,才能引领民族和人类的未来。

(4) 保持真诚

有些人认为社会越来越缺乏真诚,感叹社会太现实、太冷漠了。是的,中国正在经历前所未有的变革,市场经济的大潮对传统农业社会的关系和观念造成了冲击,但"真善美"是人类永恒的追求和需要。

社会是丰富多彩的,有很多假,但也并不缺乏真。"疑人偷斧"的故事可以给我们很多启示。从前,有个人丢了一把斧子,他怀疑是邻居家的孩子偷的,他观察那个孩子的神色、走路姿势、说话语气,越看越像。总之,一举一动都像是偷斧子的。不久,他找到了那把斧子,再看邻居家那个孩子,便觉得他丝毫也没有偷斧子的样子了。生活中,我们很容易先入为主,用这种态度看待事物必然会远离真实。依据自己的经历以偏概全是常有的事情,加上有些不负责任的媒体过多、过大地宣传负面信息,造成了不好的影响。因此,除了"慎思、明辨"之外,我们还要有阳光积极的心态。

社会是由人构成的，我们与其抱怨社会，还不如改变自身。每个人都改变了自己，世界就改变了。改变的第一步应该是先做到真诚，比如尽量不说假话。有时候说真话不容易，那也可以不说话，假少了，真就多了。当一个人说假话成了习惯，就会无意识地说假话，自己对真和假的态度都没有区别了。《木偶奇遇记》中匹诺曹说了假话鼻子会变长，如果现实中有这种惩罚，估计没人会说假话了。儒家思想重视个人修养，"行有不得，反求诸己"（《孟子·离娄上》），颜回"不贰过"，曾子曰："吾日三省吾身，为人谋而不忠乎？与朋友交而不信乎？传不习乎？"忠信是人在社会上的立足之道，"己欲达而达人"就是忠，如果只是索取、为了自己的成功不择手段，怎么能抱怨别人的不诚信呢？

此外，还要对待自己真诚，不能自欺欺人，这和对社会、对别人真诚是一回事。"诚意，正心"是《大学》八条目的重要内容。对待传统文化的态度不要走极端，不能照单全收，更不能彻底否定。孔子的言行都是基于"真诚"，所以不会过时。"仁义礼智信"等优良的传统不但不应该消失，而且应该传承下去。要有耐心，慢慢改变，毕竟是几千年的文化传承，这是教育工作者应该担负的使命。

（5）顺从真性

人的天赋不同、兴趣各异，"率性"才能取得更大的成就。如果人生不想虚度，应该发挥自己最大的潜能。

在现实生活中，人有时可能受条件限制无法依从兴趣，不得不暂时放弃自己的理想，但是理想应该一直留在心中。现在大学毕业生走向社会面临着各种各样的压力，房子、车子、孩子……要经受各种各样的诱惑，很容易随波逐流，很容易迷失自我。"理想很丰满，现实很骨感"，首先要解决生存问题，其次要提高生活质量，但要达到什么样的生活质量呢？这就没有固定的标准了。钱是挣不完的，而理想也是买不来的，当生活需要基本满足之后，就要回顾自己的初心，而时机成熟的时候，去干自己想干的事，追逐自己的梦想。这样才不会沉迷在名利情的世界里，直到老之将至，追悔莫及。其实金钱是人人都需要的，只不过不一定要成为人人追求的目标。

不忘初心就是要保留在心头的一份真。但是由于各种局限性，人对自己的特长和天赋很容易误判,而兴趣在长大的过程中也会逐渐变化,这就需要在真实的基础上对自己保持真诚,也就是不自欺欺人,面对光怪陆离的花花世界永远有个"真心"。身体衰老是自然规律,但心可以不老,它可以青春永驻,这就是"赤子之心"。在美国的乡村,有个老太太叫摩西,她一辈子操持家务,养了10个孩子。直到76岁的时候,热爱大自然、喜欢刺绣的她开始学画画。80岁的时候,她在纽约举办画展,引起轰动。她在全世界举办画展数十次,留下1600余幅作品。她说,做喜欢做的事,上帝会高兴地帮你打开成功之门。她在百岁感言中写道:"找到适合自己的道路,寻找到你心甘情愿为之付出时间与精力,愿意终身喜爱并坚持的事业。"

一个人做自己喜欢的事不是靠毅力,那是一种乐趣;一个人做自己不喜欢的事,尤其是一辈子在做不喜欢的事,才是靠毅力。人是生而不同的,多少天赋就这样被浪费了,而人们在单一的价值取向下生活,在比较中寻找自己的存在感,这未免有些悲哀了。这也是中国缺少创新的原因之一。

(6) 实现真我

自我实现人是人本主义心理学关于健康人格的一种假设。美国人本主义心理学家马斯洛认为,自我实现是在生理、安全、社交、尊重之上的人的最高需求,这包括两个方面:丰满人性的实现和个人潜能的实现。自我实现人的人格特征包括:①能对现实采取客观态度;②能承认自我、他人和自然;③自发、天真和单纯;④集中注意于自身以外的问题,能献身于事业;⑤有超然于世的品质并爱独处;⑥有较强的自主性及独立于文化和环境的倾向;⑦欣赏自己的生活经验而不对其习以为常;⑧比一般人更常获得高峰体验;⑨关心社会,对他人具有真诚的感情;⑩和为数不多的人发生深厚的友谊;⑪民主的性格结构和价值倾向;⑫强烈的道德价值观念和审美感;⑬非敌意的富有哲理性的幽默;⑭富有创造性;⑮反对盲目遵从。

马斯洛认为,在现实社会中,达到这个标准的人是极少的,少于百分之一。心理成长和健康的潜能是生来就有的,但潜能能否实现,决定于个体和社会力量,这些力量既能促使也能阻止自我实现。

自我实现人的假设是理想的,但往往受社会和环境的制约而难以实现。然而,中国历史上,还是有许多人成为了自己希望成为的人,这就是实现真我。伯夷、叔齐认为周武王伐纣是以暴易暴,耻于吃周朝的粮食,饿死在首阳山上,这就是"不食周粟"的典故。现代人会认为这种事迂腐不堪,而孔子理解他们的选择,"求仁而得仁,又何怨?"成为自己所希望的样子,有什么可怨恨的呢?

孔子说到自己最喜欢的学生颜回,"贤哉回也,一箪食,一瓢饮,在陋巷,人不堪其忧,回也不改其乐。贤哉回也。"在孔子看来,颜回有自己的精神世界和人格追求,这是普通人所不理解的。按照这个标准,历史上实现真我的人其实有许多。"不为五斗米折腰"的陶渊明,"留取丹心照汗青"的文天祥,"要留清白在人间"的于谦,"干惊天动地事,做隐形埋名人"的两弹元勋们……人们笑他们傻,其实不懂他们的真。雷锋是时代的楷模,毛泽东主席这样评价"为人民服务"的雷锋:"一个人做点好事并不难,难的是一辈子做好事。"

在《纪念白求恩》一文中,毛主席这样评价白求恩:"一个高尚的人,一个纯粹的人,一个有道德的人,一个脱离了低级趣味的人,一个有益于人民的人。"实现真我的人不会仅仅满足于生理需要,不会患得患失、自艾自怜,也不会依赖于社会的评价而存在。在这个意义上说,他们是无所依赖的,正是《庄子·逍遥游》中"圣人无己"的最高境界。如果说自我实现人是社会人,实现真我就是文化人。社会如不能变成我们希望的样子,我们能否成为自己希望的样子?这就是理想和现实的关系。

这样,获得真知、接近真实、坚持真理、保持真诚、顺从真性就成为实现真我的前提和基础。"致真"是人才培养的目标,更是对教育工作者提出的要求。《中庸》开篇就讲,"天命之谓性,率性之为道,修道之为教",身教胜于言传,个人"致真"的过程本身就是教育。"实现真我"确实很难,但可以见贤思齐,"虽不能至,然心向往之",从认识假、远离假开始。

四、"致真"是人生(人类)的使命

(一)"真善美"与"假恶丑"

真善美是人类永恒的追求,然而三者并非等同或并列,其中"真"既为根本,又为最高层次。

善与美是相对的,但都不是根本,它们是人类的一种判断,善和恶、美和丑之间存在过渡。但真和假之间没有过渡,非假即真,弃假存真。或者可以说"假"是人类偏离"真"的一种认识和行为,有客观有主观,或被动或主动。

自然界是美的,正是因为它的真。舞蹈、绘画、音乐等艺术展现出美,但艺术创作的本质是"致真"。电影《泰坦尼克号》展现了在面临危难时人性的光辉;贝多芬的《命运交响曲》使人感受到不可言喻的感动和震撼,它真实反映了创作者和命运搏斗、永不屈服的精神。缺乏"真"的"美"经不起时间的考验,而"真"则是永恒的。

儒家思想的精髓是"真"和"诚"。《论语》中孔子的言行是"真"的表现形式——中道或"中庸";孟子的"性善论"便于理解和操作,但是由形而上降临"器世间",必然会有所侧重;荀子讲人性本恶,告子主张人性无善无恶,还有人主张善恶混合。哲学和宗教大多从"善"和"恶"的立论出发形成体系,例如基督教认为人都是有罪的,只能等待上帝的救赎。而在中国传统文化中,人是可以自我圆满的,如"人人皆可为圣贤""人人皆可作佛",就是因为"诚者,天之道也。诚之者,人之道也"。中国人可以通过致诚、致真,达到"天人合一"的崇高境界。

美是一种愉悦的主观体验,善是一种"推己及人"的社会关系,而"真"是一种"无私无我"的自然状态。如果缺乏真,善和美很可能被滥用,成为伪善和假面。清官难断家务事,正如靠"对错"解决不了家庭问

题一样,"善恶"解决不了宗教问题、民族问题、国家问题。人类不大可能对善恶、美丑达成共识,但是有可能对真假达成共识并结为一体,这是因为"真"具有绝对性和一元性。

人类早期有一个蒙昧时代,以顺应自然条件为主要特征,从自然界中采集食物,利用石头制造工具,先民们享受着大自然的馈赠,顺乎天性地参与各种活动,在物质上和精神上都不存在自己的创造。后来,人类开始种植、畜牧、制陶、冶炼,并且创造了文字,随着文明的进一步发展,和自然界越来越疏离。人类创造和完成的东西越来越多,这些都是人为的东西和文明的成果,这就是"伪"的来源,原意是"人为"。人类有了"伪"的概念,就产生了对"真"的不懈追求,力求从本质上把握自然及其规律,这就是古希腊自然哲学和中国古代阴阳五行观念的起源。

人类从自然界中分离出来,"自我意识"使人类有了固定的参照系,那就是以自我为中心。同样这种"自私"或"自我"也体现在社会和人际关系中。至此,人必须要解决三个方面的问题:人与自然,人与社会,人与自身。

不同的文明关注的方向和角度不同。古希腊哲学偏重于对自然的探索,后来发展成了自然科学。以儒家思想为代表的传统文化更关注的则是人和社会的关系,力求实现社会的和谐;道家思想也关注自然,但其目的不是认识自然、把握自然、征服自然,而是希望通过学习自然实现人和自然的统一;佛教系统地阐述了人和心的关系,人生就是"无常、苦、空",要想解脱就要看到"实相",禅宗的明心见性类似于苏格拉底的"认识你自己"。儒家和道家思想都是原生的,佛学的传入对中国传统文化进行了很好的补充,最终很好地解决了人生的三大问题,在当时的人们眼中,似乎我们的文化已经很完善了,不需要再改变了,直到被西方人用洋枪洋炮打开了国门。

彼时,面对西方文明的中国人被打个措手不及,不做改变显然不行,但"全盘西化"肯定行不通。科学不是万能的,它解决不了人和社会、人和自身的问题。"全盘西化"的结果肯定是"四不像",让文化成了无源之水、无本之木。正确的方法应该是,立足于传统文化,完成对西方科学的吸收,就如同当年佛学思想的汇入。但怎样立足于传统文化?那就要重拾传统文化的精髓——"致真",这也是人类的追求。社会在发展,时代在进步,迷信古人和苛求古人都毫无道理,只有"致真",才能实现文化创新,形成我们时代的文化。如果全部放弃,推倒重来,那不是文化创新,而是回归原始。

前面讲过,《论语》是孔子的言行集录,是建立在"真诚"基础之上的表现形式。后来儒家思想被封建帝王作为统治工具,科举考试又把它作为登堂入室、获取名利的敲门砖,孔子的良苦用心被辜负了。"三从四德"是农业社会保证家庭和谐的基本规定,现在显然不适合了,但如何解决家庭秩序混乱、离婚率居高不下的问题呢?如果少一点自私、多一点真诚,可能会找到解决方案。

有些人对佛教也有很大的误解,认为人们到寺庙里烧香拜佛都是有所求的,或是为了升官、发财、高考、婚姻,或是为了寻求心灵的安宁。然而,释迦牟尼说,"以己为灯,以己为靠",要靠自己的努力,寻求尘世间的解脱,看到实相,悟得"真如"。释迦牟尼一生说法,强调自己并无所说,并且很严厉地指出"若人言如来有所说法,即为谤佛",就是怕人们执着于名相,以假为真。另外,佛教和佛学不同,佛学没有组织、戒律等形式,是一种思想。佛教的本土化,产生了禅宗,六祖慧能不强调修行的形式,"内心不乱是禅,外不着相是定",佛学是中国传统文化思想的一部分。

在中国传统文化里,《周易》是很特殊的。有人觉得高深莫测,有人觉得荒诞不经,有人奉为人生指南,有人视为封建迷信,等等。"道可道,非常道",凡是用语言文字表达出来的就会有判断、取舍、局限,而六十四卦类似天书,它没说什么,又随你怎么解释,最接近于"真"。其中的阴阳爻体现了华夏先人认识世界最朴素的思想,也是中国文化所独有的。"易"的解释就是简易、变易、不易,大道至简,变化绝对,万变不离其宗。古人读《周易》都入了迷,"闲坐小窗读周易,不知春去几多时"。

中国传统文化中这么多优秀的思想,我们都屏蔽了;却看着外国的月亮觉得圆。即使真圆,也不是我们的。如果说一个人拿着金碗要饭吃,我们都要笑他傻,但守着传统文化的宝库,却抱怨中国传统文化没有科学精神、缺少"致真"追求,那就更是愚蠢。中国传统文化的根本和精髓是"致真",这同科学精神是一致的,但"真"作为一种状态,不是口头说说就能实现的,需要深入践行、体悟。

（二）中国文化的性格气质——"悟"

很多人认为，中国文化倾向追求功利，缺少"致真"的精神。其实，中国文化里根本不缺少"真"的基因，"致真"恰恰是传统文化的精髓。有人说中国人没有信仰，其实中国人的信仰是自己的文化，我们相信自己，不依赖外部的力量。盘古开天、夸父追日、精卫填海等神话故事体现的是中华民族用自己双手改天换日的信念、勇气和追求。"悟"是东方文化的性格气质，通过领悟，每个人都可以超凡入圣，这说明传统文化滋养下的中国人有无限的可能性，而这在西方文化中是不具备的。"悟"主要是突破思想的局限，逐渐放下自我，断除私欲，不断提高自己的境界，开阔自己的胸怀，最终实现人格的圆满。王阳明认同"见满街都是圣人"，佛教讲"人人皆可成佛"，说的是同一个意思。

《说文解字》中对"悟"的解释为"悟，觉也，从心吾声"，"悟"为我心而悟，我心而觉，"悟"的本义是觉醒、明白，强调是靠自己的本心去知觉。它消除了主客对立——"天人合一"；它排除了思维的参与——"知行合一"；它表达了一种状态——"浑然一体"。

如同我们在爬山时，是想象不出山顶的风景的，待爬到山顶自然会有不一样的体会，但这种体会根本不用、不会，也不能用言语让别人明白，即"此中有真意，欲辨已忘言"。释迦牟尼谈到宇宙人生的真相时说："言语道断，心行处灭。"（《璎珞经》）言语表达不出，思维也不需要了，这叫不可"思""议"，已经达到"悟"的最高境界了。

另外"悟"有个从量变到质变的过程，"理要顿悟，事要渐修"。无上的智慧是不可思议的，但生活中我们都有这样的体会，比如回顾一下人生，以前烦恼、纠结的事情现在都不是问题了。"看山不是山，看水不是水"，环境没有改变，困难还是困难，但是你对外界的认知改变了，或者说你改变了。因此西方人通过改变环境，满足自己的需要；中国人除了改变环境，还有一条途径——"反求诸己"，从而达到人与外界的和谐统一。

"三省吾身""为道日损"说的是"悟"的途径和结果。明代大儒王阳明幼年读书时，老师问孩子们读书的目的，别人都说当官、挣钱等等，唯独王阳明回答——"做圣人"。梁启超在苏州讲学时说的"学做人"，陶行知的"千学万学学做真人"，都是如出一辙，这说明儒家思想在教育上有可取之处，如果所有人的回答都是功名利禄、升官发财，那才是教育真正的失败。

"做圣人"就要学习，当时盛行程朱理学，读书人都把南宋朱熹的言论奉为经典。朱熹认为，格尽事事物物的道理，就能发现天理。王阳明就先格一物，选中了院子里的竹子。结果看了七天七夜，还大病一场，也没弄明白，他开始怀疑朱熹的理论，朱是当时的权威，他的怀疑同伽利略质疑亚里士多德一样，这需要多大的勇气！

王阳明就带着这个疑惑娶亲、中进士、做官，后来因为反对宦官刘瑾，被贬到贵州龙场驿，这个地方条件十分艰苦，万山丛薄，苗僚杂居。他在这既安静又困难的环境里，结合历年来的遭遇，日夜反省。一天夜里，他忽然有了顿悟，认为心是感应万事万物的根本，由此提出心即理的命题，这就是著名的"龙场悟道"。

想开悟，首先要有远大的志向，还要有独立的思想和质疑的勇气，有坚持真理的精神，有百折不挠的意志，有渊博的知识，有乐观的生活态度，等等，最后要能看透生死。

就算做个普通人，生活中也总要领悟。就像爬山，王阳明在山顶"一览众山小"，就算我们达不到那个高度，但也要往上爬呀！因为一个高度有一个高度的风景。你的体会决定于自己所处的高度，和别人无关，比较和想象都是假象，这样就逐渐接近了"真"。

"致真"（或者说是领悟）的途径是"知行合一"，读万卷书，行万里路，反思尤其重要。如果接受不了变化，《易经》告诉我们唯一不变的就是变化；如果和别人发生了纠纷，《孟子》教给我们"反求诸己"；如果患得患失，读读《心经》，不生不灭，不垢不净，不增不减……明白了却做不到，那不是真明白，真明白了就能"知行合一"了。

遇到困难和挫折是好事。人在顺利时，往往不会谋求改变，遇到了难处，才会思考过往，否定之否定的结果是进步和发展。无路可退时，人就不会再寻求逃避，只能真心面对，和王阳明"龙场悟道"一样，巨大的转变和提升就出现了。人有三个观念根深蒂固——"我""我的""我是正确的"，这就是自我执着，是一切痛苦和快乐的根源。而当放下自我的执着，快乐和痛苦都不存在了，或者只是一种感受，"也无风雨也无晴"，那也许就见到"真"，开悟了吧！

可惜的是，目前出现的研究王阳明的热潮，很大程度上源于人们对成功的崇拜和追求。就像给隋唐英雄排座次，要分出三六九等，以及评价中国历史上能实现"三不朽"的有几人那样。"开悟"或"致良知"恰恰不需要比较，如果有任何目的，就是阻碍了这一进程。学生问王阳明，尧舜和孔子有什么不同？王阳明用金子作比喻：都是足赤，重量不同而已。"人皆可以为尧舜"的观点出自《孟子》，成熟于王阳明，强调的是个人修养，这是每个人都可以达到的，尽管尧舜的地位和功劳不是每个人都能达到的。现在人们研究心学的目的，很有可能和王阳明的初心相违背，就像如果为了特异功能而练气功，很有可能会走火入魔。

（三）自身和时代的要求——致真

中华文明之所以能够延续 5000 年，正是由于文化的力量。有人说"崖山之后无中国"，这是一种偏颇的历史观。笔者去过宋元海战的崖山古战场，当年南宋全军覆没，陆秀夫背着小皇帝跳海自尽，十万军民见大势已去，纷纷跳海，当时惨烈的场面可想而知。尽管南宋朝廷灭亡了，但儒家思想却被元朝统治者推崇，传统文化延续下来。正是由于文化的力量，蒙古族、满族都融入了中华民族，元朝和清朝成为中国历史的一部分。其实传统文化是在不断吸收的过程中发展的，不同的民族都为中华民族注入了强壮的基因、新鲜的血液，而中国的版图也扩大了。由于传统文化的根基没有动摇，所以中华文明经历了狂风暴雨仍旧岿然不动。但是面对西方文明的冲击时，国人不懂、不问、不珍视自己的文化，才是真正的危险。皮之不存，毛将焉附？如果文化消失了，国家就会只剩下地域等表面的概念，中国人也将缺少归属感。

人不能脱离自然和社会而存在，自然人、社会人的概念表明了人和自然、人和社会的关系。人还具有文化属性，"文化人"是人和自身的关系。中国人不是没有信仰，中国人相信自己，个人是文化的一部分，"文化自信"的提出有相当的高度，而自信要立足于传统文化。中国历史上有很多为民请命、舍生取义、忍辱负重、心怀天下的仁人志士，都是源于对文化的自信、坚守和责任。从甲骨文背后的故事，可以看出这种文化的自觉。

晚清的金石学家王懿荣在从药店拿回的中药里发现了刻有文字的甲骨，就开始花费重金四处求购。八国联军入侵北京时，他率团练奋勇抵抗，但寡不敌众，最终投井殉国。由于王懿荣一生清廉，其子没钱安葬父亲、偿还债务。其生前好友刘鹗（《老残游记》的作者）毅然买下甲骨，并明确了甲骨文是殷商人的刀笔文字。后来刘鹗不幸遭遇流放，甲骨又被他的亲家罗振玉收藏、研究，并开始到殷墟开展发掘工作。再之后，王国维等人也加入了研究者的行列。甲骨文的发现和研究意义重大，把中华文明的历史大大提前了。从甲骨文背后的故事，可以看出读书人的气节、操守和忠诚，正是由于读书人的前赴后继、薪火相传，传统文化才得以保存、延续并发扬光大。

自觉学习、保存、坚守、传承文化的人，人们称之为"文化人"。令人遗憾的是，现在人们的文化程度普遍提高了，但"文化人"却越来越少了。传统文化是巨大的宝藏，但我们没有时间全部学习，另外里面也不乏糟粕，那么应如何甄别？首先，要认识到"致真"是传统文化的精髓，经史子集浩如烟海，就如一棵枝繁叶茂的大树，寻根溯源是"真"，发芽之前的种子是"真"，种子的基因也是"真"。森罗万象都是从"真"生发出来的，这是把握传统文化的捷径。

面对纷繁多变的外界环境，感到我们无所适从，需要在传统文化中吸取营养，形成自己的"三观"。绝对正确是不存在的，有一个正确的方向、不断修正即可，但"真"应该作为出发点、准则和判断依据，才不至于南辕北辙。

文化需要创新，文化创新的方向也是"致真"。《论语》是孔子在那个时代基于"真诚"的言行集录，全部照搬显然不符合我们的时代，但也不能彻底否定、走向反面。例如，"贞操"观念可能已不适合现代社会，但"性"至少应该以"爱"为基础，如果有需要就满足，人和动物就没有区别了。何况动物的交配是繁衍的本能，而人类的滥交是由于对思维假象和人为刺激的依赖，如果毫无节制，追求"一夜情"，执着于自我的感受，就会距离"真"越来越远。据媒体报道，高校成了艾滋病的重灾区，这样的现象值得每个人反思。

2018年发生的"毒疫苗"事件，简直令人发指。细想起来，这不是一个孤立的事件，也不是一个偶发的事件。社会上已出现了诚信逐渐缺失的倾向，如果不从根源上认识和解决，"头疼医头，脚疼医脚"，难免摁下葫芦浮起瓢。应该大力弘扬"致真"精神，形成"真诚"的社会风尚，以诚

实守信为荣、以弄虚作假为耻。这也要从我们自身做起，要求自己说真话、诚信待人，毕竟社会是由人组成的。我们应该有信心，每个人都真诚，就会有一个更加善良的社会，一个美好的人间！

共产主义社会是人类崇高、伟大的理想：那时人类对自然界有深入的认识，生产力高度发达，物质极大丰富，各尽所能，各取所需，远离了主观、客观、主动、被动的假，处于"真"的状态，因此可以说，共产主义社会也是全人类的"致真"追求。改革开放四十年，在中国共产党的领导下，国家取得了巨大的成就。而我们的"致真"追求，就会融入到社会主义的伟大建设中。共产主义社会尽管遥远，但"万丈高楼，起于垒土""不积跬步，无以至千里"，涓涓细流可以汇成共产主义的伟大事业。

世界上没有绝对的"真"，我们认识真、实践真、趋于真的过程就是识破假、放下假、远离假的过程。"致真"没有终点，我们永远都在路上，这就是人生的使命，或者说是人类的使命！

知行合一篇

习近平总书记在多次重要讲话中倡导"知行合一",并且在多个场合勉励大学生要在"知行合一"上下功夫。

本篇首先回顾了明代大儒王阳明的生平事迹,阐述了"知行合一"思想的形成过程及其在心学体系中的地位。随后阐明了"知行合一"与"致真"之间的关系,指出"知行合一"不仅是道德哲学、行动哲学,而且是"心性之学";"致真"是"知行合一"的方向和目标;"知行合一"是"致真"的途径。最后从"为己之学"和"实现自我"两个方面着重强调了"知行合一"的现实意义。

一、王阳明与知行合一

（一）明代大儒王阳明

王阳明，名守仁，字伯安，明成化八年（1472年）出生于浙江余姚，卒于明嘉靖八年（1529年）。因其曾在越城（今绍兴）会稽山阳明洞隐居修道，自号阳明子，世称阳明先生。

（1）阳明家世

唐代大诗人刘禹锡写了脍炙人口的《乌衣巷》，"旧时王谢堂前燕，飞入寻常百姓家"。王阳明的祖先是东晋的世家大族，其中最著名的是书圣王羲之。永和九年农历三月三日，江南名士齐聚会稽兰亭，九曲流觞，饮酒赋诗，好不痛快，诗歌结集为《兰亭集》，王羲之为之作序，留下天下第一行书《兰亭集序》。王羲之才气过人、风流潇洒，有名门望族到王府选婿时，其余兄弟都衣冠楚楚，唯有他坦腹东床、旁若无人，未来的岳父偏偏选中了他。可以想见魏晋风流。

王阳明的六世祖王纲与刘伯温是好朋友。明太祖时，王纲任兵部郎中，在广东参议任上，因拒绝海盗让他出任首领的要求而被杀，其子王彦达绝食求死。海盗被王彦达感动，将其放回。王彦达耕读传家，终身不仕。其子王与准遁世无闷，精通占卜之术。王阳明的曾祖王杰、祖父王伦均超脱洒落，虽然刻苦读书，但不以功名利禄为念。

王阳明的父亲王华从小就与众不同，酷爱读书。迎春佳日母亲催他玩耍，他不为所动，说"观春何若观书"。年纪渐长，周围无人可以比得上他的才学，老师也说无法再教他了。1480年，他参加浙江省乡试取得第二名；次年，参加殿试，高中状元。王华气质醇厚、品格高尚、才识宏达、志操坚守，为诗作文以达意为旨、追求自然、不事雕琢。

王阳明出生在 1472 年，恰好是西方文艺复兴时期。西方人主张复古和人性解放，反对中世纪的一切文化思想，是思想意识的革命。而中国到了明代，程朱理学趋于保守，渐渐失去活力，儒学沦为科举考试的敲门砖、获取功名利禄的工具，或者成了训诂、辞章之学。

（2）非凡少年

相传王阳明出生时，祖母梦见神仙送子、脚踩瑞云，因此给他起名"王云"，后来将其出生之处命名为"瑞云楼"。王阳明长到五岁还不会说话，家人受过路神僧点化，改名"王守仁"。

王阳明幼时沉迷象棋，象棋曾因此被大人扔入水中，他作诗一首："象棋终日乐悠悠，苦被严亲一旦丢。兵卒坠河皆不救，将军溺水一齐休。"在私塾读书时，他就指挥小伙伴玩耍，排兵布阵，显露军事天赋，并用谋略惩戒继母。随祖父进京途中，在镇江金山寺写下"金山一点大如拳，打破维扬水底天。醉倚妙高台上月，玉箫吹彻洞龙眠"的诗句，展示了他过人的文学才华、壮阔胸襟、超然境界和哲学思维。

有次他问先生，"何为天下第一等人？"并立下做圣贤的志向。12 岁时，鞑靼入侵，明军战败，他和父亲说，要带领几万人，平定边患。14 岁时王阳明开始学习兵法、骑射之术。15 岁时和父亲同游居庸关，怀抱经略北方之志，研究地形、调查人口、制定对策。

为了达到朱熹"格物穷理"的境界，王阳明在父亲的衙署里"格竹子"，"格"了几天几夜，累得病倒了，也没有"格"出竹子的道理来。他觉得这条路走不通，对朱子之学产生了怀疑。其实，朱子之说重在通过事物的不同发现各自的道理，幼时的王阳明还没有博闻广见，想仅从竹子上找到最终的理，显然是不可能的。

（3）"五溺"之旅

王阳明一直到 35 岁，才"笃奉儒学"。此前他有丰富的精神历程，后来他对自己走过的弯路表示悔恨，但其实他后来的"立功，立德，立言"和此前的经历都有关系。

初溺于任侠之习。从 12 岁时他就要带兵打仗、净胡尘，便可见一斑。另外在居庸关考察时王阳明曾和几个少数民族的士兵交过手，那时他才 15 岁。可知他少年意气，以侠气自任。

二溺于骑射之习。王阳明认为儒生最大的缺点就是不懂兵法，所以他

很早就学习骑射。26岁时在京城遍寻兵法秘书，精心研读，经常用果核排兵布阵，向人展示兵法。平定宁王叛乱后，有奸臣在南昌提出要和他比箭，结果王阳明射出三箭，全中靶心。

三溺于辞章之习。王阳明诗文俱佳，书法超群，曾经与明"前七子"交往。早年他也同当时的读书人一样舞文弄墨，力求文藻华丽。龙场悟道后他对诗文不再刻意为之，开始写眼中所见，发心中所感，情到而生，意尽即止。写景自然无雕琢，行文率性不拘泥。

四溺于神仙之习。王阳明从小体弱，神思超然，向往神仙境界，学习导引之术。去江西成亲当日，到铁柱宫和无为道人对坐，直到次日才被找回。越中山清水秀，道观众多，他经常入山修行。

五溺于佛氏之习。王阳明曾沉迷于禅宗，应该达到了很高的悟境。他在寺庙里曾经遇上一位坐关三年、不语不视的僧人。王阳明三言两语，同他谈了母子亲情的道理。僧人感激涕零，第二天就回家了。

王阳明的"五溺"，尽管原因很多，但对当时儒学的失望是重要原因。当时，没人提倡圣人的"为己之学"，而王阳明大胆地怀疑、积极地实践，不愿欺世盗名、同流合污，于是将精力转向其他方面，直到龙场悟道、豁然开朗。

（4）龙场悟道

1492年，王阳明参加浙江省乡试，得中举人。但在连续两次会试失败后，他说，"世以不得第为耻，我以不得第动心为耻"。1499年，他再次参加会试，名列前茅，随后参加皇帝主持的殿试，取得进士。观政工部，主持修建威宁伯王越的坟墓。随后历任刑部主事（出任山东乡试主考官），兵部武选司主事，与湛甘泉共倡圣学。

武宗继位后，宠信宦官刘瑾，贬斥重臣。王阳明上书救戴铣等人，反被廷杖入狱，贬谪到贵州龙场驿任驿丞。1507年，他离别京城，在杭州躲过了刘瑾手下的追杀，又从海上漂流到福建（传说登武夷山、再会无为道人，但未必属实）。随后沿须江而下，经江西鄱阳湖，到湖南长沙，沿湘江、沅江进入贵州，于1508年春天到达龙场。

王阳明生性达观，尽管龙场条件艰苦，环境恶劣。面对死亡的威胁，他参悟并超脱了生死，悟出"心即理"的道理。仆人得病，心情抑郁，他就劈柴做饭，为其吟诗，病人仍旧无精打采，王阳明就唱越调、说笑话，直到仆人忘记了疾病和苦难。王阳明在龙场推行道德教化，在龙冈书院讲学，和地方官吏豪强的交往不卑不亢、有礼有节，安葬了暴毙的小吏及其随从三人，并满怀真情地写下了《瘗旅文》，以示哀悼和纪念。贵州提学副使席元山向他请教朱熹和陆九渊的异同，他没有正面回答，而是开始讲"知行合一"。

1509年底，王阳明被任命为江西吉安府庐陵知县。离开龙场时，数千官民依依不舍地来送别。1510年刘瑾被处死，1511年王阳明被召入京。

（5）巡抚南赣

王阳明回京后，历任吏部主事、员外郎、郎中，南京太仆寺少卿，南京鸿胪寺卿；先后在京师、滁州、南京讲学，并且和湛甘泉、黄绾、方叔贤等相互切磋，共倡圣学。

1515年，王阳明升任都察院左佥都御史，巡抚江西的南安、赣州，福建的汀州、漳州等地。1517年，担任提督军务都御史，领受兵符，王阳明开始了上马管军、下马管民的军政生涯，而农民起义是他面临的严峻考验。

面对声势浩大的农民起义，王阳明冷静地分析了形势，采取了先易后难、各个击破的战术，先剿灭了福建漳州的詹师富部。通过强化地方保甲制度，强化官兵调遣节制、突击训练兵勇等措施，为大规模进剿做好了准备。王阳明首先使用疑兵计击破了横水、左溪各农民起义军的山寨，俘虏了谢志珊。然后又以攻心战术，在使用诱降计麻痹敌人的同时，对桶冈进行重兵合围。不久，桶冈被破，蓝天凤被剿杀。紧接着，王阳明又先后剿灭了广东等地的农民起义军。风起云涌的农民起义，在王阳明过人的智慧和军事才能下土崩瓦解了。

面对盗贼蜂起的局面，王阳明认识到"民虽格面，未知格心"，要"变盗贼强梁之区，为礼义冠裳之地"，就要从根本上消除民众心中犯上作乱的邪恶杂念，通过道德教化去改变他们，唤醒人们心中的"良知"。他提出了"破山中贼易，破心中贼难"，心学的思想体系渐趋成熟。

（6）宁王之乱

1518年6月，王阳明擢升为右副都御史。他数次上书请辞，希望致仕返乡，未获批准。保举他的兵部尚书王琼判断宁王朱宸濠将要谋反，平叛的重任落到了王阳明肩上。

王阳明接到宁王叛乱的消息时，正在去福建镇压叛军的路上，距离宁王的老巢南昌不远。当时他的同乡巡抚、都御史孙燧等人已经遇害。王阳明先回到吉安，上书朝廷、招募义军、调动军队。为了争取时间，他伪造公文，使宁王产生误判，不敢离开南昌，贻误了挥师北上京师和顺流东下南京的时机。他使用反间计，造成宁王和亲信彼此的不信任。得知并无大军前来，宁王率水师沿长江向南京进发，不料在安庆受阻，久攻不下。王阳明未救安庆，先攻南昌，并计划在鄱阳湖决战。出师前，为严肃军纪，杀掉不听话的士兵（其实是以前的俘虏）。南昌被平叛军攻破后，宁王回师救援。两次战斗后，叛军大败，宁王命令把剩下的船连在一起，组成方阵，王阳明采用火攻。宁王换上便服，坐小船逃生，王阳明早安排官兵伪装成渔船，在芦苇荡中等候，等宁王上了渔船，就将其生擒活捉。

宁王从谋反到被活捉仅用 42 天，王阳明能如此神速地平定大乱，自古以来再无他例。王阳明指挥若定、虚虚实实、用兵如神、军纪严明，展现了卓越的军事才能。然而，他也遭受了常人难以想象的非难、中伤和迫害。

尽管叛乱已平，武宗仍要御驾亲征。王阳明一边安排善后，一边上书劝阻武宗，避免劳民伤财、天下震动。奸佞小人为迎合武宗的虚荣心，要王阳明交出宁王，在鄱阳湖上将其放走，让武宗再亲自捉住他。王阳明不愿交出，他们就诬陷王阳明曾和宁王暗自勾结。幸亏有正义感的太监张永从中斡旋，宁王被押到南京。佞臣们借口到南昌搜捕宁王余党，给王阳明挖坑设套，杀害良民后才离开。武宗一直在南京住到 1520 年 12 月，其间王阳明被诬告谋反，武宗召他到南京，又令他在芜湖待命。王阳明寄情山水，游览了九华山和庐山。

宁王之乱中，王阳明所处的环境比龙场还要危险。1521 年，他首次提出"致良知"说，这是阳明思想的又一个重要里程碑。

（7）此心光明

1521 年 8 月，王阳明荣归故里。这时武宗已驾崩，世宗嘉靖继位，1521 年 12 月 19 日封王阳明为新建伯，任命其为南京兵部尚书兼光禄大夫、柱国。1522 年，父亲王华去世，王阳明回乡守制。后来其辞官回乡讲学，在绍兴、余姚一带创建书院，践行并传授"致良知"，直到 1527 年 9 月 9 日，离开越地，到广西思恩、田州带兵平乱。

王阳明到了广西，宣布朝廷没有必杀之意，只用一纸告谕招抚，就解决了叛乱问题，使老百姓得以安居乐业。此后，盘踞在广西中部八寨地区的瑶族、断藤峡的苗族又开始叛乱。王阳明带领攻打思恩和田州叛军的军马，连同降军一共七八千人，把这个地方的叛乱平息了。

平乱后，王阳明因肺病加重，向朝廷上疏以求告老还乡，没有等到朝廷的批复，就坐船回去了。途经江西南安府大庚县青龙港（今江西省大余县境内），病逝舟中，享年57岁。临终之际，弟子问他有何遗言，他说："此心光明，亦复何言！"

隆庆时追赠王阳明为新建侯，谥文成。万历十二年（1584年）从祀于孔庙。

《左传》曾提出了一个人成就自己的最高标准为"三不朽"，即：立德，成为世人的精神楷模；立功，完成为国为民的大事业；立言，提出具有真知灼见的言论，影响世人。据说数千年的中国历史中能做到这"三不朽"的只有两个半人，孔子和王阳明各占其一，曾国藩只占半个。王阳明被誉为"真三不朽"。

（二）"知行合一"与"阳明心学"

（1）从"格竹子"说起

王阳明从小就立下"做圣人"的志向，并且通过专心致志地"格竹子"寻求圣贤之道，这都是由于受到当时占统治地位的程朱理学的影响，但是很遗憾，他失败了。

儒家作为"百家争鸣"的一家，关注的主要是政治和社会，较少涉及宇宙产生和终极追求，但是儒家入世的前提是具备真诚之道的君子人格。阴阳五行学说散见于儒家经典《易传》和阴阳家的论述。在经历了秦始皇"焚书坑儒"的低潮期后，汉武帝接受董仲舒"罢黜百家，独尊儒术"的建议，确立了儒家思想的统治地位。但从东汉末年（184—220年）到魏晋南北朝都是离乱期，直到589年隋朝重新完成统一。乱世的人们更有出世的向往，魏晋时期出现了"玄学"，社会崇尚清谈之风。唐太宗李世民登基后，武力夺天下的历史已经告一段落，开始以文治天下，重新把儒家确立为官方教义。

梁武帝时期，达摩来到中国，成为禅宗的初祖，传至唐朝初年的六

祖慧能时，已经完成了佛学的本土化，从此禅宗大盛，深入民间。这个转变主要是因为佛教受到了儒家入世思想的影响。例如，《六祖坛经》的"无相颂"这样说，"心平何劳持戒，行直何用修禅；恩则孝养父母，义则上下相怜；让则尊卑和睦，忍则众恶无喧；若能钻木取火，淤泥定生红莲；苦口的是良药，逆耳必是忠言；改过必生智慧，护短心内非贤；日用常行饶益，成道非由施钱；菩提只向心觅，何劳向外求玄；听说依此修行，西方只在目前。"这就非常接近儒家思想，已经"飞入寻常百姓家"了。

受道家和佛学的影响，人们开始不满足于俗世价值，开始了对超越价值的寻求。儒学慢慢融合了道家、佛学（尤其是禅宗）的思想，产生了新儒家。北宋的周敦颐、邵雍、张载分别从《易传》出发提出了关于宇宙诞生的构想，其中张载特别强调"气"的概念。他认为，正是气的聚散决定了万物的生成和消亡，但他的观点存在的缺陷是无法解释万物的差异性。程颐和朱熹推导出"理"的观念，他们认为，宇宙是由"气"和"理"共同产生的，正是由于"理"的不同产生了事物的分类。

朱熹是程朱理学的集大成者，他思想精深、学识渊博，在中国思想界长期占统治地位，从元仁宗开始，以朱注作为官方解释的《四书》成为了科举制度中的主要考试科目。在王阳明生活的时代，朱熹可以说是社会精神的领袖和儒家学术的权威。朱熹赞同程颐的"性即理"说，他认为心和其他的事物相同，都是由"理"和"气"共同产生的，理只是善，性就是理，由于禀受的"气"有清有浊，就产生了善和恶。

在朱熹的理论中，"心"不等同于"性"，"心"是有善有恶的，而性只是善。个人修养就是"为善去恶"，首先要穷究万物之理，知道的理越多，就越能认识被"气"遮蔽的性。"穷理"的途径在格物，只要有精力和时间格尽天下之物，总有一天会豁然开通。

王阳明"格竹子"失败后，就对朱熹的理论产生了怀疑，一根竹子都格不出理来，要格尽天下之物谈何容易？他自幼体弱多病，但精力发散、爱好广泛，想必"做圣人"的志向没有改变，又苦于没有高人指路，就暂时转而准备科举、求仙问道了。

（2）龙场的顿悟

王阳明在被贬龙场之前，已经悟出了佛道的不足，开始笃信儒学。他曾于新婚返乡途中,到广信府拜会大儒娄谅,请教了格物之说。娄谅告诉他,"圣人必可学而至"。34岁时,他与湛甘泉在京师共倡圣学,湛甘泉是陈献章的学生,而陈献章和娄谅又都是吴与弼的学生。吴与弼虽然信奉朱子学,但深受陆九渊心学的影响,陈献章和娄谅的心学立场则更加明确,因此龙场悟道必然和陆九渊的心学有关系。

和朱熹不同,陆九渊主张"心即理"。在他看来,心和性是没有区别的,"吾心便是宇宙,宇宙便是吾心",与朱熹的"格物穷理"不同,个人修养只需要"发明本心"。两人虽然学术观点不同,但惺惺相惜、互相仰慕,著名的鹅湖之会成为千秋佳话。陆九渊不是引经据典,而是通过心与心的交流打动对方,朱熹则通过详细解释和精密分析教诲弟子。据说朱熹曾请陆九渊到白鹿洞书院给学生讲解经义,一字一句发自肺腑,在座无不痛哭流涕。后来朱子学被官方认可,陆学受到压制和批判,却对儒学产生了潜移默化的影响。

来到龙场后,王阳明"居夷处困,动心忍性,因念圣人处此,更有何道?忽悟'格物致知'之旨,圣人之道,吾性自足,不假外求"(黄宗羲《明儒学案·姚江学案》)。据《六祖坛经》记载,慧能半夜三更听五祖讲《金刚经》,言下大悟,"何期自性,本自清净;何期自性,本不生灭;何期自性,本自具足;何期自性,本无动摇;何期自性,能生万法。"两者何其相似!可见佛教和儒学、禅宗和心学的密切关系。

龙场悟道后,席元山来请教朱熹和陆九渊学说的异同,王阳明却给他讲起了"知行合一",并没有明确支持陆九渊的"心即理"。这有几个可能:①朱子学在社会上占统治地位,王阳明不便公开表明态度;②他悟到的"心即理"和陆九渊并不相同;③尽管朱、陆分别侧重于"道问学"和"尊德性",但两人仍把知和行分作两截,还不是孔子说的"一贯之道"。

(3)"知行合一"的发展

一般认为,阳明心学包括心即理、知行合一、致良知三大部分或三个发展阶段。但实际上阳明心学就是"知行合一"产生、发展到成熟的过程,也就是对《大学》八条目,尤其是对"格物、致知、诚意、正心"的解释变化的过程。

《传习录》中有一个很著名的"南镇观花"的公案,"先生游南镇,一友指岩中花树问曰:'天下无心外之物,如此花树,在深山中自开自落,

与我心亦何相关？'先生曰：'你未看此花时，此花与汝心同归于寂。你来看此花时，则此花颜色一时明白起来。便知此花不在你的心外。'"故事似是而非，如果用唯物主义的世界观分析就显得荒谬至极了。

其实，王阳明的"心外无物"说不是我们讲的客观物质，"物"指的是"心的指向和作用"。他也讲"性即理"，因为他认为心和性是相同的，所以有时名相阻碍了我们的理解。由于古本《大学》中八条目中没有对"格物、致知"的解释，朱熹认为是本来有而后来遗失了，就根据自己的理解增添了"穷究物理"的解释，这样格物致知的"道问学"和诚意正心的"尊德性"当然就成了两个过程——向外求知和向内修行。这就是新本《大学》。尽管侧重点不同，但陆九渊看来也没有反对。

王阳明却对古人深信不疑，他觉得知行分开后变得支离破碎。和朱熹穷究物理不同，他理解的"格物"是"正事"，这样"格物、致知、诚意、正心"就成为一个功夫，格物＝致知＝诚意＝正心，这样就是"知行合一"。既然"格物"就是"正事"，王阳明便提出"事上磨练"。他认为，《大学》的主旨在于"诚意"，因为《中庸》上讲"诚者，天道也；诚之者，人道也"。这一阶段，王阳明把"立诚"作为根本。

"良知"最早是由孟子提出来的，而且只有一句话："人之所不学而能者，其良能也；所不虑而知者，其良知也。"王阳明很早就曾使用"良知"一词，但是明确提出"致良知"是在平定宁王之乱的50岁以后。随着人生境界的提高，他体会到，良知不但能知是知非，而且诚实地依着它去做，自然能为善去恶。"致良知"的"致"，不仅指寻求达到，而且可以运用实现，只要"致良知"就可以实现格物、诚意、正心之功。阳明心学完成了"立诚"到"致良知"的转变，"良知"作为能知能行的主体，具有了统领"格致"之作用。

阳明心学对后世产生了很大的影响，但是"良知"说是王阳明历尽千难万苦的体认，如果别人没到境界，妄谈良知，就会走入歧途。湛甘泉在王阳明提出"致良知"后与其产生分歧，王门后学在王阳明去世后发生了分裂，他的儿女亲家黄绾也对阳明后学的流弊颇有微词。释迦牟尼说，"不可说，不可说"，因为能用言语表达的就失去了绝对性，必然有对立、矛盾和比较。但王阳明是一代大儒，教化是他的责任。这不同于佛教：知道了自然知道，不知道告诉你也不知道，所以不可说。

（三）"良知"的本体是"真"

（1）"心即理"对"性即理"的超越

王阳明的"心即理"和朱熹的"性即理"不仅存在对"心"与"性"认识的不同，两人的"理"也说的不是一回事。

朱熹认为："却看你禀得气如何，然此理却只是善。既是此理，如何得恶？所谓恶者，却是气也。"可见朱熹认为"理只是善"，因此人性本善，这是"存天理、灭人欲"思想的理论基础，通过"克己复礼"实现去恶为善。

王阳明晚年将心学思想体系概括性地论述为四句话："无善无恶心之体，有善有恶意之动，知善知恶是良知，为善去恶是格物。"（《传习录》）由于他主张"心即理"，并且心之体是无善无恶，可见"理并非善"。他在1520年反驳罗钦顺对心学的批判时说："理一而已：以其理之凝聚而言，则谓之性；以其凝聚之主宰而言，则谓之心；以其主宰之发动而言，则谓之意；以其发动之明觉而言，则谓之知；以其明觉之感应而言，则谓之物。"（《传习录·答罗整庵少宰书》）可见，"理"的凝聚是性，性的主宰是心，心的发动是意，意的明觉是知，知的感应是物，意之动才有善有恶，那么心和理都是无善无恶的。王阳明在龙场悟到的"心"和"理"肯定不是善，那究竟是什么呢？

《六祖坛经》中，惠明追上逃归的六祖慧能后，请求他给予开示。慧能说："不思善，不思恶，正与么时，那个是明上座本来目面。"禅宗讲明心见性，佛教的心和性就一定是超越善恶对立的存在，它是自我圆满、本自具足的，是难以思维和讨论的。就如道家所说，"道可道，非常道"。释迦牟尼在《金刚经》中告诫人们"说法者无法可说，若言说法者，即是谤佛"。他老人家说得很严重了，实在是害怕人们落入名相，玩弄文字游戏。勉强起了几个名字，其中一个叫"真如"。

王阳明在给聂文蔚的回信中说，"盖良知只是一个天理。自然明觉发见处，只是一个真诚恻怛便是他本体……若可得增减，若须假借，即已非其真诚恻怛之本体矣"（《传习录·答聂文蔚二》）。儒家是入世的，王阳明明确说这个能知善知恶的"良知"的本体就是"真"，并说出这个本体是不能增减的，不可假借的。这又会让人想起《心经》里的一句话，"是

诸法空相，不生不灭，不垢不净，不增不减"。

因此阳明心学与朱子学相比，不只是对心和性的认识不同，更重要的是完成了对善恶观念的超越，达到了"真"的状态。《六祖坛经》用浮云蔽日作喻，"不悟。即佛是众生。一念悟时，众生是佛。故知万法尽在自心，何不从自心中，顿见真如本性？《菩萨戒经》云：'我本元自性清净。若识自心见性，皆成佛道。'《净名经》云：'即时豁然，还得本心。'"王阳明也讲了心学要旨，"大人有私欲之弊便犹小人也，小人无私欲之弊则犹大人也。大人之学便是'去其私欲之蔽，以明其明德，复其天地万物一体之本然'"。

由于良知的本体是"真"，无私欲遮蔽，就可以整体呈现，明明德，恢复天地万物一体之状态。禅宗更进一步，只要认识到自性本体，就可以顿悟成佛。而朱子学的"性即理"中，由于心体是天理人欲混合的，首先要通过"格物穷理"认识性，然后"存天理，灭人欲"克己复礼，除非到了"至善"的状态，人总是有恶的、有缺陷的、不圆满的。

两者的认识同他们的经历有关，朱子博闻广记，他的才学是在思辨过程中完成的，在这一点上王阳明比不上他。但王阳明也很刻苦，并且深受禅宗的影响，在龙场时必须直面生死，退无可退，任何的比较、想象、思索都不需要了。他体悟到"圣人之道，本性具足"，本性是一元的、绝对的、无所依赖的、和圣人一样人人具足的，那就是"真"。而朱熹在思维中把心性分别，善恶对立，那是二元的、此消彼长的、矛盾对立的、掺杂了个人的比较和想象的。"心即理"是王阳明亲身体悟的，应该和陆九渊的"心即理"也有不同。

（2）圣贤之道

《金刚经》中讲，"一切圣贤皆以无为法而有差别"。如果对"无为法"和"有为法"的差别进行思考，那就又落入了名相。孔子和老子肯定是古今圣贤，但好像"悟道"的人和事都是发生在佛教传入中国以后，他们是否有"顿悟"的经历，不得而知。

最早"悟道"的应该是释迦牟尼。释迦牟尼佛在菩提树下静坐七七四十九天，夜睹明星，豁然开悟，据说他的第一句话是："奇哉奇哉，一切众生皆具如来智慧德相，但因烦恼执著而不能证得。"

禅宗六祖慧能在买柴时听客人诵《金刚经》，"心即开悟"。后来作有名的四句偈:"菩提本无树,明镜亦非台,本来无一物,何处惹尘埃。"再后来三更听五祖弘忍解说《金刚经》,"至'应无所住而生其心',惠能① 言下大悟,一切万法,不离自性。遂启祖言:何期自性,本自清净;何期自性,本不生灭;何期自性,本自具足;何期自性,本无动摇;何期自性,能生万法。"(《六祖坛经》)这才真正悟道,说出了对自性的体悟。

王阳明在龙场悟道后,体悟说:"圣人之道,吾性自足,向之求理于事物者误也。"

心、性、佛、道、真如、实相等只是名称上的差别,它们指向共同的本质——它是自足的、圆满的、不假外求的、"不生不灭、不增不减、不垢不净"的。善恶观念是在人类社会出现后,相伴产生的,它们是矛盾依存、对立统一的,善不能离开恶而独存。而"真假"或"真伪"却不是这样,与人类社会产生后的"人为"相对的是自然界的"天真",与人性的私欲相对的是天道的"本真"。"本真"就在那里,没有生灭、多少、比较,摆脱假就趋于真。我们不能猜测圣贤究竟悟到了什么,但是从他们"悟道"后的言行中,应该知道,那就是"真"。

尽管王阳明排斥佛老之说,但是阳明心学明显吸收了禅宗思想。可以说,心学是接近佛教的儒学,禅宗是接近儒学的佛教。王阳明指责佛教逃避君臣、父子、夫妻的关系,想"不着相"偏偏"着了相",他也正是用"孝"字说服了老僧还俗。他认为,在超越价值上两者并无差别,但是佛教不关心甚至逃避人伦日用。

其实,禅宗已经非常接近生活,"运水搬柴,无非妙道;锄田种地,总是禅机",这和儒家的积极入世仅一步之遥。《六祖坛经》中说:"善知识,若欲修行,在家亦得,不由在寺。在家能行,如东方人心善。在寺不修,如西方人心恶。但心清净,即是自性西方。"明确表明了禅宗贴近生活的态度。

阳明心学也明显体现了儒学的超越价值。有人说孔子的水平最高,他从不说"怪力乱神",也不谈"解脱生死",但在人伦日用中体现了"真诚"之道,真正达到了"无我"的境界。但是后人把孔子思想错用了,因此"圣人之道绝"。为了恢复道统,宋明理学是早于王阳明的实践,当时

---

① 惠能,又作慧能。

民间大兴书院教育，有许多读书人坚持圣学是"为己之学"，不参加科举考试，不屑于当官。

而王阳明认为，科举和圣人之学并不矛盾，关键是有无立下圣贤之志。科举考试相当于是给皇帝的见面礼，是实现自己抱负的必要条件，相当于一种装饰，但在此之前必须要有尧舜之心、圣贤之志，路才不会走偏，也可以说就是"不忘初心"吧！在他看来，佛道虽然志向高洁，但终究无益于社会；而如果不注意身心修行，只重视科举，一旦做了官，反而有更大的危害。如果不立下圣贤之志，不是陷入追求功利的世俗之学，就是走入追求高远的佛老之道。因此王阳明才会三次参加科举考试，并在第二次失败后说："世以不得第为耻，我以不得第动心为耻。"因为他的志向远大，所以科举考试只不过是一个过程，他怎么会为之所动呢？

现在有的大学生很迷茫，因为很多人的志向就是考大学，以至于上了大学就迷失了方向。如果一直有追求功利的志向，在王阳明看来也并不对，将来很有可能误入歧途，现在锒铛入狱的贪官就是这种情况。因此立志是多么重要！

（3）阳明心学的科学精神

需要明确，科学不仅是知识，更是一种精神。那什么是科学精神？有人说是探索精神，有人说是怀疑精神，有人说是实证精神，有人说是创新精神，有人说是奉献精神……其实科学精神的根本与精髓在于"致真"。科学精神并不是科学所独有的，一切对"真"的向往、追求和坚持都是科学精神，那是一种崇高而美好的心灵状态，不只是科学界，全社会都应该讲求科学精神。而有人说中国文化里缺少以"致真"为内涵的科学精神。这是完全错误的，从阳明心学及其形成过程中，可以看到科学精神的方方面面。

王阳明从小就立下做"圣人"的志向，并且积极探索"圣贤"之道。"格竹子"失败后，他对当时占绝对统治地位的朱子学大胆地怀疑。这就是科学的探索精神和怀疑精神。

阳明先生后来历尽千辛万苦，直到龙场悟道，亲身实证了"圣人之道，吾性自足"，开始提倡"心即理"。这就是科学的实证精神。

他依据自身体悟，对儒家经典，尤其是对"格物致知"之说重新进行了创造性的阐释，形成了"知行合一"的思想。他通过不断地践行、思考和讲授，使心学体系日臻完善，最终提出了"致良知"，完成了空前绝后的重大创新，使阳明心学风靡一时、深入人心。这就是科学的创新精神。

他巡抚赣南、平定宁王之乱、晚年出征思田，以天下为己任，鞠躬尽瘁、死而后已，在飘荡的小舟中留下了"此心光明"的遗言，体现了无私的奉献精神。

需要指出的是，上述科学精神的方方面面都是追求真理的体现。屈原说过，"路漫漫其修远兮，吾将上下而求索""亦余心之所善兮，虽九死其犹未悔"。王阳明一生从没有放弃对"圣贤之道"的探索和践行，"良知"是能够知善知恶、真实无欺的，"真诚恻坦便是他本体"（《传习录·答聂文蔚二》），也就是说，良知的本体是"真"。或者说，如果王阳明泛滥于词章、汲汲于功名利禄，探索、怀疑、实证、创新、奉献精神从何谈起？王阳明也不会达到"真三不朽"的圣人境界。

中国传统文化中涵盖了科学精神，但这一切的根本在于对"致真"的追求。然而，由于人们对传统文化的误解，以及民间盛行的实用主义，造成了"真"的隐而不显和当今社会"致真"精神的缺失。

二、知行合一与"致真"

（一）知行合一是什么哲学？

有人说知行合一是道德哲学，有人说是行动哲学。王阳明和弟子有很多关于知行合一的对话，但如果不从"心性之学"的高度把握，这些表述就会显得凌乱。

伴随着佛教的普及和道家的繁荣，儒学逐渐感受到了压力。因为"圣人之学"偏重于政治和社会，而且语录体的《论语》不够系统，于是儒学吸取了禅宗的思想，促进了新儒家的产生。作为程朱理学的集大成者，朱子分别了心和性，把"知行"打作两段，有些支离。而王阳明作为陆王心

学的高峰,悟到了"心即理",对《大学》八条目进行了创造性的阐释,创新性地提出并完善了"良知"说,形成了接近于禅宗的"心性之学",并把道德和实践牢固地建立在"心性"之上。如果非要用哲学定义,可勉强从根到枝叶将心性之学分为心性哲学、道德哲学和行动哲学。

培根说、明镜说、立诚说、良知说等构成了心性哲学的牢固基础,通过对"格物、致知、诚意、正心"的创新性阐释,王阳明用"知行合一"把心性、道德和实践统一在一起;心性的本体是"真",而正是私欲阻断了三者的完整统一。

王阳明主张"心即理",认为所有理都不必向外寻求。例如,孝的理就在心中,不能从父母身上寻"孝"的理。知道孝就一定要做到孝,如果做不到就是因为被私欲蒙蔽了,所以不能"知行合一"。

王阳明认为:知是行的开始,行是知的完成。如果起心动念,已经是行了,这是意念的行动,即有善意也有恶意之动,恶念要及时加以遏制。如果人要远行,他要了解行程,这已经是行了,而只有走到目的地,才能对途中的情况有真实的认识,而不只是想象。

他还认为,古人为了避免懵懵懂懂地知、浑浑噩噩地行,才把两者分别,即"学而不思则罔,思而不学则殆"的意思。只有行才能获得真知,只有知才能笃行,"实践出真知"就说明了这个道理。然而,求知本身就是行的过程。例如:在学校里学习文化知识,是为了将来进入社会应用,而学习是一系列知和行的过程;博学、慎思、审问、明辨本身已是行了,而不能认为只有"笃行"才是行。

"知行合一"确实是个创新,同阳明心学的体系一样,它从整体上系统地对事物进行把握,这也是传统文化的特点。但必须指出,放之四海而皆准的理论是不存在的,从上面的例子中,可以看到王阳明和前人在知行概念上的不统一。

实际上,知行合一就是心性、道德和实践三者的纽带,阳明心学让它们变成浑然一体了。现代人在深入了解阳明心学"知行合一"的同时,也要探索它的现实意义和时代价值。

(二)"致真"是知行合一的方向和目标

王阳明多次谈到要立志。明确了方向和目标,才有可能做到知行合一。现在常见这样的人生态度：得过且过，当一天和尚撞一天钟，"黑发不知勤学早，白首方恨读书迟"。殊不知人的生命是宝贵的，时光如白驹过隙、稍纵即逝。也有些人三天打鱼、两天晒网，不停地转换自己的兴趣和目标，干什么都是三分钟热度，直到青春已逝，后悔晚矣！大家都知道聚光镜的道理，纸片在阳光照射下是达不到燃点的，但如果用凸透镜汇聚阳光，就可以把纸张点燃。人也是如此，要把时间和精力汇聚在一件事上，才能取得成就。有一个一万小时定律：如果一个人能够在一件事上花费一万个小时，就可以成为这个领域的专家，当然过程中的专注很重要。

立志要立大志，王阳明从小就有"圣人"之志。我们曾经去广东江门新会梁启超纪念中学给高中生做报告，我问同学们有什么志向，大多数人的答案都是考上大学。这个志向太小了，考上大学就结束了吗？不，其实生活才刚刚开始。因此，好多同学上了大学就开始迷茫，打游戏、睡大觉、拼命玩，因为他的目标已经实现了。美国篮球职业联赛（NBA）常用这样一句话鼓励有天赋的球员们："阻挡你的只有天空。"

也有人怀抱着对美好生活的向往，对财富和地位不懈地追求，这也是社会进步的重要动力。但王阳明指出，如果没有身心的修养，这种追求就很有可能让人走入歧途，并且随着能力的增强，反而容易对社会造成较大的危害。例如，很多贪官也是出身寒门，通过自己的努力，占据重要位置，掌握很大权力，放任自私和贪欲膨胀，最后落到锒铛入狱、妻离子散的境地。

另外，对名利的追求也很难做到知行合一。俗话说"理想很丰满，现实很骨感"，个人的理想有时会被现实击得粉碎。如果财富和地位成为人人追逐的目标，而社会资源是有限的，绝大部分人的愿望不可能得到满足，因此就会怨天尤人、自艾自怜，或者明争暗斗、尔虞我诈，个人主观愿望被众多客观因素所限制，怎么可能做到知行合一？

手机和网络的普及大大开阔了人们的眼界，信息的海洋里鱼龙混杂，充斥着很多虚假新闻和负面消息。人们的关注点在不停地转移，对某些不尽如人意的现象任意评论，甚至抨击国家和社会。明朝东林党领袖顾宪成所撰名联"家事国事天下事事事关心"，显示了一种家国情怀，了解国家大事是应该的，但过度关心没有任何意义，表面上事事关心，实际上一件也管不了、做不到。任何国家和制度都不可能十全十美，随意抨击的人往

往是盲人摸象，对社会认识不够全面，也把握不住事物的本质。"空谈误国，实干兴邦"，指手画脚不能解决任何问题，不如把精力放到自己能知能行的事情上来。

梁启超认为，"学做人"是人生第一要务。陶行知说，"千学万学学做真人"。孔子说过，"古之学者为己，今之学者为人"，意思是说，求学问的目的是完善自己的德行。"学做真人"是自己的事，是能知能行的，不会受到外部因素的干扰和周围环境的制约。并且从王阳明的经历中，他能取得那么大的成就正是和自己的"圣人"之志有关。因此，致真可以提高我们的人生境界，而"知行合一"可以说是成功的保障、幸福的法则。

"致真"是可以选择，并且能够实践的。每当处于生死存亡的紧要关头，中华民族就会焕发出强大的生命力，这就是"知行合一"的结果，"知"和"行"都落到了实处。

"一真一切真"，我们在生活中不但要"学做真人"，还要求真知、明真相、寻真理、展真诚、顺真性、实现自我。万变不离其"真"，以"致真"作为目标和追求，在人生旅途中"知行合一"。

（三）知行合一是"致真"的途径

有人认为，知行合一是行动哲学，是王阳明针对当时社会上"重知轻行"的弊端开出的一剂良方。受"劳心者治人，劳力者治于人"观念的影响，古代读书人轻视劳动，严重脱离实践，沉迷于辞章之学，汲汲于功名利禄。王阳明是知行合一的倡导者和践行者，他通过实证和亲身体悟提出了"心即理"，通过创造性地阐释"格致之学"，把六经融会贯通，把知行合一落实到教育、生活和"治国、平天下"的实践中，是陆王心学的集大成者，达到了宋明理学的顶峰，实现了立功、立德、立言的"真三不朽"。

《论语》中讲到，"学而不思则罔，思而不学则殆"，就是对懵懵懂懂知、浑浑噩噩行的一种批评。行中有知才不会偏离行的方向，才是笃行；知中有行才不会落入知的肤浅，才是真知。一个优秀的人要具备深度、高度和广度，如果没有知行合一是做不到的。

"致良知"是王阳明的亲身体悟，其中，知和行缺一不可。中国传统文化中不缺乏实证精神，"悟道"不是苦思冥想的结果，知行合一既是过程，又是结果。释迦牟尼在《金刚经》里曾说过，"若以色求我，以音声求我，即人行邪道，不得见如来"，他很严肃地指出了知而不行的弊端。

如果有人说明白道理却做不到，做不到"知行合一"，那就是因为不真。"树欲静而风不止，子欲养而亲不在"，当父母离开这个世界以后，没有一个儿女不后悔：应该对父母更好些。但为什么做不到呢？是由于私欲蒙蔽了真，隔断了知和行的过程。

毛主席曾经说过，想要知道梨子的滋味，就要亲口尝一尝。对美好生活的向往要通过知行合一才能实现。临渊羡鱼，不如退而结网，年轻是最大的财富，不要给自我设限，人生有无限的可能，要尽可能地给自己机会，尝试更多的新鲜事物。说食不饱，画饼无法充饥，就像追求女孩，爱要大声说出来，才有可能牵手成功，只要不妨碍别人、不危害社会，就可以放开手脚做事，人不轻狂枉少年！

人生的历程就像在攀爬一座巍峨的高山，确定了目标就要努力攀登，实现目标的过程就是知行合一，当人生达到新的高度时，会有不一样的风景，会有不一样的感悟。只要扎根生活、脚踏实地、志存高远，就不会心怀畏惧、好高骛远、随遇而安；只有人生不止步，才能通过不懈的努力达到自己生命的高度！

王阳明在《传习录》中说"真知即所以为行，不行不足以谓之知""未有知而不行者，知而不行，只是未知"。这是一个创新的时代，创新是时代的主题。"纸上得来终觉浅，绝知此事要躬行"，只有理论和实践的完美结合，才能不断实现创新。

学习更多的知识有助于创新，但书本的理论只有通过不断实践，才会内化成真知，才会成为科研创新的"源头活水"。科研创新是理论和实践"知行合一"的过程，科研创新应该是一个快乐的过程，因为"学而时习之，不亦说乎"中的"习"不是复习，而是实践。

"横看成岭侧成峰，远近高低各不同。不识庐山真面目，只缘身在此山中。"苏轼的《题西林壁》可以给我们启迪：庐山是美丽的，从不同视角看有不同的风景，但是因为置身其中，就很难看清楚庐山的全貌。在生活中只有放下自我，或将"小我"融入更伟大的事业，才能逐渐明白人生的意义，找到生命的真谛。

"知行合一"的落脚点是"真"，要在科研中追求真理，在社会上真诚待人，并且真心明白自己的追求和兴趣所在，不自欺欺人，坚持科研创

新。"真"就是"立人"的灵魂，创新的保证。

(四) 知行合一"致真"的现实意义

(1) 人生观

屈原《离骚》中有"路漫漫其修远兮，吾将上下而求索"。人生求索什么？什么是人生的意义？——就是"致真"。

真善美是人类永恒的追求和向往。前面讲到善恶、美丑都是人类产生后形成的概念，意味着比较、矛盾和对立，就会有强弱、增减、多少，并且不同的人看法不一样，不同的时代观念也不一样。而"真"对假没有依赖，它是人类对自身的否定，是一种"无我"的状态，它不会随着地域、人群和时代发生变化，真就是真，它是一种可以独存的状态。可以说美表达了一种愉悦，善体现了一种关系，真就是一种状态。对美的追求如果妨碍了别人，就不是善了，因此孔子说"己所不欲，勿施于人"；而对善的追求可能会带来恶；只有"真"才可能成为人类共同的永恒追求。

印度人相信人有来生，他们为来世修行；而在中华儿女的观念里，"生死"和白天黑夜一样是两种状态，骨子里是不相信来生的，就像孔子所说"未知生焉知死"。"安生顺死"和"贪生怕死"的结果很不一样。王阳明正是在龙场参透生死，才创建了阳明心学。短暂的一生应该怎样度过？每个人都有自己的选择，不能简单地用对错来判断。但"致真"的确应该成为一种人生选择。只有致真，我们才不会被外界的假象所迷惑，逐渐获得真知、接近真相；只有致真，我们才能顺应改变、勇于行动，不在担忧和后悔中自艾自怜；只有致真，我们才能顺从真性、实现真我；只有致真，我们才能在社会生活中符合中庸之道，快乐生活、走向成功。

王阳明实现了"真三不朽"，可是他并不刻意追求成功，而是加强自我修养，克制私欲"致良知"，即"致真"。他认为"破山中贼易，破心中贼难"，而正是因为"无我"才能在对敌时足智多谋、指挥若定、游刃有余。平宁王之乱时，面对强大的敌人、糊涂的皇上、奸佞的小人，如果有一丝一毫的私欲，就会犹豫、动摇、瞻前顾后，就不可能挽狂澜于既倒。

另外王阳明的成功是历史对他的选择，并非主动寻求，甚至有些无奈。纵观他的一生，并不是常人理解的幸福。上书救戴铣，得罪宦官刘瑾，受廷杖之刑、牢狱之灾，遭人追杀，居夷处困，九死一生后方能"龙场悟道"；巡抚南赣后，屡次上书致仕，没获批准，面对突发的宁王之乱，成败在毫发之间，殚精竭虑，最终才以弱胜强；平定叛乱后，面对奸臣的栽赃陷害、武宗的偏听偏信、南昌的人心不稳，处境比龙场更加凶险，坚信圣人之道，最终化险为夷；抱病前往思田平叛，遭朝中群僚嫉妒、诽谤、中伤，最后病逝舟中。人们都看到了王阳明的成功，但是谁能体会背后的艰辛。按照幸福的标准，他是达不到的，历尽千辛万苦，一生体弱多病，去世时年仅57岁。

王阳明的临终遗言是"此心光明，亦复何言"，如同屈原"亦余心之所善兮，虽九死其犹未悔"。荣华富贵、金钱美女都不是他的目标，但他有执着的理想、坚定的信仰，那就是践行圣贤之道、超凡入圣。他做到了，去世后于万历年间从祀孔庙。没有远大理想，就不可能企及这样的人生高度。

由于"良知"的本体是真，因此树立知行合一"致真"的人生观，可以走得更高、更远。另外，知行合一"致真"体现在生活的方方面面。一真一切真，致真没有终点，我们都在路上！

（2）认识论

"真知即所以为行，不行不足以谓之知。""未有知而不行者，知而不行，只是未知。"王阳明如是说。这和"实践出真知"意思相同。实践是检验真理的唯一标准，真知不但要在实践中获得，而且还要在实践中进行检验。

爱因斯坦说过，西方科学发展的两大基石是古希腊哲学的形式逻辑和文艺复兴时期出现的系统的实验方法，这分别属于知和行的过程。人类早期对自然界的直观认识包含着假象，仅通过观察和推理是不够的，认识世界还需要科学的实验方法。但世界上没有绝对真理，如果理论能接受实践的检验，就是正确的；而如果理论和实践发生了矛盾，就需要进行修正或者彻底推翻。这样科学才能不断进步，人类才能取得接近真实的认识。伽利略用"比萨斜塔实验"推翻了亚里士斯多德的理论，发展成后来的牛顿力学。但经典物理学不能解释"以太飘移"和"紫外灾难"的实验结果，这又促进了相对论和量子力学的产生。人类面对着浩瀚的知识海洋，知行合一"致真"是认识世界的正确途径。

很遗憾，中国古代科学技术没有发展成为近现代科学，但是中国传统文化中并不缺乏知行合一的"致真"精神。前面已经讲到，阳明心学囊括了科学精神的方方面面，也是认识世界的方法，只是和西方科学的取向不同。王阳明的"圣人"追求，不单是停留在书本的知识上，他特别重视实践，希望通过实证即"格竹子"找到天理，失败后他开始怀疑朱子学，又经历过"五溺"，从此笃信圣人之学，终于迎来了"龙场悟道"，悟到了"心即理"，提出了"知行合一"。后来他在生活、讲学、治国平天下的过程中，不断丰富、完善自己的理论，最后提出"致良知"，形成了系统的阳明心学体系。阳明心学的形成过程本身就是知行合一"致真"的过程。

读万卷书，走万里路。一方面，读书是获取知识的重要手段，而和读书相比，实践有明显的局限性。例如在家中通过阅读就可以了解天下事，跨越五千年，而去美国看看却没那么容易，回到过去就更不可能。阅读明显扩展了我们认识世界的深度、高度和广度。但另一方面，如果没有亲身实践，认识就会很肤浅，甚至是错误的。因此分辨知和行孰轻孰重、谁先谁后都没有必要，知行合一是获取真知的唯一途径。

现在互联网的普及似乎使获取知识变得容易了，其实不然。语言和文字并不是知识，或者说从互联网获得的都是碎片化信息，而只有通过长期的读书和实践才能形成系统的认知。如果没有读书和实践，在信息的大潮中就很容易迷失自己，分不清南北，或者人云亦云，没有主见。

有机会遇到高人是种幸运，他们有阅历、有智慧，三言两语就可以解开疑惑，告诉我们人生的方向，并指点迷津。孔子说，"三人行必有我师"，我们需要有一颗谦虚之心、真诚之心，才能遇到人生路上的高人。但前提是自己已经达到一定的境界，就如禅宗六祖慧能东山学法，已经马上就要开悟，只需要人捅破一层窗户纸那样。

其实人生路上最关键的高人，不是别人，而是自己。别人的事再大也是小事，自己的事再小也是大事，一个人的喜怒哀乐、迷茫困惑，别人并不会一直关注。释迦牟尼圆寂前嘱托弟子们：以己为灯，以己为靠。如何走好自己的生命旅程，知行合一就是方法，"致真"就是指引方向的一盏明灯。由于每个人的"真"是本来就有的，如果认识不到，就需要有人指点，而一旦明白，知行合一"致真"就是自己的事情了。

(3) 方法论

《中庸》归纳了做学问的方法：博学之，审问之，慎思之，明辨之，笃行之。有人把它分为知、行两段，只把"笃行"看作行。可是，这一方法作为治学的一个整体，分开显然是不合适的，知是行的开始，行是知的完成，每个环节本身就包含着知和行的过程。就说"博学"吧，广泛阅读以求知，不就是行动吗？因此大学生在校学习本身就是知行合一的过程。

而踏入社会，在实践的同时也是在学习，因此有人把社会比作一本书，有人说它是"社会大学"。坎坷人生路，高深社会书，路从足下悟，书在心中读。知和行是一体的，不应该也不可能分开。从过程上看，知和行已经完全融合在一起，内化成人的一部分；从结果上看，此时知和行已经没有分别，作为整体呈现。就像游泳，在岸上看永远也学不会，跳入水中学习游泳时就已经开始行动了，而一旦学会，就可以在碧海中畅游，哪里还有知和行的分别？

创新是时代的要求。劳动虽然光荣，但创新才是推动社会进步的主要力量。从王阳明身上可以学习创新是怎样完成的。他从朱熹那里知道了"格物致知"，亲身实践去格竹子，失败后并没放弃，而是继续学习、实践。王阳明并不盲从，认为书本、权威都不足为凭，终于在龙场悟道，根据自己真实的体验，提出了"心即理"。包括良知说也是真实体悟，并且在不断地践行。因此，实现创新要有广博的知识，要有深入的实践，还要有独立的思想和追求真理的精神，也就是要有知行合一的"致真"追求才能完成创新。

(4) 道德律

《周易》有言："天行健，君子以自强不息；地势坤，君子以厚德载物。"道德就是人们常说的"君子人格"。自强不息是君子之道，指的是人生态度；厚德载物是君子之德，指的是处事准则。清华大学的校训即为："自强不息，厚德载物。"

古人师法自然，向天和地学习。日月星辰，天体运行，一刻也不会停止，是因为无所依赖，这就是释迦牟尼所说的"以己为灯，以己为靠"，也就是《周易》中所说的"君子以独立无惧，遁世无闷"。这讲的是一种独立人格，不依赖外界的条件和评价而存在。试想，如果没有独立性，依赖外部的评价而存在，怎么能够不改初心、坚持自己的理想呢？又怎么能

够矢志不渝，"板凳要坐十年冷"呢？患得患失，随波逐流，又怎么能像天道运行那样自强不息，永不停止呢？

"道"就是真诚，所有的比较、依赖、控制、期盼等都是假象，因为这些都依赖外境，不能独立。"致真"就是不强求、不过分、不依赖、不逃避。妄求、妄作和逃避、依赖一样，都是依赖外境，总不可能光明、圆满。阳明先生说，"吾心自有光明月，千秋团圆永无缺"。我们的所作所为不是给别人看的，外界环境也不可能常如人所愿。但人们往往"以假为真"而不自知，无法用自性的光辉将人生的旅程照亮，无法获得幸福和解脱。

婴儿呱呱坠地，心性本来是纯净、真诚的，后来受到世俗的熏染，迷失了自己。检讨一下我们自身，会发现各种各样的妄心，不善心、嫉妒心、谄曲心、诳妄心、轻人心、慢他心、邪见心、贡高心等。时时刻刻被这些妄心左右，一刻也不会安宁，这就是烦恼、痛苦的根源。"人心惟危，道心惟微；惟精惟一，允执厥中"，知行合一"致真"就是去掉妄心、回归真诚的过程，也就是君子寻道、悟道的过程。

只有真诚，才会平等。因为真诚意味着独立，放弃了比较，人还有什么差别呢？"人人皆可成佛""满大街都是圣人"，说的都是一个意思。如果说真诚是道，平等就是德，把人分为三六九等，怎么能有"德"呢？

"师德"和"医德"对教师和医生提出了更高的职业道德要求，从事其他职业则无此概念。有人说，这样去要求教师和医生是不公平的，他们也仅是一种职业，人生皆为稻粱谋呀！在商言商，追求利润最大化无可厚非。但是，教师和医生不是普通的职业，他们面对的是人的生命和灵魂。

如果医生不把病人看作和自己平等的人，就会对他们的病痛置若罔闻。如果教师不把学生视为和自己平等的人，就会对他们的发展和成长漠不关心。因此，我们认为"师德"的核心内涵在于"平等"。要像关注自己的孩子那样关注学生的成长，要像和朋友交谈那样用真心交流，要像注重自己成长一样期待他们成长。传道、授业、解惑，把自己的人生经历和丰富经验教给他们，也就是"知行合一　致真立人"。

放任不是爱，控制不是爱，甚至奉献也不是爱，因为那是一种刻意的勉强。只有知行合一"致真"，并由此产生的平等，才是真正的爱。这就是所谓的"师德"吧！

《中庸》上讲"修道之谓教",身教胜于言传,作为教师,知行合一"致真"的过程,就是对学生最好的教育。从这个意义上说,"师道"和"师德"就是将知行合一"致真"及由此产生的平等,统一起来。

三、幸福和成功之道

(一)为己之学

禅宗始祖达摩在嵩山少室峰面壁时,慧可立志求道,在雪中以利刃自断左臂以示决心。达摩遂收其为弟子,慧可就是禅宗二祖。据传,慧可和达摩之间有一桩"安心"公案——慧可的心不得安宁,请求达摩为其安心,后来怎样不必深究了,但是慧可的问题也是我们每一个人的问题。

面对纷纷扰扰的外部环境和生老病死等无数问题,如何"安心"确实是一个大问题。如果处境无法改变,那就需要坦然面对,活在当下;而在复杂的人际关系中,过与不及都是烦恼的根源,不偏不倚的中庸之道是需要学习的。"诚者,天之道也;诚之者,人之道也;诚者,不勉而中,不思而得,从容中道,圣人也;诚之者,择善而固执之者也!""致真"是实现从容中道的途径。

有句话说得很好:"不要把时间和精力都浪费在无用的社交上。"古人云:"穷在闹市无人问,富在深山有远亲。"即使勉强挤入高层次的社交圈,也不会有人重视,更难以达到自己的目的,还不如把时间和精力用于提高自己的核心竞争力。

我们常听到各种抱怨,别人不理解、不够朋友、背叛等,产生了相当大的负能量。世界是丰富多彩的,也有各种各样的人,我们对于自己为别人的付出,是不是希望得到回报、有很大的私心呢?如果对方达不到我们的预期,我们的抱怨甚至愤怒能够改变别人吗?除了惩罚自己还能有其他效果吗?行动和预期都依赖于对方的反应,怎么可能不失望呢?所以,幸

福和成功之道不是向外驰求的，中国优秀的传统文化都提倡为己之学。

孔子说："古之学者为己，今之学者为人。"曾国藩在给家人的书信中写道："吾人只有进德、修业两事靠得住，至于功名富贵，悉由命定，丝毫不能自主。"曾文正公是清朝中兴名臣，蒋介石把他奉为人生楷模，毛泽东也独服曾文正公："予于近人，独服曾文正，观其收拾洪杨一役，完满无缺。"曾国藩位极人臣、功高盖世、著书立说，可他并不汲汲于名利，反而认为功名富贵丝毫做不得主。可见，成功和幸福都不是从外界学来的，为己学习、提高自己才是正确的途径。

王阳明实现了立功、立德、立言的人生"真三不朽"，无论是早年的"五溺"、中年的龙场悟道，还是晚年的"致良知"，其实都是为己而学。这里的为己并不是自私，恰恰是放下私欲。当有弟子问道，为何有人不能"知行合一"，阳明先生回答是因为私欲相隔。他曾说："吾辈用功，只求日减，不求日增。减得一分人欲，便是复得一分天理，何等轻快洒脱，何等简易！"

人们通过满足自己的私欲获得幸福和快乐，其实是在饮鸩止渴，名缰、利锁、情网哪一件不是束缚？有个词是"名闻利养"，意思是名声远闻、以利养身，这样是难以持久的，使人患得患失，如果得不到就会痛苦。有些领导干部退休后会很失落，因为权力没有了，也不如在位时有人尊重。即使可以做到一辈子风光无限、呼风唤雨，行将就木之时，终究两手空空，更不用说，官员贪腐，锒铛入狱，当外在的一切都烟消云散，究竟还剩下了什么？

知行不一是痛苦的根源。房子是现在很多人的心结，人们不是后悔过去没买房子，就是焦虑将来买不起房子。其实后悔是用现在的知对照过去的行，焦虑是想象将来的行。这一切全是假象。网上流传着一个故事，当一名年轻的母亲听说自己生了男孩时，竟然难过地哭起来了，她担心将来儿子结婚时，买不起房子。二十多年的知行对立，有用吗？应当放弃对立、依赖、比较。失之，我命；得之，我幸。富贵行富贵事，贫贱行贫贱事，活在当下，这样万事能奈我何？

人们习惯于在比较中生活，如果在比较中得到了快乐，就一定也会在比较中感受到痛苦。与其在比较中痛苦、快乐，不如为己而学，通过"致真"回复到没有依赖、没有比较的人生状态。活在当下，当下即真，没有对立和比较。顺其自然、随遇而安、"天人相，我相，众生相，寿者相"，都是讲不要有分别，回到"真"的状态。

王阳明晚年将心学概括成了四句话："无善无恶心之体，有善有恶意之动，知善知恶是良知，为善去恶是格物。""真"是心的本体，回归自然就是真。"意动"是因为"有我"出现，"我""我的""我是正确的"对应痴、贪、嗔。社会生活"无我"太难了，有人选择了出家，但打球、学习、喝酒等偶尔"忘我"的体验简直好极了！"良知"的本体是真，其实回复到"真"的状态就可以了。知道偏离"真"就已经回归"真"了，不用费力，这就是"良知"的妙用。王阳明的成功，正是由于"致良知"、致真的结果。

阳明心学是为己之学，幸福之学，就是"学做人"，做个自觉的人，快乐的人，知行合一的人，摆脱了比较和依赖的人，回复心之本体的人，致真的人。致真的结果是：不后悔，不纠结，不焦虑，不在外部寻求依赖和肯定。这样，为己才能无己，为己就是为人。

阳明先生的学生王艮写了一首《乐学歌》，体现了为己之学的快乐："人心本自乐，自将私欲缚，私欲一萌时，良知还自觉。一觉便消除，人心依旧乐。乐是乐此学，学是学此乐。不乐不是学，不学不是乐。乐便然后学，学便然后乐。乐是学，学是乐。呜呼！天下之乐，何如此学！天下之学，何如此乐！"

中国优秀传统文化是为己之学，阳明心学是为己之学，知行合一"致真"也是为己之学。可以理解成在努力增长自己学识、才干、阅历的同时逐渐放下自我，或者说是私欲。知行合一既是方法、途径，又是结果和检验标准。知行合一是快乐的、幸福的，也是最可能取得成功的；反之，就是矛盾的、纠结的、痛苦的，没有什么幸福和成功可言。

（二）实现自我

这个社会的人们太渴望成功了，关于"成功学"的书籍和课程一度铺天盖地。很多人抱有不切实际的幻想，希望通过听几堂课、看几本书就取得成功，这是不可能的。成功也不是可以学来的，甚至是不可复制的，即便由于受到名人名言的激励，找到了生活的方向，也是因为生命中那颗原本在沉睡的种子被唤醒了。至于勤奋、毅力、注重细节等优秀的品质，是

成功必须具备的,似乎毋庸多言。李宗吾的《厚黑学》曾经风靡一时,其实"厚黑"不是所有人都学得来的,即使勉强"厚黑"起来,也会经常受到良心的谴责,甚至走火入魔,就像《天龙八部》中的慕容复,就算疯了,仍旧做着复兴大燕的美梦。

钢铁生产中有种工艺叫"淬火",把近千度高温的钢材置入冷水中,钢材只要不裂,就会脱胎换骨,外表虽然没有改变,性能却有显著的提升。成功人士在成长过程中都要经过几次这样的"淬炼",变得独立而坚强。"宝剑锋从磨砺出,梅花香自苦寒来",人在顺境时不会也不需要完成转变,面对逆境、经历过挫折后才会发生质变。现在社会进步了,新入职场的大学生有更多选择的权利,才华不会被轻易埋没;但也有许多人稍不如意,就选择辞职,在频繁跳槽的过程中浪费了光阴,失去了历练的机会。

成功者都具有自强不息的人生态度,一般情况下,他们都积极乐观、精力旺盛、百折不挠,相信"办法总比困难多"。人们只羡慕他们头上的光环,但无法体会他们背后的艰辛。他们都是"知行合一"的践行者,鼓起理想的风帆,勇往直前。

成功者大都具有"厚德载物"的优秀品质。己欲立而立人,己欲达而达人,一个自私的人不可能赢得广泛的支持。另外,一个人越成功,事业越大,就会对社会做出越大的贡献。正如一个优秀的企业家,他的企业运转已经解决了许多人的就业和温饱问题。

需要指出,成功者都是在从事他们擅长的事情。明星有表演天赋,领导有管理才能,商人头脑灵活、总是会占得先机,而科学家思维缜密、勇于创新……虽然是金子总会发光,但是蛟龙出水、虎落平阳,能力也会大打折扣。一个人只有顺应自己的真性,才能真正做到"知行合一",开创一番事业。

"知人者智,自知者明",认识自己的天赋以及在社会上所处的位置并不容易,这也需要真诚。不能自欺欺人,得过且过,随波逐流。如果财富成为衡量成功的唯一标准,成为人们唯一追求的目标,可能就会把天赋和创造力扼杀在摇篮之中。居里夫人在异常艰苦的条件下,提炼出镭,为人类做出巨大的贡献。这需要一份坚持和坚守。这也是理想和现实的关系问题,尽管"理想很丰满,现实很骨感",但是只有在人生道路上"知行合一"，坚定执着的人才会到达辉煌的顶点。

《庄子》头两篇《逍遥游》和《齐物论》告诉我们：无所依凭才能逍遥，本无差别就是齐物。依赖和比较不会让人获得真正的幸福，即使成功也只是暂时的。民国时，郁达夫的妻子王映霞风华绝代，当时的浙江省教育厅厅长也喜欢她。面对情场对手，郁达夫自信地说，"现在你比我有名，但将来人们会记住我，而根本不知道你是谁。"果然，当比较得来的成功没有了参照，就烟消云散；而独立的人格和作品会有更强的生命力。

王阳明从小就立下了"做圣人"的远大志向，这是一种道德追求，不会也不可能成为所有人的目标。孔颜乐处是大自在，阳明先生在龙场，没有任何可依赖的了，也不做任何比较，就悟了道。而通过"致真"追求自我实现是自己的事，必然是能知能行的，才是真正的"知行合一"。通过追求真知、趋近真实、坚持真理、保持真诚、顺从真性，最后实现真我，尽管不一定获得世俗所谓的成功，但这是一条自我实现之路。

"诗圣"杜甫和"诗仙"李白被并称作唐代诗人的两座高峰。然而年轻时的杜甫却一直郁郁不得志。后来杜甫经历了安史之乱、漂泊西南、颠沛流离之际，老病哀愁之时，诗风雄浑顿挫，诗境天高海阔，造诣炉火纯青。终能与李白并驾齐驱，成就唐诗中"鲸鱼碧海""巨刃摩天"之大观（《唐诗别裁》沈德潜语）。

从千百年的巨大影响来看，杜甫的成功是肯定的，但当时他却穷困潦倒、寄人篱下，比曾经乞食的陶潜强不了多少。并且他们写诗是内心的表达、生命的需要，"不为五斗米折腰"，和俗世的成功无关。他们达到了自己生命的高度，应该说是实现了自我。

孔子周游列国，想实现自己经世济民的理想和抱负。当时卫国正发生内乱，国君辄与其父争夺王位，子贡为试探老师是否会帮助国君，便问：伯夷、叔齐是什么样的人呢？孔子说：古代的贤人。子贡又问：他们有怨恨吗？孔子说：他们求仁而得到了仁，为什么会有怨恨呢？这表明了孔子不会参与的态度。伯夷、叔齐是商末孤竹国的王子，两兄弟互相让位而离开国家，后来因为武王伐纣，发誓不食周粟，最后饿死在首阳山。

古今中外总有这样一些人，他们的追求并不是比较之下的成功，也不是俗世的富贵，他们坚持原则和真理，有自己的目标和追求，正如屈原所说的"亦余心之所善兮，虽九死其犹未悔"。正是这种精神的薪火相传，

才促使了人类和社会的进步。而苏格拉底、布鲁诺、屈原、文天祥等，这些人都实现了自我，他们虽然没有俗世所谓的幸福和成功，但是在人类历史上永不磨灭。

每个人来到这个世界都有自己的使命，都是独立的存在，有优势也有局限。"真"就是独立无惧，遁世无闷，而依赖和比较都是一种假象。古人说"修身俟命"，也总结了影响人生的因素——一命二运三风水四积阴德五读书，即使有命、运、风水的存在，也是个人难以把握的，我们只要做好能做的就可以了，那就是"自强不息，厚德载物"。读书是自强不息的一种表现，而积德指的是厚德载物。如果懒惰又不善良，不过是侥幸在社会上生存罢了！

"自强不息，厚德载物"是理想的君子人格，是以真诚为基础的。"诚者天道，诚之者人道也。"努力学习真诚就是知行合一的过程。"致真"是传统文化的精髓和科学精神的根本，不但能快乐、解脱，还能最终不负此生、实现自我！

立人篇

"世纪巨匠，一代宗师"柯俊院士为国家做出了巨大贡献。先生一生从事教育事业，立人无数，被誉为"教育大师""我国工程教育改革领航员"。

我们都有幸聆听过先生的教诲，并且现在都成为了光荣的人民教师，在教育和钢铁研究两个领域继承先生的事业。先生已成为我们终身学习的榜样。

本篇首先回顾了柯俊院士的生平事迹（主要资料来源：科学出版社《柯俊传》和冶金工业出版社《柯俊画传》），概括出中华民族独立、创新、平等的真精神，在倡导学习先生"创新精神和立人情怀"的同时，进行了"立人"的思考，即如何帮助学生实现经济、思想、精神、人格四个方面的独立。

一、柯俊院士生平事迹

柯俊（1917年6月23日—2017年8月8日），中国共产党优秀党员，我国著名科学家、教育家，中国科学院院士，我国金属物理、冶金史学科奠基人，北京科技大学教授。

"柯俊院士是我国金属物理专业奠基人，古代冶金现代实验方法开拓者和我国工程教育改革领航员"，中国国家最高科学技术奖获得者、两院资深院士、著名金属学及材料科学家师昌绪曾这样评价柯俊。

中国工程院院士徐匡迪认为，"柯俊先生是一位坚定的爱国者，是一位具有战略思想的科学家、教育家。柯俊先生学风严谨、淡泊名利、提携后学，为广大科技工作者做出了光辉榜样"。

（一）山河破碎求学路

柯俊祖籍浙江台州黄岩，这里风光秀美，商业繁荣、文化兴旺、人才辈出。黄岩柯氏系元代大书画家柯九思之后，在这块土地上繁衍生息、书香传承。柯俊的祖父以行医为生，父亲柯澄曾在日本明治大学留学；他的外祖父是清末进士，母亲王琼英知书达理、温柔贤惠。柯俊七兄妹中六人早年留学，是各自领域的专家，其弟柯伟是中国工程院院士，弟媳李依依是中国科学院院士，被称为"一门三院士"。

柯俊出生在吉林长春，在东北长大，白山黑水养成了他百折不挠、坚韧不拔的性格。他7岁开始在吉长铁路子弟小学、附属中学接受教育，14岁进入沈阳郊区北岭的辽宁三中读高中。柯俊幼年聪明机灵，精力旺盛，很早就显露出学习和科研天赋，数理化的新式教育，激发了他对自然科学的兴趣。

1931年，"九一八事变"爆发，沈阳、长春相继沦陷，柯俊无处安身、有家难回，遂计划南下，他和同学爬上运煤车逃往关内。经历了千辛万苦，柯俊流亡到天津，被政府收容并安排进入河北省立第一中学继续学业。随后于1932年9月，开始了两年大学预科的学习。

1934年，柯俊进入河北工业学院化学系学习，由于学习成绩优异、实践能力强、组织和协调能力突出，他被选为河北工业学院的学生会主席。在1935年"一二·九"抗日救亡运动期间，他是天津大示威的重要组织者之一。

1937年，"七七事变"后，柯俊辗转进入武汉大学化学系继续学业，深受物理化学家邬保良教授等的教益，奠定了他在这一学科的基础。他的毕业考试成绩为91.7分，为毕业班的第一名。山河破碎、满目疮痍的现实没有中断柯俊的求学之路，反而更加坚定了他学有所成、报效祖国的决心。

（二）抗战运输不顾身

1938年，柯俊从武汉大学正式毕业了，然而日寇的铁蹄正逼近"九省通衢"。"山河破碎风飘絮，身世浮沉雨打萍。"恐怕没有人比柯俊对这句诗有更深刻的理解了。"九一八事变""七七事变"、南京大屠杀，日本侵略者犯下的罪行罄竹难书，柯俊就这样从东北到华北，又到华中，在流亡中完成了学业。天下兴亡，匹夫有责，学有所成的柯俊投入到滚滚的抗日洪流中。

柯俊到国民政府经济部工矿调整处工作后，先是负责民营工厂的督迁工作，后来负责督促大冶各厂矿的拆迁工作，成绩卓著，受到嘉勉，并亲手炸掉两个100立方米的炼铁高炉。在武汉失守的前夜，得到上级的指示，乘船离去。

随后柯俊赶赴越南，负责将英美进口的民用工业物资运往中国。他克服了语言障碍，学会了法语，担任运输队队长。在重庆工作一段时间后，柯俊于1940年被紧急调往仰光，负责由缅甸向国内运输物资，升任工矿调整处材料库副主任。太平洋战争爆发后，东南亚各国相继沦陷，在日军侵占仰光的前夕，柯俊驱车北上。

1942年秋，作为国民政府经济部特派员，柯俊来到印度这个唯一留给中国转运物资的国家。他把关系国民经济命脉的运输工作打理得井井有条，同时对塔塔钢铁厂等企业进行了考察，参与学习炼钢厂的新工艺，写出了两篇介绍印度工业的文章，先后发表于《新经济》，并和印度科学界的朋友们建立了深厚的友谊。

自少年时代萌生的科技救国的理想，此时茁壮成长，已成为柯俊毕生的追求。

（三）十载英伦图破壁

1944年，怀抱科技救国的理想，柯俊远赴英伦，到伯明翰大学理论金属学系学习。他师从当时著名的金属学家汉森教授，先后进行了"铜再结晶""低碳钢在焊接时的变化""钢中的过热和过烧机制"研究，完成博士论文《贝茵体的切变机制》，于1948年12月获得英国伯明翰大学自然哲学博士学位。此外，他还在剑桥大学晶体学系进行了学习。柯俊先后担任英国焊接研究所研究员、英国钢铁研究协会助理等学术兼职，他还参加并负责领导相变动力学研究组，从事合金相变机理的研究工作。

由于学术能力突出，他被校方聘请为大二年级课程的教师，后任金属学系讲师，于1951年获得伯明翰大学理论金属学系终身教职。他思路缜密、讲解清晰、深入浅出，已开始展现出了教育大师的风范。

柯俊结识了许多富有才华、思维活跃的年轻科学家，在科学的道路上热情地探索，不仅建立了深厚的友谊，也为将来的国际交流与合作打下了基础。他同许多中国留学生来往密切，大家都铭记着科技强国的初衷，等待时机回去报效祖国。

1947年9月18日，柯俊与武汉大学的同学邱绪瑶在英国结婚。1949年10月，中华人民共和国成立，他受到中国科学院的邀请，回国参加金属研究所的筹建工作。柯俊放弃了国外优厚的生活和工作条件，婉拒了众多研究机构的邀请，在做了大量细致的准备工作后，于1953年8月，携妻带子，毅然踏上了回国的旅途。

（四）三尺讲台唱阳春

1954年4月，柯俊到新筹建的北京钢铁学院（现北京科技大学）报到，此后毕生从事高等教育，为我国钢铁工业培养了大量专业人才。柯俊创建了中国第一个金属物理专业，并于1956年开始筹建金属物理化学专业（1960年更名为冶金过程物理化学专业），在20世纪70年代，创建科学技术史研究生专业。

柯俊预见到金属与材料学科的发展将与物理学紧密联系的大趋势，经学院领导同意后，负责金属物理专业的筹备。在他的带领下，筹备组参照莫斯科钢铁学院的经验，制订了符合中国国情的课程设置计划、教学计划和教学大纲，积极说服归国学者来校任教。学院一时出现了柯俊、张兴钤、肖纪美、方正知"四大名旦"轮流登台的盛况，并形成了四个学科梯队，其中柯俊领衔相变组方向。

在历次政治运动中，柯俊都受到了不同程度的冲击，先是被作为"资产阶级名利思想的典型"，"文化大革命"期间又被下放劳动，甚至被作为"特务嫌疑分子"而隔离审查、批斗、打扫厕所，但他依然不改初心，信仰坚定。1983年，年过花甲的他终于如愿以偿，光荣地加入中国共产党。

1977年高等学校统一考试招生制度恢复，柯俊重新主持物理化学系的工作，他满怀激情地投入到金属物理专业的建设中。他与肖纪美采取了"请进来、走出去"的人才培养方法，邀请国内外材料领域最著名的科学家来北京钢铁学院交流、讲座、担任名誉教授。柯俊还邀请了国内相关科研院所的著名学者担任兼职教授，并在国内率先开设研究生学术讲座，邀请一大批国内外的专家为学生介绍最前沿的科研成果和科研动态。柯俊还注重师资队伍建设，不仅积极引进人才，而且推荐并派出青年教师和研究生到国际著名学府，以访问学者或博士生联合培养的方式进行学习。

柯俊亲自创建了金属物理专业，可谓桃李满天下，为国家和社会培养了大批科学家和优秀教师，他们中的许多人都成为了高水平的学科带头人。另外，还有2000多名具有扎实基础和近代物理知识的材料物理专业毕业生，活跃在国内外科研领域。

（五）四海贝茵独树帜

1951年，在英国留学期间，柯俊首次发现并提出钢中贝茵体（或称贝氏体）的切变机制。回国后，他继续对合金中贝茵体的相变机理进行深入研究。1956年，柯俊因为贝茵体相变的研究成果获得国家自然科学奖三等奖。此后，他指导了有色金属合金的贝茵体相变研究、硼在钢中的作用机理研究等。20世纪80年代，在国家自然基金等的支持下，他指导了对不同合金系中贝茵体相变机理的研究，进一步提供了相变切变机制的证据。

1988—1990年，柯俊主持国家自然科学基金重点项目"贝茵体相变机理"的研究，国内著名的贝茵体专家都参与其中。在参加几次国际会议之后，贝茵体相变的"切变学派"成为主流学派之一。

由于柯俊在贝茵体相变机理研究中所做的突出贡献，《钢铁金相学》以他的姓氏将无碳贝茵体命名为"柯氏贝茵体"，而柯俊本人则被国外同行称为 Mr. Bain（贝茵体先生）。

柯俊率先把苏联库鸠莫夫马氏体相变理论系统地介绍到中国，在基体约束对相变作用方面取得了创新成果，发展了马氏体相变动力学，丰富了马氏体相变理论。此外，柯俊还结合国情发展研究应用新材料，如节约镍元素的耐热合金、永磁合金，变压器用6.5%硅钢等，并且积极进行稀土元素的推广应用。

柯俊重视战略工业传统金属材料的研究推广，先后带领并指导研究了微量硼在钢中的作用机理、微量元素铌/钒在钢中的作用，以及微量钒/钛在钢中的作用机制，为发起和指导超级钢的研究做好了准备。

1996年10月，冶金工业部申报《攀登计划B类项目建议书》，课题名称为"新一代微合金高强高韧钢的基础研究"。七个建议人中包括六名院士，柯俊就是其中之一。针对"钢铁工业是夕阳工业"的质疑，他亲自写了一篇专题报告，送交冶金工业部部长，科学地论述了钢铁发展和人类文明的关系，最终项目获批。柯俊亲自参与并指导了材料物理系的子课题——"高洁净度微合金钢的组织控制与力学性能研究"。后来该课题被调整为5年的"973"专项。

根据形势变化和新技术的出现，特别是我国于1999年引进了第一条薄板坯连铸连轧生产线的契机，柯俊于2000年10月至2003年9月，亲自协调成立并指导了"973"项目组进行新一代钢的薄板坯连铸连轧工艺基础及材料性能特征研究，取得了丰硕的成果，先后获得多项省部级奖励，并入选2003年中国高等学校科技十大进展。

柯俊积极推动新一代钢的发展，目的是在控制产能的基础上满足社会对钢铁的需求，缓解钢铁发展给资源、环保、交通等带来的巨大压力。

（六）九州电镜首燃薪

柯俊在英国伯明翰大学做贝茵体研究时，就已经接触过电子显微镜了。回国任教期间，他预测电子显微学将会在材料研究领域大放异彩，并与郭可信等人一起，共同点燃了中国电子显微学的火花，推进了电子显微学在中国的发展。北京钢铁学院不仅成为我国材料科学领域最早开设电子显微学课程、最早出版电子显微学教材和最先拥有电子显微镜的大学之一，而且成为最早应用电子显微镜开展材料研究的高校之一，电子显微镜的科研水平长期在国内高校中处于领先地位。

柯俊不但积极创造条件，购置先进的仪器设备，建设专业的电子显微镜实验室，而且悉心培养中国电子显微镜人才，先后推荐并派出多人到世界著名学府学习电镜技术、进行电镜科研。1980年，他与郭可信等31位知名专家发起成立了中国电子显微镜学会，并担任副理事长。1982年，《电子显微学报》创刊。1985年，柯俊和郭可信组织成立了面向全国乃至亚洲地区的电子显微镜培训中心，工作人员全部来自北京钢铁学院金属物理电子显微镜组。在柯俊的建议和推动下，学校先后邀请了许多国际一流的电子显微学领域的权威担任名誉教授、承担教学任务，还邀请了众多大师来学校交流访问。

柯俊和郭可信一起主持了多次国内、国际电子显微学学术会议，同桥本初次郎共同商讨并举办了多次中日电子显微镜双边研讨会，为电子显微学在我国的普及和提高起到了巨大的促进作用。

在柯俊的悉心指导下，北京钢铁学院金属物理专业的任课教师编撰了多本具有开创意义的系统全面的教材，填补了国内电子显微学教材的空白，在国内乃至国际的电子显微镜研究和教学工作中占有重要地位。

（七）冶金考古拓荒者

通过先进的科学技术进行冶金考古，了解古老的华夏文明对人类的贡献，是柯俊所做的又一开拓性工作和杰出贡献。

1974年，柯俊加入了北京钢铁学院《中国冶金简史》的编写组。该组在此基础上发展成为冶金史研究所，后来又成为冶金与材料史研究所，开启了定量冶金考古研究的新篇章。

柯俊等人采用显微镜和电子探针等先进的分析手段，通过深入、细致的分析，为诸多争执不下的考古学问题下了定论。其中包括：鉴定"商朝末期的铁刃铜钺"，证明其刃部是由陨铁而非人工冶铁制成，为中国冶金

史和考古学解决了一个重大难题；重新鉴定西晋周处墓中出土的"铝片"，结论为混入的近代铝合金制品，否定了中国在4世纪就有铝的说法；结合模拟冶炼实验，说明用木炭还原铜锌混合矿是可以得到黄铜的，肯定了出土的黄铜锥和黄铜片是新石器时代的产物。

在柯俊的带领下，中国冶金史取得了许多重大发现与全新进展。其中包括：中华文明的起源和发展与中国古代先进的制陶技术有关，陶冶的结合产生了瓷器、生铁和生铁炼钢，也为中华文明的连续发展创造了物质基础；中华民族在公元前5世纪或更早就发明了生铁和生铁炼钢技术，将我国钢铁发明、生产年代提前了数百年；中国古代科技史上并非只有四大发明，水稻、蚕丝、中医中药、瓷器、生铁及生铁炼钢、马术马镫等六项发明至少应具有同等地位；通过对漆古铜镜的研究，并模拟古铜镜样品的腐蚀试验，证实漆古膜是自然腐蚀的结果，而不是人工制造的；我国古代镍白铜的冶炼工艺实际是先炼成铜镍二元合金，再配以锌得到三元合金的；等等。

在探讨冶金技术与人类社会发展关系的基础上，柯俊带头开展科学技术与社会的研究。另外，柯俊从2005年开始，指导博士生进行近代科学技术史的研究。

作为BUMA（国际冶金史学术会议）的共同发起人和国内唯一创办人，柯俊架设起国际冶金史的桥梁，使该会议产生了重要的国际影响，促进了世界科学技术的发展。

柯俊先后担任过中国科学技术史学会理事长、国际科学史学会联合会理事、东亚科学技术与医学史学会副会长、中国科技考古学会理事长；先后获得印度金属学会荣誉会员称号、英国伯明翰大学荣誉工学博士学位和"李薰终身成就奖"。1985年转炉发源地美国爱德维城授予柯俊"钢铁大师"（Iron Master）荣誉称号。

北京科技大学于2004年成立了科学技术与文明研究中心，拓宽了冶金与材料史研究所的研究方向。2017年，北京科技大学的科学技术史与材料科学与工程、冶金工程等4个学科入选了世界一流学科名单。

（八）高教改革先行人

1978年全国科学大会召开后，中国迎来了科学的春天。柯俊冷静地看到了国内外科技发展的差距，积极推动北京钢铁学院同国际著名院校的校际合作和国际学术交流活动。1979年，在柯俊等人访德期间，北京钢铁学院同德国亚琛工业大学签订的校际合作协议，成为改革开放后中国高等学府与国外大学建立的第一个合作关系。在柯俊等的推动下，北京钢铁学院与加拿大麦克马斯特大学签订了校际合作协议，后来纳入两国政府之间技术合作的协议中。此后，在柯俊的努力下，北京科技大学先后与世界上23所大学建立了密切的合作关系。柯俊陆续推荐中青年教师、研究生出国深造，学校也向这些学校派遣了大量人员进修深造，同时邀请国外专家前来讲学，显著提高了师资和科研水平。

柯俊积极执行和促进研究生教育改革。北京钢铁学院很早就开始了研究生的教育和培养，也是全国首批试办研究生院的高校。研究生教育没有经验可循，柯俊就在培养目标、方案、学制等方方面面给予指导，并对导师负责制进行了系统的阐释。他积极探索研究生教育的改革模式，支持缩短研究生学制。

针对高校毕业生基础薄弱、缺乏创新能力的现象，柯俊与其他院士一起承担了"我国高等工程教育改革咨询"课题，并亲自于1993年春向时任国务院副总理的李岚清同志提交了一份关于中国工程教育改革的报告。1996年，在柯俊主持下，北京科技大学正式启动了旨在培养工科学生工程意识、创新意识、自学能力和独立工作能力的"大材料"专业试点班的教改课题。在试点班的招生、师资、课程体系、教学计划、工程研究实践等方方面面，柯俊都广泛征求意见、亲自设计方案、层层落实推进，连续进行了四年完整的实践。

2000年12月15日，由左铁镛、师昌绪院士等七人组成的专家鉴定委员会一致通过该项目鉴定，并建议教育部继续支持该项目深入研究，推动改革。2001年"大材料"本科教改成果获国家级教学成果奖一等奖、北京市教育教学成果（高等教育）奖一等奖。"大材料"专业试点班引发了各学校范围内的教学改革，毕业生也受到用人单位的青睐，"大材料"的宽专业受到社会的广泛欢迎，一定程度上改变了"专业对口"的传统观念。

（九）春蚕到死丝方尽

在柯俊归国前夕，英国导师汉森有这样的临别赠言："回国后搞科研

就去研究所，办教育要到高等学校。前者轻车熟路，深入一点就容易出成果；后者辛勤耕耘，但是桃李满天下，影响更大。"柯俊选择了教育，但也没有放弃科研，在百年人生中树立起一座又一座丰碑。

1998年，81岁高龄的柯俊在印度班加罗尔讲学时晕倒，被诊断为心肌梗死。身体恢复后，他又开始每天伏案工作、主持会议，到处出差讲学。2006年，柯俊做了直肠癌手术，出院没几天就又出去开会、看书，和手术前一样生活、工作。一直到90多岁，柯俊仍然每天上班，参与教学改革，到大学和研究所与同事交流。据中国工程院院士徐匡迪回忆，每次见到柯俊，他都非常忙碌，他常说"知识分子从来都是24小时工作的"。

2016年6月23日，柯俊百岁华诞座谈会在北京举行。柯俊亲临会场，教育部、中科院等相关单位代表，亲朋好友、师生及校友代表等200余人出席会议。会议过程中，举行了"柯俊科技教育基金"揭牌仪式，该基金旨在奖励国内外在材料、科学技术史领域有突出贡献的优秀学者。

在岁月的冲刷下，柯俊的身体逐渐锈蚀，但他一直订阅学术期刊，看到好的文章就折起来，托人送到学校。

2017年8月8日7时29分，柯俊因病在北京逝世，享年101岁。

柯俊院士逝世后，习近平总书记致电表示哀悼，对家属表示慰问。李克强、张德江、俞正声、刘云山等领导同志，对柯俊先生逝世表示哀悼，对家属表示慰问或敬献花圈。党和国家领导人对柯俊的贡献给予了充分的肯定。

2017年8月17日，柯俊先生的遗体捐献仪式在武昌举行。根据其生前遗愿，他的遗体捐献给母校武汉大学用于医学教学和科学研究，为国家的教育科学事业做出最后的贡献。

（十）钢铁强国梦渐真

"我来自东方，那里有成千上万的人民在饥饿线上挣扎，一吨钢在那里的作用，远远超过一吨钢在英美的作用，尽管生活条件远远比不过英国和美国，但是物质生活并不是唯一的，更不是最重要的。"这是柯俊从英伦归国前，对美国芝加哥大学金属研究所史密斯教授所说的一番话。

钢铁既是柯俊的选择，又是他的命运。1934年，柯俊先被青岛大学土木工程系录取，但他最终选择了河北工业学院化学系。年仅19岁，柯俊就在《工业学院学报》发表了《耐蚀合金钢》一文，预言了不被看好的硅钢、铬钢、钒钢的应用前景；在武汉失守前，他心痛地亲手炸掉两个100立方米的炼铁高炉；1942年秋，柯俊来到印度，对塔塔钢铁厂等企业进行了考察，参与学习炼钢厂的新工艺；英伦十载，他主要从事了和钢铁相关的教学和科研工作；1953年回国后，柯俊选择了到新组建的北京钢铁学院工作。从此，他的人生融入了共和国的钢铁事业，共同书写了波澜壮阔的历史篇章。

1949年，中国钢产量只有15.8万吨；1996年，中国钢产量突破1亿吨；2013年突破8亿吨，占据世界钢产量的半壁江山。尤其是改革开放40多年来，中国钢铁人创造了世界钢铁发展史上的奇迹，引领着世界钢铁工业的发展。当年柯俊抱着"科技救国""钢铁强国"的理想出国留学，一路筚路蓝缕、矢志不渝、未改初心，而今天，"钢铁强国梦"正在变为现实。

尽管柯俊不是在生产第一线，但他高屋建瓴、把握全局、参与决策，对钢铁工业的发展做出了重要贡献。为了在控制产能的基础上满足社会对钢铁的需求，在柯俊等科学家的建议和推动下，"新一代钢"项目启动。

北京科技大学（原北京钢铁学院），被称为"钢铁摇篮"，无数学子从这里走出，奔向国民经济建设的主战场，书写着钢铁事业的辉煌。作为教育大师和科学巨匠，柯俊先生和魏寿昆先生、肖纪美先生一起，在校园里树立起一座不朽的丰碑，培养了科大"学风严谨、崇尚实践"的优良传统，孕育了"求实鼎新"的科大精神。

由柯俊先生亲手创建的金属物理、冶金物化、科学技术史等专业都获评为国家重点学科。就在柯俊先生去世后不久，根据教育部、财政部、国家发改委2017年9月20日最终确定，北京科技大学有4个学科入选了世界一流学科名单，其中材料科学与工程、冶金工程与柯俊先生直接相关，而科学技术史几乎就是先生一手创立的。

二、中华民族的真精神

（一）独立精神

"自强不息，厚德载物"，出自中国群经之首的《周易》。《周易》包括"经"和"传"两部分。传说伏羲氏时，有龙马从黄河出现，背负"河图"；有神龟从洛水出现，背负"洛书"。伏羲据此画成八卦，这是华夏文化的起源。姬昌（周文王）被商纣王关押期间，从八卦推演出六十四卦，并作卦辞，后来周公分别为每卦六爻作了爻辞，至此形成了《易经》。据《史记·孔子世家》记载，孔子"读《易》，韦编三绝"。孔子对《易经》进行解释，作了《易传》，包括《彖辞》上下篇、《象辞》上下篇、《系辞》上下篇、《文言》《说卦》《序卦》《杂卦》共有十篇，故称《十翼》。后来，《周易》成为"四书五经"之一。另外，阴阳八卦也是道家的重要概念，甚至有人说，《易经》是诸子百家的起源，可见这部经典著作在中华文明史中的重要地位。

《易传》中《象辞》分为大象和小象，象者像也，像此者也，即象征、类比等含义。大象是解释卦象立义的，小象是解释六爻辞的。乾卦，象曰：天行健，君子以自强不息。坤卦，象曰：地势坤，君子以厚德载物。意思是说：对目标和理想的追求要像天体运行一样永不停息，同时要像大地一样具备承载万物的品德。它们是中华民族的文化标识，定义了中华民族个人和集体的君子人格。

《就英法联军远征中国给巴特勒上尉的信》是以英法联军侵华战争为背景的文章，大文豪雨果在文中写道："我们欧洲人是文明人，中国人在我们眼中是野蛮人，这就是文明对野蛮所干的事。"雨果谴责了自认为是文明人的西方人的强盗行径，他无疑是善意的，但中国人为什么在欧洲人眼中是野蛮人呢？

大概在那个时代，清王朝的腐败、落后给西方人造成了这个印象。但我们也会经常听到这样的偏见：中国人没有信仰，因此没有畏惧、没有底线。的确，在中国的传统文化里，没有凌驾于人之上的、既慈爱又负责惩戒的神。中国道家学说的创始人老子，是春秋时期周王朝的"图书管理员"；儒家学说的创始人孔子，是一个周游列国、有志难酬的"士"，后代读书人都把他称作"至圣先师"；佛教的创立者释迦牟尼不像教主，更像是一位老师，他带领着弟子们修行，为世人说法，最后却说自己"无法可说"，因为"人人皆可成佛"，但要用自性的光辉照亮生命的旅程。阳明先生说过，"圣人必可学而至"。"佛是悟了的众生，众生是未悟的佛"也是这个意思。因此，中华民族不是没有信仰，而是相信自己，不依赖外部的力量。当然不是现在的自己，而是通过学习、领悟最终趋向完满的自己。

通过对中华民族和其他民族的神话传说的对比，可以看到中国人相信自己、不屈抗争的精神内核。在希腊神话里，火是普罗米修斯从天上偷来的；而在中国人口口相传的记忆里，是由于燧人氏钻木取火，实现了对火的控制和利用。《圣经》记载，面对末日洪水，犹太人躲在诺亚方舟里等待退却；中国广泛流传着"大禹治水"的故事，他三过家门而不入，带领人们平定水患后，把天下分为九州；另外，只有中国人有愚公移山、后羿射日的神话传说，而西方的神话里只能等待着神的仲裁和安排。听着这样的神话故事长大，勇于抗争的精神已经成为中华民族的遗传基因，这就是中华民族的独立精神，这正是中华文明源远流长、屹立不倒的真正原因。

不同文明之间的互相学习是必要的，但是总认为外国的月亮圆就值得商榷！这就如同一个乞儿拿着祖传的金碗要饭吃一样。优秀传统文化是中华民族宝贵的财富，很多人置若罔闻，甚至还有人认为上下五千年就是弱肉强食、尔虞我诈！面对着这些无稽之谈、以偏概全之见，必须要正本清源，恢复传统文化中活泼泼的源流！

台湾作家柏杨在《丑陋的中国人》一书中写道："一个中国人是一条龙，三个中国人是一条虫。"这句话很刺耳，也有着不同的解读。可以说，世界上没有哪一个民族像中华民族这样吃苦耐劳、自强自立，当中国人面对困境、无所依赖时，都会表现得很优秀，如龙那样千变万化、能屈能伸、无所不能。但是三个中国人在一起可能就会互相攀比、互相推诿，甚至互相拆台，效率大大地降低了。这和动画片《三个和尚》的故事如出一

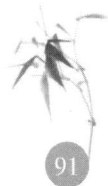

辙：一个和尚挑水吃，两个和尚抬水吃，三个和尚没水吃。

依赖和比较造成独立精神的缺失，是这种现象出现的主要原因。

回首屈辱的百年近代史，我们曾有过一盘散沙、任人宰割、割地赔款、丧权辱国的经历，被列强称作"东亚病夫"。拿破仑曾经说过，中国是"东方睡狮"，一旦醒来，世界将为之震动。因为祖先的遗传基因在，因为独立的精神在。

我们这一代人都有英雄情结，是听着英雄的故事、读着英雄的文章长大的，现在每唱起《英雄赞歌》还会热血澎湃。"向我开炮"的王成，"烈火中永生"的邱少云，"舍身堵枪眼"的黄继光……使我们想到了夸父追日、精卫填海、大禹治水，这是中华民族的真精神。这哪是昔日的"东亚病夫"？在朝鲜战场的中国军人不畏强敌，把以美国为首的联合国军队打得闻风丧胆、草木皆兵。这才是真正的中国人，这才是中华民族的真精神。可见，中华民族有英雄的基因，中国人有独立的民族精神，如果充分发挥出这种潜能，中国就会有无限的可能。

"盘古开天地"的故事启示我们，中国人认为自己是天地孕育出来的，因此具有天的素质、地的品德，古人重视对天地的学习，"人法地，地法天，天法道，道法自然"。向天地自然学什么？独立——不依赖、不比较。如果日月天体有一丝依赖，就会懈怠，不再自强不息；如果广袤大地有一毫比较和执着，就会抱怨，不再厚德载物。

"无我"是佛教独特而深奥的见解，要彻底解脱，就要放下对自我的执着。但怎样放下？也是独立——不依赖、不比较，不再执着于外境，与自我对照的外境不存在了，自私也就消失了，自然达到"无我"的境界。这就是阳明先生所说的"事上磨练"，最终达到"吾心自有光明月，千古团圆永无缺"。也就是《庄子》中说的"物我两忘"，并不是忘掉了，而是那种分别对立不存在了。也就是《金刚经》中说的"无我相，无人相，无众生相，无寿者相"，这就是本性具足，完全独立，不依赖、不比较的状态。

阳明先生在第二次科举考试失利之后，同其余落榜考生说：你们都以落榜为耻，我却以落榜动心为耻。得失两忘，宠辱不惊，自性圆满根本不需要外界的肯定。如果汲汲于名利怎会如此淡定？"泰山崩于前而色不变，麋鹿兴于左而目不瞬"，是长期修养的结果。摆脱了对外境的依赖，放弃和外界的比较，达到真正的独立，才会得到真正的自由。否则，患得患失，永无解脱，这就是"解铃还须系铃人"的道理。而中国历史上长期的封建统治造成了当时社会对名利的追求、依赖和比较，弱化了这种独立精神，至清朝时更到了无以复加的地步，举国上下皆自称奴才，因此落后挨打就成了必然。

优秀的传统文化认为，人是可以独立、圆满的，可以摆脱对外界的依赖。或者说，正是由于不能完全独立，人才会在外界寻求依赖和补充，贪污和腐败因此而产生。金钱是为人所用的，名声是一种认可，感情是宝贵的，即使这些不能说是一种美好，至少也是中性的。但如果通过对名、利、情的依赖，来追求快乐、寻求存在感，就会是饮鸩止渴，因为无助于自身的独立，名缰、利锁、情网哪一件不是束缚？这样，人很难获得真正的自由，而可能沦为物质的奴隶。

如果认识到依赖和比较都是一种假象，追求独立才是真正解脱、实现自我的正确途径，就走在"致真"的道路上了。通过"致真"而实现独立圆满，就是佛法、儒道的真传。但是人类历史上觉悟的人是很少的，人们常常执迷于假象无法自拔，因为依赖和比较是无处不在却又难以解脱的。孔子怀揣理想、周游列国，但以失败告终，甚至被别人称作"丧家犬"；释迦牟尼说了八万四千法门，无非是如用糖果吸引孩子那样，让人们看到好处，最终追求独立圆满；据说道教都是祖师寻找有根基的弟子，一脉单传，得道成仙。霍金曾经预言，人类基因中携带的"自私、贪婪"的遗传密码，会让地球在200年内毁灭。这未免太悲观了。人类，尤其是中华民族的基因中还有独立精神，尽管红尘滚滚，人们执着于假象，但是传统文化的精髓在于"致真"，所以人类才会薪火相传。

当今高等教育的普及使国民素质显著提高，文化程度高的人通过反思可以改变自己。另外，物质生活水平的提高，使年轻一代独立意识更强，不用在比较中寻求存在感。

人类应该有更加美好的未来，将来的人会更加自觉独立地生活，因为中华民族具有独立精神。

（二）创新精神

儒家经典著作《大学》里有这样一段文字。

汤之盘铭曰:"苟日新,日日新,又日新。"《康诰》曰:"作新民。"《诗》曰:"周虽旧邦,其命维新。"是故,君子无所不用其极。

这段话的意思是,商汤在他的青铜浴盆上刻着:"如果能有一天(清洗污垢)让自己焕然一新,那就应该天天让自己新,新了再新。"周公平定三监之乱以后,封康叔于殷地,他写了《康诰》作为训词,其中说:"(使商朝的遗民)振作,弃旧图新。"在武王灭商之前,周已经存在很久了,《诗经》中说:"周虽然是一个旧的国家,但它的天命是新的。"综上所述,在革故鼎新这方面,君子用尽了一切极致的办法。

这说明了中华民族具有自新精神。这些主要都是从自身修养上说的,用洗澡的比喻十分恰当。人们都注重自己身体的清洁,经常洗澡,甚至一天洗一次,但大都忽视了心灵的污垢。"嫉恶如仇"一般被解释为对坏人坏事如仇敌那样憎恨,其实也可有另一种解释,对待心头的恶念像对待仇敌一样。阳明先生的四句教中"为善去恶是格物"说的就是这个意思。禅宗五祖弘忍让弟子们做偈子,考查他们明心见性的程度,神秀是这样写的,"身如菩提树,心如明镜台。日日勤拂拭,不使惹尘埃"。这同沐浴是同样的意思,不过沐浴是为了保持身体的清洁,而修行是为了不被私欲和妄心所扰乱。

而人们普遍认为六祖慧能的境界更高,他是这样写的:"菩提本无树,明镜亦非台。心中无一物,何处惹尘埃。"慧能的意思是,心性并非像身体那样,像菩提树、明镜台那样,可以落上灰尘。那心性是什么?不可思议。那不是可以描述出来的、想象出来的,但并非不存在。宇宙是无限的,这就不可思议,因为我们用有限的经验去想象无限,是不可能的。当无限成为我们的经验,就变成可能了。这就是认识上的创新。

人类每天看到太阳东升西落。古希腊就有太阳神阿波罗的传说;在中国的古代神话传说中,有一个叫作羲和的神,每天驾着六条龙拉的日车,从扶桑出发,到汤谷落下,在甘渊沐浴。当有一个叫哥白尼的人告诉大家,不是太阳绕着地球转,而是地球绕着太阳转的时候,人们肯定不会相信,因为这是超出他们经验的。布鲁诺被烧死在罗马鲜花广场,这不仅是宗教势力和科学的尖锐对抗,而且是人类对于超越经验之外的事物的恐惧和抵触。

1992年,罗马教皇宣布为布鲁诺平反。其实在此之前,科学早就已经深入人心，科学的胜利也许是让人类相信自己没有权利否定超出经验的事物。随着对自然界的认识越来越深入，人们对于超出经验的事物变得习以为常，人类社会就会不断进步了。但对人的心灵、心性，人类仍旧探索得不够深入，并且也不够宽容，往往用"迷信"这个词把它同"科学"对立起来。

人们一般认为，科学是能够验证的，因此创新精神得到了鼓励，随着社会的进步，科学的创新造福人类，新的创新会不断产生。尽管有些理论有些超前，但是最终会得到验证，譬如爱因斯坦曾经预言的引力波在半个世纪后的今天被证实了。

但是同内心世界有关的东西因为更复杂，所以很难定量化也很难被证明。"问君能有几多愁，恰似一江春水向东流。"愁是不可以定量的，愁和江水没有任何关系，却能成为千古名句，正是因为人们曾有过共同的体验，但却没有办法去证明它。

人生如逆旅，从出生就走向死亡。"黑发不知勤学早，白首方恨读书迟"，不到一定年龄就不会有那种体悟，这就和爬山一样，不同的高度有不同的风景。但也有特例，苏东坡对生活的领悟是超前的，年轻时就写过这样的诗句"人生到处知何似，应似飞鸿踏雪泥；泥上偶然留指爪，鸿飞那复计东西"，后来又用"不识庐山真面目，只缘身在此山中"说透了人生。同苏轼一样，有些人独具慧眼，透过滚滚红尘能够看到人生的真谛，这需要真诚，这就是领悟。

"悟"成为东方文化的性格气质，通过领悟每个人都可以超凡入圣，这说明传统文化滋养下的中国人有无限的可能性。"悟"主要是突破思想的局限，逐渐放下自我，断除私欲，不断提高自己的境界，开阔自己的胸怀，最终实现人格的圆满。如果说神秀的"日日勤拂拭"是"日新"的话，慧能的"心中无一物"就是全新的境界。

这种境界是应该存在的。只有人类的视野由地球扩展到太阳系，才能发现太阳并不是绕着地球转的。同样，如果人们不愿放下私欲、按照习惯生活，怎能达到圣贤境界？如果说依赖和比较是种假象，那么"致真"就是实现日新乃至创新的途径。

科学的创新可以通过实验进行验证，修养的提高或者说领悟的效果很难通过实验验证，但可以通过生活去检验。如果生活得更加幸福、快乐，

更加自觉，那就是走在正确的方向上。

启功先生说过："唐以前诗是长出来的，唐人诗是嚷出来的，宋人诗是想出来的，宋以后诗是仿出来的。"这句话有一概而论之嫌，但说了一个现象。诗歌经过魏晋南北朝的生长，到了唐代其艺术形式已经成熟，天时地利人和，出现了李白这样的大家，盛唐气象让他们直抒胸臆，作品浑然天成、不事雕琢，如脱口而出。宋人则苦心孤诣，冥思苦想，内容也偏重于说理，不过自成特色，也有可取之处。再以后诗歌"致真"的精神逐渐丢掉了，又缺少山水壮游、安史之乱那样的经历，只好对唐诗顶礼膜拜、刻意模仿，这还没有什么大害。有些人仿真不成，竟然开始造假，没有一点真感情，完全成了词藻的堆砌。

这就造成两种现象。一种是自不量力，动辄以诗仙、诗圣自比，夜郎自大，掩耳盗铃；一种是崇古非今，否定现代人的所有作品，不允许有任何形式的发展和创新。其实这也是我们对待传统文化应该避免的态度。继承和发展是相辅相成的，创新不是无水之源、无本之木，是在传统文化中汲取营养而实现的。如果不能推陈出新，文化就会成为一潭死水；而如果不是在借鉴、学习基础上的创新，很有可能回归原始。也许我们没有那样的经历、那样的底蕴、那样的天赋，不是在那样的时代，永远不可能成为李白、杜甫，但我们学习古人，表达自己的真情，写出自己的感受，就可以了。唐人把诗都写完了？那不可能。七个音符构成的音乐，现在都没有枯竭，更何况春花秋月，行云流水，塞北江南，天上人间，此外还有层出不穷的新生事物。任由风雷激荡，且随情景交融，触目成诗，落笔为文，空着心走入大千世界，你会满载而归。但如果刻意模仿、拾人牙慧，嚼别人吃剩的馍，怎么会有创新？因此说，真外无新！

阳明先生的知行合一"致良知"是理论体系的伟大创新，这是传统文化的科学精神。自然科学是向外探索，传统文化是自我修为。二者都可实现创新，关键是要"致真"。

因此，"致真"才是创新的源头活水。中国自古以来并不缺少创新精神，从优秀的传统文化中，从光彩夺目的唐诗宋词中，从阳明先生的知行合一"致良知"中，处处存在着创新。有了这种精神，我们就能实现科学研究的创新，就会达到进入创新型国家行列、跻身创新型国家前列、建成世界科技创新强国"三步走"的目标，创新梦就一定会实现！

（三）平等精神

《周易》乾卦六爻的爻辞从下到上是这样的。初九：潜龙，勿用。九二：见龙在田，利见大人。九三：君子终日乾乾，夕惕若，厉，无咎。九四：或跃在渊，无咎。九五：飞龙在天，利见大人。上九：亢龙有悔。

按照人生事业的发展阶段，可以给我们这样的启示：初入职场，要多学习、多观察，不要轻易表态，韬光养晦；一段时间后，自己的才华展露，可以得到上司赏识，贵人相助；在新的位置上，如履薄冰、小心谨慎，从早到晚都不放松警惕，没有过错；然后有机会到达事业的巅峰；最终如愿以偿，象飞龙在天上一样自由自在；身居高位，不可倨傲。

在六十四卦中，只有乾卦与坤卦附有额外的"用九""用六"的断语，就是在占筮时全部出现阳爻或阴爻的隐喻。乾卦，用九：见群龙无首，吉。象曰：用九，天德不可为首也。出现了六爻皆阳的情况，群龙的地位相同，没有首领，这是好事情，因为道是没有先后的。

《道德经》第七十七章讲到："天之道，其犹张弓欤？高者抑之，下者举之；有余者损之，不足者补之。天之道，损有余而补不足。"意思是说，天道（是维持平衡和平等的）就像是把弦绷在弓上射箭一样，弦位高了就要压低一些，弦位低了就抬高一些。多出来的时候，就要加以减损，不足的时候，就要加以补足。天道，是减损有余的，用来补给不足的。

"己欲立而立人，己欲达而达人"出自于《论语·雍也》。《论语·卫灵公》中，"子曰：'其恕乎！己所不欲，勿施于人"。这种平等的思想就是孔子主张的"忠恕之道"。《中庸》里讲，"忠恕违道不远，施诸己而不愿，亦勿施于人"。这就由天道的平等落实到人的平等。

孟子提出"人之初，性本善"，这继承并发展了孔子"性相近，习相远"的思想。孟子认为"人皆可以为尧舜"。不但从本质上承认了人的平等，而且赋予了人平等发展的权利。

庄子在《齐物论》中强调了"天地与我并生，万物与我为一"的万物平等的人生境界。

从这些优秀传统文化的经典著作中，可以看到中华民族具有的平等精神。在人们的印象中，封建社会等级森严，其实，被人们所熟知的"三纲五常"并不是儒家的核心思想，它只是一种维护封建统治的秩序设计。儒

家思想的"修齐治平"是积极入世的，但是以"格物、致知、诚意、正心"为基础，只有具备以"真诚"为内涵的君子人格才能有益于社会。我们用独立、圆满来阐释"真"，不依赖、不比较就是一种平等的状态。

佛教传入中国不是偶然的。佛陀说"众生平等"，在因果规律面前没有差别，另外"人人皆可成佛"，同孟子的"人皆可以为尧舜"一样，都承认了人类平等发展的可能性。如果佛教和本土文化格格不入，就不可能融入华夏文明，同儒道一起成为传统文化的源流。

马克思主义能被中国人民普遍接受，也是同样的道理。《国际歌》中唱道："从来就没有什么救世主，也不靠神仙皇帝！要创造人类的幸福，全靠我们自己！"

共产党员要做坚定的马克思主义无神论者。这正和中华民族的独立精神相契合。源于祖先的遗传基因一直存在，马克思主义在中国的星火燎原就不是一种偶然了。

佛教的本土化导致禅宗大盛，六祖慧能在《坛经》中讲，"见性是功，平等是德"。宋明理学受到了佛教的影响，提倡心性之学。

阳明心学继承并发扬了孟子学说的平等思想。王阳明曾对弟子说：人人心中都有个圣人，只是不自信又不肯努力，所以埋没了这位圣人。他在诗中写道，"人人心中有仲尼，自将闻见苦遮迷。而今指与真头面，只是良知更莫疑。"如果说人类社会存在着种种不平等，存在着等级差别，存在着高低贵贱的差别，那至少良知是人人都有的，而只要"致那良知"，皆可超凡入圣。这种认识看似平常，实际上如平地惊雷、石破天惊。尘世的荣华富贵、金钱名利，总是有限的、不能长久的。而圣人是无所不知、无所不晓、无所不能的，圣人的地位是崇高的，远远超出达官显贵、皇亲国戚，连皇帝都要读圣人书、听圣人话，按照圣人的金科玉律治理国家。那人还有高下之分吗？这是多么博大的平等精神啊！

强大的秦帝国统治时期，身为平民百姓的陈胜发出了"王侯将相，宁有种乎"的质疑。他是被逼无奈的，自己是不确定的，因为毕竟人类社会存在着各种各样的差别。而阳明心学告诉人们，不用诉诸武力，也无需向外驰求，只要致此良知，回归自我，就可达到圣人境界。这是超越世俗的平等，这是不容置疑的平等，这是不会改变的平等。正如《心经》所说：不生不灭、不垢不净、不增不减。

《简爱》中女主人公对罗切斯特说，"你以为我贫穷、相貌平平就没有感情吗？我向你起誓：如果上帝赋予我财富和美貌，我会让你难以离开我，就像我现在难以离开你一样。可上帝没有这样的安排，但我们的精神是平等的，就如你我走过坟墓，平等地站在上帝面前"。这种灵魂的平等是上帝赋予的，这是西方文明对于平等精神的诠释。

但中国人基因里不信神，骨子里也没有来生的概念，正是中华民族的独立精神孕育了平等的观念。阳明先生在龙场悟道后，说："圣人之道，吾性自足，向之求理于事物者误也。"这是对自信独立圆满的一种体悟。阳明先生反复描述过这种独立圆满的领悟："吾性自足，不假外求；此心光明，亦复何言；吾心自有光明月，千古团圆永无缺。"正是由于独立圆满，所以不用和外界比较，也不用到外界寻找依赖。比较和依赖都是假象，因此，只有真诚，才会平等。

道是真诚，德是平等。"诚者自成也，道者自道也"，能够自成，自然不需要外求，没有了依赖和比较，就是平等。另外，时间对于每个人也是平等的，"人活一世，草木一秋"。芸芸众生中，每个人不过是一片叶子，大点小点，美点丑点，早点晚点，春生夏长，秋黄冬落，有什么区别呢？那些狂妄自大、目中无人，显得多么幼稚可笑！

人们普遍认为《周易》古朴、深奥，六十四卦是无字天书，任人解读；可分象数理占，可用农兵政经，难以入门，更别提登堂入室。古今都用三易来把握它：变易，不易，简易。其实，做人还要加上平易。吉凶悔吝，瞬息变化；否极泰来，阴阳消长；一切随时而动。皆如梦幻泡影，如露如电，还执着什么？此心如如，唯真不易，还恐惧什么？大道至简，还寻什么？这样每个人就是独立的存在，不比别人高，也不比别人低。放下比较，就会平易。真诚是道，平等是德！

但是，虽然说人人都可成为圣人，只是存在这种可能性，究竟能不能实现，还决定于个人的选择和努力程度。在时间面前人人平等，这只是一个结果，在过程中总是存在着差别。天赋、家庭环境、生活时代等不同，造成了人的千差万别，这样才构成了丰富多彩的人生和社会。追求绝对的平等是不可能的。僧人到丛林中修行，是一种追求，但是普通人要担负起家庭和社会责任；伯夷叔齐不食周粟、饿死首阳山，是一种选择，但这件事本身就存在着明显的分别执着。

生活不仅有诗和远方的田野，还有眼前的苟且。现实和理想的对立统一，才是诗歌产生的源泉，或者说，生活才是所有一切的来源。正如六祖慧能在《坛经》中说："佛法在世间，不离世间觉。离世觅菩提，恰如寻兔角。"

《中庸》里说："君子素其位而行，不愿乎其外。素富贵，行乎富贵；素贫贱，行乎贫贱；素夷狄，行乎夷狄；素患难，行乎患难。君子无入而不自得焉。在上位，不陵下；在下位，不援上。正己而不求于人，则无怨。上不怨天，下不尤人。故君子居易以俟命，小人行险以侥幸。子曰：'射有似乎君子，失诸正鹄反求诸其身。'"意思是说：君子安守本位、为所当为、不离方寸，不会欺下媚上，能够修身俟命，反求诸己。这正是独立、平等的体现。不依赖外部环境，无论在什么位置，总是做应该做的事情；只做好自己，不要求别人，如果实现不了目标要反过来找自己的原因。这就是自强不息，厚德载物。

三、学习柯俊先生

（一）创新精神、家国情怀

柯俊先生去世以后，社会各界纷纷表示哀悼。在"沉痛悼念柯俊先生"微信群里，我们看到这样一段话："柯俊先生是跨界创新的丰碑：20岁理学，40岁工学，60岁史学，80岁教育学，100岁投身医学。"创新精神的确贯穿了先生的一生，把柯俊先生称作创新大师，毫不夸张。现在创新已摆在国家发展全局的核心位置，如何向先生学习，实现不断创新呢？首先，让我们历数一下先生卓越的创新成就。

1951年，柯俊首次发现并提出钢中贝茵体（或称贝氏体）的切变机制，后来《钢铁金相学》以他的姓氏将无碳贝茵体命名为"柯氏贝茵体"，而柯俊本人则被国外同行称为 Mr. Bain（贝茵体先生）。

1954年，柯俊在北京钢铁学院任教，创立了中国第一个金属物理专业，参与创办了第一个冶金物理化学专业。后来均成为国家重点学科。

目前，电子显微镜已成为材料科学研究不可缺少的实验手段。柯俊早就预见到电子显微学将会在材料研究领域大放异彩，故而积极推进电子显微学在中国的发展。他是中国电子显微镜学会的创始人之一，积极倡导并亲手组建电子显微学的师资队伍。

1974年，柯俊开创组织并亲自参加利用现代仪器分析考古金属文物进行的中国冶金史研究，并在北京科技大学创设了科学技术史国家重点学科。

20世纪90年代初，柯俊积极推动中国高等工程教育改革。1996年在北京科技大学组建了被誉为"大材料"的教育改革实验班。

实现创新需要具备很多的条件。牛顿曾经说过："如果说我比别人看得更远一点，那是因为我站在巨人的肩膀上。"创新不是空中楼阁，必须具备牢固的基础。柯俊先生精通多门外语。初中时他就有较好的英文基础，在河北一中念书时，数学、物理、化学等科目采用外文教材，老师几乎都用英文授课；在武汉大学就读期间，在教授的严格要求下，柯俊通过了德语关；抗战期间柯俊在越南负责物资运输的工作，为了克服语言障碍，他又开始学习法语；筹建金属物理专业的过程中，为了尽快制订出教学计划和大纲，柯俊又开始学习俄语。除母语外，柯俊至少熟练掌握四门外语，这为科学研究和国际交流打下了良好的基础。

柯俊先生平时手不释卷，学识渊博，高屋建瓴，视野开阔。他既对中华上下五千年的文明史如数家珍，又能紧跟世界前沿的科技进展，因此在冶金史和现代科学技术之间找到结合点，开创了冶金考古的全新领域。柯俊不但预测到电子显微学在材料研究领域的广阔前景，而且大胆预测了"金属与材料学科的发展将与物理学紧密联系"的大趋势。他以超前的思维和意识推动高等工程教育改革。在世纪之交中国钢铁工业辉煌之际，冷静、客观地预见到钢铁产能增长对资源、环保、交通等造成的压力，力主发展新一代钢。

陈云同志曾说过，"不唯书、不唯上、只唯实"，科学研究也需要这种怀疑精神。柯俊先生曾说过："我谁也不信，除非拿出事实。"他用电子探针等技术对"商朝末期的铁刃铜钺"进行分析，最终在这件锈蚀的文物中

发现了镍钴分层的现象，证明其刃部是由陨铁制成的。柯俊先生鼓励学生要独立思考，说"别人的书都是别人嚼过的馍"。中国古代科学技术的四大发明，被人们广泛认同，柯俊先生通过潜心钻研，提出中国古代科技史上应该有十大发明。我们在北京科技大学读书时就听过这种独到的见解。胡适说过，"大胆假设，小心求证"，如果说大胆假设是一种"怀疑精神"，经过求证后就会形成独立的创见和思想。

柯俊先生的确不是一般人，在百年人生中实现了这么多重大的创新，令我们叹为观止。但他并非生而知之，而是一步步坚实有力地走在创新的道路上，攀登一座座高峰，完成一个个超越。绝大多数普通人都没有明确的方向，或者为了一己之私，趋利避害，浪费了青春和天赋，最后碌碌无为，不会给这个世界留下什么。创新对于他们是遥不可及的，因为他们安于现状、患得患失。而纵观柯俊先生的一生，个人享受、自我得失从来都不是最重要的，国家和人民的需要就是先生事业的选择。正是深深的家国情怀，促使先生在创新的道路上百折不挠、勇往直前。

先生在日军侵华期间一路流亡，最终完成了学业，国破家亡的残酷现实让他树立了科技救国、钢铁强国的志向，远赴英伦，孜孜不倦地在通往科学圣殿的道路上探索、前行，最终发现了贝茵体的切变机制。

当听到祖国的召唤，先生义无反顾地放弃了国外优厚的生活待遇和先进的科研条件，选择回到一穷二白、百废待兴的中国。也许柯俊先生选择留下，会在科研上继续深入，但后来一系列的创新就无从谈起了。

归国后，面临去研究所还是去高校的选择，他毅然到北京钢铁学院报到。后来柯俊先生创办了金属物理专业，倡导并推进了电子显微学在中国的发展，开创了冶金考古的新领域，成为中国工程教育的领航员。也许去了研究所，先生在科研上会取得更大的成果，但是他对教育事业的贡献同任何成就相比都毫不逊色。

柯俊先生虽然不在冶金生产的第一线，但对中国冶金工业，尤其是钢铁事业做出了巨大的贡献，和无数钢铁人一起实现了中国钢铁工业的辉煌，支撑起共和国的脊梁。他为钢铁工业的建立、发展和壮大呕心沥血，又对钢铁产能增加给资源、环保、交通等带来的压力忧心忡忡。在先生心里，个人利益、行业利益都要让位于国家和人民的利益。柯俊先生在耄耋之年和其他老科学家一起，上书国务院，积极推进新一代钢的研究和发展。

2017年8月17日，柯俊先生的遗体捐献仪式在武昌举行。根据其生前遗愿，他的遗体捐献给母校武汉大学用于医学教学和科学研究，为国家的教育科学事业做出最后的贡献。这是一项最艰难、最高尚的人生抉择，一个人在死亡面前，所作所为仍是奉献，由此可见先生的人格并没有半点虚假。

高山仰止，柯俊先生用生命的高度为世人矗立了一座山，这座山在2017年8月17日终于不再增长；景行行止，柯俊先生用创新的精神为世人铺就了一条路，这条路在家国情怀的指引下将会无限延伸！

（二）致真精神、立人事业

真外无新。柯俊先生是当之无愧的创新大师，所有创新都来自于他的致真追求。

"山河破碎风飘絮，身世浮沉雨打萍"，柯俊亲历了日本侵华的整个过程，"九一八事变"后他流亡关内，"七七事变"后他流亡到武汉，在流亡的过程中他完成了学业。柯俊抗战期间在印度考察工业和金融体系，到塔塔钢厂学习。英国留学期间更是如饥似渴、废寝忘食地学习。先生可以说是终身学习的典范，并且崇尚实践，求得了真知。

"致真"是科学精神的根本，柯俊先生在探求科学真理的道路上勇敢攀登。留学英国期间，他几乎天天泡在实验室里，总结了一套自己的科研方法，创造了治学的六字诀——志、勤、实、恒、法、创，最后终于发现了贝茵体的切变机制。求真求实的精神和踏实勤奋的态度不但贯穿了先生的一生，也是他对老师和学生的要求。北京科技大学金属物理专业的学风严谨是出了名的，没有人敢在学术道德上越雷池半步。据说，柯俊因为自己的博士生在答辩时对铁碳相图不熟悉，而投了弃权票。柯先生参加会议、听学术报告严肃认真，会后有人看先生的笔记，记录详细、整整齐齐、一丝不苟。

柯俊先生坚持真理，有着坚定的信仰。他在历次政治运动中都受到波及，尤其是在"文化大革命"中被批判、体罚，遭受了不公正待遇。在生死之间的思考、抉择，让他更加坚定了自己的信仰，相信严寒终会过去，春天必将来临，并在后来递交了入党申请书，光荣地加入了中国共产党。

可谓历经风雨，初心不改。

柯俊先生待人真诚。遇到看门师傅、卖报小贩，他都会热情地打招呼，平等地与之交谈。住在家属楼时，他也会主动带头打扫卫生、扫雪、修理报箱……搬到院士楼后还经常回去看望老邻居。冶金考古工作要和考古工作者合作，先生特别重视他们的劳动，经常教育学生要树立为考古服务的思想，发表文章时要把他们的名字放在前面。

20世纪末，计算机和科学技术的发展，使借助数值模拟分析一些过程和现象成为可能，但是如果没有实验数据的支撑，这些分析就是空中楼阁、镜中之花，柯先生及时对这种情况进行了纠正，在1997年的研究生入学迎新大会上批评了只重模拟不做实验、弄虚作假的科研倾向。

2016年6月23日，在柯俊院士百岁华诞座谈会上，有位领导发言讲到柯先生的点点滴滴，其中先生对科学研究的总结"为了生存，必然不深；为了名利，必然不真"，真是发人深省、振聋发聩。如今，国家加大对科技的投入，科研人员不用再"为五斗米折腰"，"名利"就成了每个人的试金石，弄虚作假等学术道德问题引起社会的关注。

柯俊先生的致真追求，也许同他从事钢铁的教学和研究是分不开的。铁矿石来自深深的矿床，炼铁时，在炉料下降和煤气上升的逆流运动中除掉矿石中的氧，铁水在炼钢炉和精炼炉中脱除碳和杂质元素，得到洁净钢，这就是一个"去假存真"的过程。此外，钢铁在成型过程中要千锤百炼，经过反复的再结晶；在热处理过程中进行组织转变，尤其是淬火工艺，把近千度高温的工件置入冷水中，外表虽然依旧，而内部组织却发生了脱胎换骨的变化。因此钢铁人不但对"致真"有着深刻的理解，而且更能抓住生活的本质，往往经过几次淬炼后，变得独立而坚强。

柯俊先生的致真追求也正是"知行合一"的过程。他在求学路上排除万难，完成学业；在抗日期间不畏艰辛，救亡图存；在科学殿堂勇于探索，登峰造极；为教育事业呕心沥血，桃李芬芳。他锐意创新，不断超越自我，达到自己生命的高度，终成一代宗师。并且他在生死之际，完全放下自我，达到人生的圆满。

柯俊先生从事教育事业，立人无数，可谓桃李满天下。他创立了中国第一个金属物理专业，参与创办了第一个冶金物理化学专业，创建了科学技术史研究生专业，为国家培养了数千名优秀的科技人才，当中许多都成为高水平的学科带头人。他悉心培养中国电子显微镜人才,推荐并派出多人到世界著名学府学习。在柯俊先生的努力下,北京科技大学先后与全球23所大学建立了密切的合作关系,陆续推荐中青年教师、研究生出国深造。他在耄耋之年挑起了探索教育改革的重任,承担了北京科技大学"大材料"专业试点班的教改课题,经过四年完整的实践,取得了丰硕的成果。此外,先生还经常到高校给大学生、研究生和教师做报告,畅谈教育体会,传播教育思想,分享人生理念,并且为中国科技馆的建设做出了很大贡献,热情关心关注着自学考试事业。

可以说,立人事业贯穿了柯俊先生的一生。早在河北工业学院就读期间,他就加入了美国老师成立的"青年勉励会",在大一时亲自组建了一所义务小学,自己担任校长,邀请同学当教师。2016年6月23日,柯俊院士百岁华诞座谈会在北京举行,座谈会的其中一个环节是"柯俊科技教育基金"揭牌仪式,该基金旨在奖励国内外在材料、科学技术史领域做出突出贡献的优秀学者。先生去世后,根据其生前遗愿,先生的遗体捐献给母校武汉大学用于医学教学和科学研究,为国家的教育科学事业做出了最后的贡献。

巍巍高山,洋洋大海,一如柯俊先生的立人情怀高尚而宽阔。正是由于他的致真追求,才造就了天高海阔的立人事业。柯俊先生的一生是"致真"的一生,科研上他探索真知,生活中他待人真诚,信仰上他追求真理,最终达到自己生命的高度,实现了真我。他脚踏实地、实事求是,大胆怀疑、独立思考,一切用事实说话。他的言行和思想、理念不仅影响了老师、学生,而且造成了广泛的社会影响。

柯俊先生在立人事业上是不遗余力的。他高瞻远瞩地规划学科布局、制定发展目标,在课堂教学和科研指导中他兢兢业业、一丝不苟,师资建设时他运筹帷幄、统筹兼顾,工程实践中他亲力亲为、一马当先。不知他指导过多少学生,不知他送过多少人出国留学,不知有多少人受过他的恩惠,也不知有多少人聆听过他的教诲。柯俊先生用自己的"致真"追求,在世人心中树立起一座"立人"的丰碑!

(三)自强不息、厚德载物

柯俊先生的一生体现了中华民族的独立精神、创新精神和平等精神,

这些精神是每个中国人都具备的，它们涵养着中华民族深厚的文化自信。

天行健，君子以自强不息。古人师法自然，向天地学习。日月运行周而复始，永不停歇，这正是中华民族独立精神的写照。夸父追日、精卫填海、大禹治水、愚公移山，没有依赖，没有比较，生命不息，奋斗不止。天地不需要依赖，天地和谁去比较？所以君子"独立无惧，遁世无闷"。

"九一八事变"时，柯俊先生还是少年，他流亡关内，在天津继续完成学业；"七七事变"时，柯俊先生年方弱冠，他又到武汉大学继续学习。这种自强不息的精神是日寇铁蹄践踏下中国的未来和希望，华北放不下一张书桌，莘莘学子就一路向南。1937年11月1日，国立长沙临时大学在长沙开课，1938年又西迁至云南昆明，更名为国立西南联合大学。就是这座仅存在8年的大学，创造了中国乃至世界教育史上的奇迹。由湘入滇的过程中，部分师生从长沙出发，徒步穿越湘西、贵州，全程1600余公里，历时68天抵达昆明。正是这种自强不息的精神，使中华民族傲然屹立于世界民族之林，在四大文明古国中硕果仅存、延续至今。

中华人民共和国成立后，柯俊先生回到祖国，那时虽然人心昂扬奋发，但祖国的建设却是百废待兴。钢铁工业几乎为零，科学研究刚刚起步，冶金教育尚在摸索之中，和西方发达国家存在天壤之别。以柯俊先生为代表的钢铁人不等、不靠、不要，自力更生，艰苦奋斗，建设高校和钢厂，开展教育和研究，革新设备和技术。目前，我国的钢铁产量已占据世界的半壁江山，拥有成规模、成建制的冶金高等教育体系，科学研究硕果累累、创新不断。可以这么说，我国已经成为世界钢铁生产、教育和科研的中心之一。正是这种自强不息的精神，铸就了今日中国钢铁工业的辉煌。

"文化大革命"期间，柯俊先生受到了不公正待遇，成为批斗对象，遭受体罚，甚至去打扫厕所。如果说，滚滚红尘里人们都在比较和依赖中存在，这时已没有比较和依赖的意义。阳明先生龙场悟道也是这样的处境，生死之间，电光石火，他领悟了"吾性自足，不假外求"，繁华落尽，淘汰了比较和依赖的假象，见到了"真"，回归中华民族的独立精神。其实人依靠自己可以接受任何处境，承受任何磨难。据说柯俊先生和肖纪美先生打扫卫生时，曾深入探讨怎样把地又快又好地扫干净。

1974年，北京钢铁学院组建了《中国冶金简史》的编写组，柯俊先生名列其中。他夜以继日地工作，要把失去的时光补回来，抓住这个契机，开创了冶金考古的新领域。虽说是金子总会发光的，但回国时的中年人现在已年近花甲，还能做多少事情？然而，先生焕发出人生的第二春，为祖国和人民做出了更大的贡献。多数人退休后，锻炼是为了延长生命，延生再继续锻炼；也有些人贪图享受、得过且过，在身强力壮时就不思进取，纵使活得再久，实际生命早已经结束了。因为人生的意义在于奉献和创造，而不是消费和索取！

有人说，院士都长寿。北京科技大学的魏寿昆、柯俊、肖纪美先生去世时分别是106岁、100岁和94岁，遗传基因是不容忽视的因素，还有诸多原因，但是自强不息的精神也是重要方面。很多人不是病死的，而是被吓死的，"君子坦荡荡，小人长戚戚"，自私自利的人每天忧心忡忡，肯定会加重病情。

当时81岁高龄的柯俊先生在印度讲学时突然晕倒，被诊断为心肌梗死。2006年，柯俊先生做了直肠癌手术。先生福寿绵长，并不是上天眷顾、无病无灾，而是生性达观、坦然面对。另外，他热爱生活、专心工作，刚出院没几天就忙碌开了。病魔见先生不搭理它，自觉无趣，只好走开了。

同是天地的品格，"自强不息"和"厚德载物"是分不开的。诚者天道，独立和平等都源于真诚。大地是厚德的，她生育万物，却不为自己；她承载万物，并没有分别；她接受万物，却毫不抱怨。如果把天比作父亲，地就可以比作母亲，她有博大的胸怀，平等博爱。控制不是爱，交换不是爱，甚至奉献也不是爱，因为这些都需要条件，只有真诚，才能散发出爱。

柯俊先生对人不论高低贵贱，与男女老少都能打成一片，平等相待。16岁时，他就能把买西服的钱送给路边要卖掉孩子、哭泣不止的母亲。在流亡武汉的船上，柯俊先生发现两个学生经济拮据、脸色苍白，就把自己的蚊帐送给他们，帮助他们换取少许钱款，渡过难关。1942年，印度发生了严重的灾荒，柯俊先生路遇一位倒地的老人，他掐人中、按心肺，全力救治。这就是一种平等博爱的精神。

柯俊先生孝敬父母，回国后就把父母接到北京，让他们安度晚年，后来又把小妹抚养、教育成人。他尽己所能照顾自己的兄弟姊妹，在英国时

通过香港的同学辗转汇款，才使他们渡过危机。

柯俊先生关注人才培养，不但为他们的发展创造条件，而且帮助大量的青年教师和研究生出国留学或进修，亲自进行课程设置、规划教学大纲，三尺讲台唱阳春，并积极推动工程教育改革。

柯俊先生甘为人梯、甘居人后，温良恭俭让。在冶金考古工作中，他特别强调必须尊重考古科研人员的成果，只要考古报告（或简报）不发表，即使研究成果推迟15年甚至20余年，研究所的老师也绝不能抢先发表。柯俊先生等人重新鉴定了西晋周处墓中出土的"铝片"，发现是混入的近代铝合金制品，否定了中国公元4世纪就有铝的说法。但为了照顾考古学者们的感受，他没有急于公布报告，而是慢慢在舆论上"吹风"，等待时机成熟，既坚持了科学的真理，又体现了对他人的尊重，也维护了中国考古界的声誉。

……

"自强不息，厚德载物"是中华民族的文化标识，定义了中华民族个人和集体的君子人格，也是柯先生一生的写照。

西风东渐，对以儒家思想为主的传统文化造成了很大冲击。的确，对自然世界的探索也需要自强不息的精神，但是离开了文化自信，缺少了厚德载物，个人成长就是无源之水、无本之木。有人感叹大师级的人物越来越少了，这其中的原因很复杂，但对大师的定义绝对不仅是学术上的成就，还包括传统意义上的"厚德载物"，而这离不开传统文化的滋养。

《柯俊传》中收录了先生的发言和信件，先生文采斐然，书法美观。如勉励毕业生的报告中"万里始足下，高山起微尘；无绵绵之事，则无赫赫之光"；感谢柳得榈教授的书信中"虽属残烛余芒，难尽移山之功，仍存衔石之愿，用极管鲍深谊，池草厚望"。国际友人桥本初次郎在中国购买了《清明上河图》的摹本，柯俊先生曾为之写了一篇随笔，作为留念，详细介绍了该图的来历、布局、构思、典故等，娓娓道来，如数家珍，文中引用了欧阳修和有智子的诗作，盛赞了桥本对中国电镜事业的贡献，表达了惺惺相惜的深厚情谊，行文流畅，语言优美，并运用了对仗工整、声律铿锵的骈文写法。由此可见，先生传统文化的功底之精深！

现实生活中许多人怨天尤人，哀叹生不逢时。柯俊先生的百年人生中经历了战乱和"文化大革命"，但是他立足现实、为所当为，取得了辉煌的成就，这正是儒家经典《中庸》里告诉我们的生活态度和人生智慧，"君子素其位而行，不愿乎其外……正己而不求于人，则无怨。上不怨天，下不尤人"。

中华优秀传统文化是中华民族的"根"和"魂"，涵养着深厚的文化自信。这对国家、对个人都是一座巨大的宝藏，一笔巨大的财富，如果我们弃之不顾，和拿着金碗要饭吃的乞丐有什么区别呢？

现在社会上有一种趋势，不重视纵向学习，只在意横向比较，这样容易造成人们的浅薄、势利和鼠目寸光。真理需要经过时间的检验，学史可以使人明智，从优秀传统文化中可以领悟生活真谛、学习人生智慧。假冒伪劣、坑蒙拐骗可能会获得暂时的利益，但是"积善之家必有余庆，积不善之家必有余殃"。当时也许看不出来，十年、百年后肯定能看出这个规律，不在自身在儿孙！天道损有余而补不足，水满则溢、月盈则亏，曾国藩为书房题名"求阙斋"，就是害怕有违天道。而当今许多人做事"无所不用其极"，就是只顾眼前，老话常说，"十分聪明用七分，留得三分给儿孙"，是有道理的。曾国藩在家书中讲了他的领悟：人生只有进德、修业二事靠得住，功名富贵，悉由天定，立志能够使人脱胎换骨，圣贤豪杰之事可为。阳明先生尽管实现了"真三不朽"，晚年却只讲"致良知"，不提人间的荣华富贵。现在人们把曾国藩家书、阳明心学当作"成功学"去学习，简直荒谬至极！

生而知之是不可能的，即使天赋异禀、悟性超群。但是，尽管生老病死是客观规律，人性却从古至今没有差别，也许我们恍然大悟的道理就写在"四书五经"之中，也许我们所犯的错误不过是重蹈覆辙，也许我们的困惑在传统文化典籍中就能找到答案。希腊神话里的安泰是大地之子，他只要接触到大地就会力大无穷、不可战胜。而优秀传统文化就是我们的"大地"，是我们的"根"和"魂"，是我们营养和力量的源泉。和古今圣贤携手同路，你就不会孤独；有他们言行的指引，你将增加克服困难的勇气。很多人感叹生不逢时、怀才不遇，同李白、杜甫相比，多大的才能都黯淡无光，他们都有志难酬，我们的遭遇算得了什么？伟大的人物并不是一帆风顺的，反而历经坎坷，受尽折磨，终成大器。

世界就是人们自己眼中的样子。有人在中华五千年的历史中只看到了尔虞我诈，有人只看到了帝王将相、才子佳人，有人更加愤世嫉俗，有人

哀叹人心不古……这都是正常的，因为这才构成了丰富多彩的社会和人生。但我们认为最重要的是要看到中华民族的真精神——独立精神、创新精神、平等精神，这都在阳明先生和柯俊先生身上得到集中体现；我们还不揣冒昧地把传统文化的精髓总结为一个字——"真"，只有"致真"才能发现中华民族的真精神，彰显中华民族的真精神，形成"厚德载物，自强不息"的君子人格。

四、关于立人的思考

（一）人是目的，不是手段

德国伟大的哲学家康德在《道德形而上学原理》一书中指出："人以及一般而言每一个理性存在者，都作为目的自身而实存，不仅仅作为这个或者那个意志随意使用的手段而实存，他的一切无论是针对自己还是针对别人的行动，必须始终同时被视为目的。"

这句话醍醐灌顶、振聋发聩，它告诉我们：人应该把自己或他人视为最高的目的，而不应该仅仅当作手段来看待和使用。

爱因斯坦在《我的世界观》中写道：

"我们这些人总有一死的。人的命运是多么奇特呀！我们每个人在这个世界上都只作一个短暂的逗留；目的何在，却无所知，尽管有时自以为对此若有所感。但是，不必深思，只要从日常生活中就可以明白：人是为别人而生存的——首先是为那样一些人，他们的喜悦和健康关系着我们自己的全部幸福；然后是为许多我们所不认识的人，他们的命运通过同情的纽带同我们密切结合在一起。

我每天上百次地提醒自己：我的精神生活和物质生活都依靠别人（包括活着的人和死去的人）的劳动，我必须尽力以同样的分量来报偿我所领受了的和至今还在领受的东西。"

这是多么伟大的情怀，这是怎样的赤子之心和感恩、慈悲？这就是圣人的境界。现在全世界都在为引力波的发现而欢呼雀跃，但那证实的不过是爱因斯坦在20世纪的预言。如果说牛顿是站在巨人的肩膀上，爱因斯坦则远远走在时代和人类的前面。

人生逆旅，身如传舍，每个人只在世上作短暂的停留，都是要死的。人活一世，草木一秋，生命的意义是什么？爱因斯坦说："人是为别人而生存的。"这不啻说我们的存在正是以自己和别人为目的，在他眼中，人肯定不会仅仅作为工具和手段。

有人说中国的许多不良社会现象都是因为没有宗教，但是否有了宗教就能解决这些问题呢？未必。房龙在《宽容》一书中讲了无数宗教歧视、迫害和仇杀的故事，只是后来由于人类自身的进步才造成了局部的和解。而目前基督教和伊斯兰教的分歧和冲突成为无解的难题，且它们都起源于犹太教。应该说，宗教并不是解决社会问题的灵丹妙药。

有人说：人类的本性是自私和贪婪。但无数英雄舍己为人，许多人无偿资助失学儿童，前文中爱因斯坦的世界观，康德"人是目的"的论断，难道都是自私和贪婪吗？还是回到"道心"和"人心"的话题吧。"人心"就是依赖和比较，由于自身不能独立圆满，所以要从外境中获得，这就把人当作了满足自己的工具和手段，这就产生了自私和贪婪。而"道心"就是独立、创新和平等，由于"吾性自足，不假外求"，所以根本不需要依赖和比较，根本不需要自私，圆满无缺的光明月就会散发出"无私"的光辉。人类历史上这种人太多了，印度民族解放运动的领袖圣雄甘地，领导南非的黑人打破了种族隔离的曼德拉，"留取丹心照汗青"的文天祥，鞠躬尽瘁为人民的周恩来总理……他们的境界普通人是无法理解的，就会生出种种猜测，他们究竟为了什么？其实精神的独立、内心的圆满，让这些人根本不需要从外界获得什么，这样他们就会真正把自己和别人一起作为了一种目的，而不是一种手段。

《中庸》讲："诚者，天之道也；诚之者，人之道也；诚者，不勉而中，不思而得，从容中道，圣人也；诚之者，择善而固执之者也！"这些伟大的人是天生真诚的，而普通人可以选择善道而执着坚守，从而求得真诚。"古之学者为己，今之学者为人"，阳明心学就是实现人生独立圆满的为己之学，知行合一就是正确的方法和途径，为己并非"私己"，为己就

是"为人"。阳明先生能够达到立德、立功、立言的"真三不朽",也正是内心逐渐圆满的过程,所以他的临终遗言是"此心光明,亦复何言!"因此,阳明心学绝对不是成功学,阳明先生如果追求红尘名利、荣华富贵,就无法取得如此巨大的成就。

曼德拉、甘地等人的事迹是普通人无法做到的,而怀着人类自私的心理去揣度他们的动机,恰如"燕雀安知鸿鹄之志"。尽管自私和贪婪是社会的共相,但是真诚从未泯灭。"人心惟危,道心惟微",尽管人心变幻莫测,道心幽微难明,但正是由于道心的存在,人类才不会堕落,正是由于真诚、独立的精神,才会使人类生生不息、薪火相传。

因此,真诚和独立为康德"人是目的,不是手段"的立论提供了依据和坚实的基础。

(二)立人与立己

《金刚经》上讲"无所住而生其心",有点像雷锋精神,"做了好事不留名",为什么"福报不可思议"呢?抛开冥冥之中的因果,如果你为人做了好事,就纠结于"能不能回报我啊?""回报我了吗?""我吃亏了吧?"这样就增加了很多的烦恼。反而放下这件事,不挂在心上,每天就会平静快乐,这正是最大的福报啊!可见人类伟大的思想都是相通的。

绝大多数人可能都不需要这种平静的快乐,那就讲一讲立人和立己的关系,立人可以为自己带来的好处。《论语·雍也》中有这样一段对话。子贡曰:"如有博施于民而能济众,何如?可谓仁乎?"子曰:"何事于仁,必也圣乎!尧舜其犹病诸!夫仁者,己欲立而立人,己欲达而达人。能近取譬,可谓仁之方也已。"

"己欲立而立人,己欲达而达人"是孔子的一个重要思想,也是实行"仁"的重要原则。如果能够"推己及人"也就做到了"仁"。这是儒家道德修养中用于处理人际关系的重要原则,即忠恕,忠恕要求根据自己内心的体验来推测别人的思想感受,达到推己及人的目的。这也正是把人作为了目的。

此外,"立人和立己"的关系至少还可以从下面几个方面理解。

(1)种瓜得瓜,种豆得豆

《围城》中方鸿渐愤而离职,没人相送,因为"他也只跟新楣要好,在同事里没有播撒吃饭的种子"。钱钟书先生把吃饭比喻为播种和收获的关系，十分贴切。中国有句老话"受人滴水之恩，必当涌泉相报"，尽管目前有很多唯利是图、过河拆桥的人，但多数人还是知恩图报的。再退一步讲，你帮助了十个人，即使只有一两个人回报你，也是人生很大的助力。而如果别人需要帮助时你"袖手旁观"，却渴望别人能"雪中送炭"，是在期望根本不可能的事。

春秋时晋国的豫让受到智伯的重用，后来赵襄子联合韩、魏灭掉智氏，豫让漆身吞炭，发誓要谋杀赵襄子。事败被俘，求得赵襄子衣服，拔剑击斩其衣，以示为主复仇，然后伏剑自杀。豫让认为，智伯以"国士遇我，我故国士报之"，这可以说是知恩图报的典型案例。

算命和面相学中，"贵人相助"是人生重要的运势，如果自己不是"官二代"和"富二代"，有"贵人相助"是多么宝贵的机遇啊！但是贵人为什么帮助你呢？权贵们什么都不缺，根本不需要"锦上添花"的事，为何要对你伸出援手，除非你能在他们尚未发达、需要帮助时"雪中送炭"。《史记·淮阴侯列传》中记载了漂母饭信的故事：韩信为布衣时，贫而无行，经常挨饿，一个洗衣服的老人（漂母）给他饭吃，"后信为楚王，召所从食漂母，赐千金"。

天下没有免费的午餐，帮助别人是最好的投资。《隋唐演义》中的好汉秦琼广交朋友、乐善好施，一次染病潞州，无奈卖马，幸亏有单雄信等朋友的帮助，才脱此困厄。有时候帮助别人只是举手之劳，对别人而言却是雪中送炭，文艺作品中有很多人通过帮助别人改变了命运。程砚秋先生的代表作《锁麟囊》中，一富家女出嫁途中在春秋亭避雨，见一贫家女因无嫁妆在轿中啼哭，慷慨相赠锁麟囊。后来发大水，富家女流落他乡做了保姆，而贫女已是这家富户的女主人，富家女最终靠锁麟囊与其相认，过上了好日子。《红楼梦》中王熙凤资助了刘姥姥银子，当时不过是无心之举，后来巧儿落难后被刘姥姥收留，也是前人栽树、后人乘凉吧！

几乎所有人都在感叹人情冷暖、世态炎凉，觉得别人对不起自己，但你是否尽力去帮助别人，是否努力去回报别人？其实真正大方的人不会没钱花，而算计、吝啬的人一般不会发达。

（2）助人成就，提升自己

许多人不愿和优秀的人相处，觉得同他们比自己没优势、压力很大，

有点像女孩子逛街不愿找个漂亮同伴的心理，认为路人只关注漂亮同伴，无视她的存在。这样想就错了。如果不跟优秀的人在一起，怎样学习别人的优点，不断进步呢？有一位朋友曾告诉我："对于我做不到的事情，我也不会帮助别人做。"这说明了他的不自信，还有狭隘。

我们基本处于一个比较的社会，在比较中得到满足，在比较中自寻烦恼。如果我薪水比你高、职位比你高、车子比你好、房子比你大，我就感到幸福，否则就痛苦不堪、夜不能寐。每个人并不知道自己真正需要的生活、真正的兴趣，只是为别人活着，在比较中找到存在感。更有甚者，人们往往在一个特别小的圈子里进行比较，其实世界那么大，应该出去看一看。毛主席诗词里有句话"蚂蚁缘槐夸大国，蚍蜉撼树谈何易"，坐井观天、夜郎自大，说的就是这种现象。在一个小圈子里优秀，拿到社会上比算得了什么？反过来，即使在单位里不突出，中国有十多亿人，比不上你的人也有的是。

抛开"助人成就事业也许可以获得回报"的想法不谈，在助人成就的过程中个人的能力也会得到提升。你不愿助人成就，等于放弃了提升自己能力的机会，一个人能有多大的舞台呢？助人成就正是锻炼自己、展现自己的好机会。汉高祖刘邦从沛县起家，最后取得天下，他的两任丞相萧何和曹参都是县衙里的小吏，此外还有卢绾、樊哙、夏侯婴等一干兄弟都成了开国重臣。除了大家知根知底、同舟共济的情分外，他们在跟随刘邦的过程中能力不断提高是主要因素，县衙的小吏最后已经具备了治国安邦的能力，否则刘邦怎么也不会把他们放到丞相的位置。

在助人成就的过程中，就有了更多近距离接触高人的机会，可以学习他们的优点、了解他们的理念和思想，通过对比不断弥补自己的不足、提升自己的能力。不过一切的成长都需要观察和领悟。如果幸而有了交情，高人点拨你几句，你就会看到表象后面的本质和细节，领悟许多，取得巨大进步。

有人说：世界上有两件难事，把别人的钱放到自己的口袋里，把自己的思想放在别人的脑袋里，后者尤其难，而优秀的人往往善于吸收别人的思想。因此有些人不愿透露自己的想法，但思想不用就是空想，只有多和优秀的人交流思想，才能不断进步。

（3）教学相长，桃李芬芳

单从教育来看，立人与立己的关系又有新的特点。人作为万物的灵长，区别于其他生物的特点之一是能把不可能变为可能。我们相信每个学生都有自己的特长，都有成才的可能，教育的目的之一就是帮助他们发掘自身的潜能。"知人者智，自知者明"，而所谓的自知之明，有些人一生都未必能达到，因此需要我们引导。如果一个有文学天赋的人进了工厂，用细腻的心和"傻大黑粗"的钢铁打交道，就不如一个粗犷豪放的工人做得好。因此，放错了位置的东西是废物，用错了地方的人是"废材"，理想社会的标志之一是"人尽其才，物尽其用"，因此老师应当因材施教。

我曾问起一个同事十几年来从教的心路历程，他说："刚上讲台时认真上好每一堂课，充满了激情，但慢慢发现，上好上坏都一样，没有了当初的激情，现在变成了迎合学生，不求有功、但求无过。"我想这样的老师不在少数。有人说教育也是谋生的职业，"教师也为稻粱谋"，那为什么不去从事别的职业呢？或许有些职业可以混日子，但教育工作者"当一天和尚撞一天钟"是在误人子弟、浪费人才，是犯罪啊！有这种想法时，不要归咎于目前的教育评价体系，不要感叹付出得不到回报，要问一下自己有没有"立人"的情怀。

苏格拉底说过，"教育的技艺在于给学生提供最完美的利益"，教师的职责所在是努力提高自己的教育技艺，使学生最大程度地获益，报酬只不过是一种副产品。如果本末倒置，当老师以逐利为目标，应该说是教育事业的堕落。

追求不朽是万物的本能，看一下动物拼死保护幼崽的事例就会明白。我们希望永恒，却只能在世界上短暂停留，普通人以生育儿女传承自己的基因。如果能把自己的思想通过学生延续，不也就实现了不朽？德国伟大的哲学家康德终身未娶，但是他的批判哲学至今为世人津津乐道；周总理没有后代，但是中国人民将会永远铭记他的丰功伟绩。肉体终将腐烂，归于尘土，但伟人们的精神永存。孔子有"三千众弟子，七十二贤人"，他的思想影响了中国历史几千年，现在还潜移默化地影响我们的生活。而从事教育事业在"传道、授业、解惑"中传递思想、知识、技能，是多么有意义的事情，应该感到骄傲才对。

"教学相长"出自《礼记·学记》："是故；学然后知不足；教然后知困。知不足然后能自反也。知困然后能自强也；故曰教学相长也。"教育

的思想和理念是在教和学的过程中逐渐形成的，如果离开学生，提高自己的教育水平无异于兔头寻角、空中楼阁。

著名经济学家厉以宁是李克强总理的老师，他不但是经济界的泰山北斗，而且从事教育也是成功的。我猜想总理在求学时，人们会介绍他为"厉以宁的学生"，现在很多人知道厉先生是因为"他曾是总理的老师"。"青出于蓝而胜于蓝"应该是每个教育工作者追求的目标，也是社会进步所需要的。作为老师的孔子运气不好，对颜回寄予了很大的希望，但颜回短寿，让孔子极为悲恸，"噫！天丧予，天丧予！"表达了无法培养出超越自己的人才的无奈。至于后来儒家思想被统治阶级用作工具，几千年的知识分子都对孔氏学说唯命是从、顶礼膜拜，忙于训诂、解经，大概也是孔子不希望看到的。幸好，王阳明的"知行合一""致良知"学说对儒学有所发展，但心学在阳明死后分裂，也许是后人无法把握他的精髓吧！

（三）"立人"的层次

孔子在《论语·为政》篇中讲到自己的人生体会："吾十有五而志于学，三十而立，四十而不惑，五十而知天命，六十而耳顺，七十而从心所欲，不踰矩。"（《四书章句集注》，中华书局，2012年版）后人对此有不同的解读，并且用年龄代指不同的人生境界，如"三十而立，四十不惑，五十知天命"。首先要说，这是孔子自身在不同年龄达到的境界，不可能适合每个人；其次，孔子并没有解释含义，仁者见仁，智者见智。西方哲学首先规定概念，务求精确；东方文化的特点是婉约、含蓄、言简义丰，一个"立"字既简单又复杂，不同的人、不同的阅历有不同的理解。但首先要知道什么是独立，才能帮助别人独立，做到"立人"。

（1）经济独立

经济独立意味着在经济上自给自足，摆脱对任何人的依赖。父母有钱、银行里有存款还不能说是经济独立，再多的钱也会坐吃山空，有句老话"身有一技之长，不愁隔夜宿粮"，也就是要有一定的专业技能，有谋生的手段，有固定的职业。

现在大学里的人才培养都按专业划分，但"学非所用"已经成了大学毕业生的普遍现象。这说明，大学在专业设置、课程设置以及教学内容上与社会需求存在一定脱节，但在一定程度上，"学非所用"也是一种合理的现象。首先,社会的发展日新月异,学校里的专业设置总是跟不上社会需求的变化。其次,有些专业"食之无肉,弃之有味",某些老牌专业招生、就业都出现问题,但学校还缺少壮士断腕的决心。还有,大多数学生高考填报志愿时对学校、专业都不是很了解,对所学专业不感兴趣,也未必愿意从事所学专业。提倡"通识教育"的目的在于:在现代多元化的社会中,为受教育者提供通行于不同人群之间的知识和价值观。"一考定终身""男怕入错行"某种程度上是一种落后的观念。

高中生忙于高考,缺乏对自己能力、兴趣和天赋的认知,高等教育应该引导学生把握未来的发展方向,鼓励学生跨界,最大程度发挥自己的潜能。"水木年华"组合的主唱卢庚戌1989年考入清华大学建筑系,放弃大好的就业机会投身演艺事业。看他年轻时拍的MTV,很多人都会被他的纯洁、理想和激情所感动。

当然,绝大多数人都要过按部就班的生活。"授人以鱼不如授人以渔",传授给人知识,不如传授给人学习的方法,那会让其受用终身。"知行合一"是我们的教育理念,作为一种方法是放之四海皆准的。而"真才实学"应该是教育工作者努力帮助学生达到的目标。

(2) 思想独立

思想独立意味着基本形成自己的世界观和人生观,有自由思想,有主见,不再受家庭、权威和社会的束缚。一个孩子是不可能有独立的思想的,因为思想不可能脱离经验,它来自经验,可以超越经验,但不会"无中生有"。在成长过程中人们有了思想,但距离自由思想、独立思想还有很大差距,很多人到迟暮之年,甚至去世,都不会形成。

家庭的束缚是独立思想的第一个障碍。父母是你的血脉之根,个人在思想上不可能斩断和家庭的联系。如果完全相信父母,就不会进步;而彻底否定父母,就不会自信。能够认识到每个亲人的局限性,尽量包容他们,让他们满意,也是思想成熟的一个标志。

权威的束缚是独立思想的第二个障碍。马克思哲学指出"世界上没有绝对的真理",思想是不断发展的,而不能成为限制人的工具。儒家思想有很多优点,目前也存在一定的先进性,一度是社会中的权威。儒释道三家中,道家躲到深山里修炼,佛家被披上宗教的外衣,只有儒家是社会的显学。王阳明的"心学"明明受到佛教禅宗的影响,但不知是有意还是无

意,总不承认。中山先生在革命之初,砸碎孔子牌位,也许是出于"不破不立"的考虑吧!但是"灭儒"之说又走向另一个极端。儒学是中华民族的主要根系,"全盘西化"在理论上站不住脚,进行实践也是死路一条。我们还是要立足于中国的传统文化,有开放精神,广泛吸收世界上的先进思想,形成社会主义的新文化、新思想。

社会的影响是独立思想的第三个障碍。人们为互联网时代欢呼雀跃,但个人会受到媒体和人群的显著影响。2015年,安徽一位大学生声称自己扶老人被讹,在网上寻找目击者证其清白。该事件在网上迅速发酵,"碰瓷"老人也一直处于舆论漩涡之中,而最后经警方调查,这其实是一起交通事故,该大学生应承担主要责任。互联网信息海量,鱼龙混杂,难辨真假,而人们局限在自己狭隘的认知中,先入为主地去寻找,有选择地屏蔽掉大量信息,怎么能叫自由思想?

物质的本质是质量,精神的本质是自由,恩格斯说:思维是人类最美丽的花朵。我们不要把人类宝贵的思想都屏蔽了,只剩下物质的重量。了解不同的思想很有必要,但不是按照别人的思想去思想,而是要知道还有不一样的思想,不做井底之蛙。盲从和固执同样不可取。

目前虽然互联网很发达,但提供的多是碎片式的快餐文化;通过亚马逊和当当网,想买什么书都有,但购书的选择难免先入为主。而如果去图书馆,就可以不受局限地涉猎各种书籍,然后有针对性地细读名家、名著,有助于获取系统的知识,然后通过大胆假设、反复实践,形成自己的思想。理论来自实践,应更好地应用于实践。对错概念对人的成长有益,但会局限人的进一步发展。要大胆地在思想上假设,小心地在生活中求证,最后形成自己独立的思想,知行合一既是方法,又是目标!

苏东坡有句诗"不识庐山真面目,只缘身在此山中",境界很高。独立的思想源于生活,高于生活。形成独立思想的一个条件是保持清醒,渐渐放下欲望,如果一个人在名利情的红尘中打滚,还乐此不疲,思想独立是不可能的。

(3)精神独立

精神独立就是有丰富的精神世界,有自己的理想和追求,不依赖于社会地位和社会评价而存在。人们一般生活在两个维度的世界,家族的维度基本是平等的,荣辱与共;社会的维度是有高低贵贱的,人们努力奋斗,目的是争取到更高的社会地位。很少有人进入第三维度的精神世界,但中华民族的遗传基因里具有独立精神,这在前面已经讲到了。

很多人倾慕苏轼,但不明白他为什么历尽磨难、屡遭贬谪仍能保持潇洒达观的心态。这是因为苏轼有着丰富的精神世界,不依赖于社会地位和社会评价而存在。因此他没有囿于遭遇困境的烦恼,反而是享受生活的平静和乐观。

《大学》八条目"格物、致知、正心、诚意、修身、齐家、治国、平天下"给古代读书人指出了修养和提升的途径与层次,成为士大夫奋斗的目标,但其在根本上还是追求社会地位。这也成为评价人的唯一标准,根本没人相信还存在另一个维度。结果造成这样的现象:任何个人的追求、理想都无关紧要,任何个人的价值都要放在整个社会体系中去评价。

古希腊哲学家苏格拉底同友人与学生的对话多么清新、自然、干净,在雅典城外漫步,在神庙周围的大树下乘凉,讨论的是纯粹的正义、爱情、善良等问题,没有任何的功利性。古希腊的城邦制,尤其是雅典自由民衣食无忧的生活,孕育了大量关注精神生活、未与政治权力联姻的哲学家,泰勒斯、赫拉克利特、苏格拉底……一时星光灿烂,交相辉映,一起汇成了西方文明的源头。

在古代中国,尽管也有陶渊明的"采菊东篱下,悠然见南山",但那是"不为五斗米折腰"辞官后的无奈;李斯幻想与儿子上蔡东门牵犬逐鹰的快乐,那只是即将被腰斩前的幡然悔悟;严子陵不愿为帝王师的洒脱,是对权力斗争的恐惧,同时也摆脱不了沽名钓誉的嫌疑。

古代中国生产力低下,不做官就会生活贫困,陶渊明几度沦落到乞食的境地。但改革开放后我国经济飞速发展,从事任何一个职业都不可能食不果腹,尤其是高校教师群体,相对有较高的社会地位和稳定的收入,并且有闲暇,为追求理想和精神生活创造了条件。何况中国人的遗传基因里具有独立精神,如果更多的人追求精神独立,东方文明必然会焕发出勃勃生机。

有人说著名作家路遥英年早逝的原因是创作《平凡的世界》时劳累过度。我们上学时在收音机里收听路遥的中篇小说《人生》,就已经被高加林和刘巧珍的爱情和命运感动,被黄土高原的雄浑震撼。他的文学作品深深扎根于黄土高坡,反映了他丰富的精神世界。路遥有两句话我摘录如

下:"人们宁愿去关心一个蹩脚电影演员的吃喝拉撒和鸡毛蒜皮,而不愿了解一个普通人波涛汹涌的内心世界。""生活包含着更广阔的意义,不在于我们实际得到了什么,关键是我们的心灵是否充实。"

(4) 自由和人格独立

匈牙利诗人裴多菲的诗中表达了"自由"的珍贵和崇高,"生命诚可贵,爱情价更高。若为自由故,两者皆可抛"。那什么是"自由"呢?不同的人有不同的理解。有人认为"为所欲为"就是"自由",那人永远不可能实现"自由",即使达到了,也会造成其他人的"不自由"。康德认为"自由不是你想干什么就干什么,而是你想不干什么就不干什么",这是一个否定描述,我们仍不知道"自由"到底是什么。

1849年,为争取匈牙利的民族独立,诗人裴多菲战死沙场。他追求的"自由"就是摆脱奥地利的统治,自由应该是摆脱束缚后的一种状态,我们在人生和社会中受到各种各样的限制,即使摆脱一种束缚又会受到新的限制,那我们将永远处于"不自由"的状态,"自由"看似是不好定义、更难以追求的了。

我们认为:自由就是有选择自己生活准则的权利,并且具有持久(甚至终生)按照这种准则去生活的能力。

品格不是生下来就有的,也不是偶然遇到的,而是依据选择的准则去生活、实践,在知行合一的过程中,逐渐内化而形成的。确定一个准则是塑造品格的前提条件,根据什么样的准则来生活就会形成什么样的品格,一个没有品格的人也就没有准则。

中国人把松、竹、梅并称为"岁寒三友",分别象征三种君子的品格。贝多芬具有松树般刚毅坚强的品格,在双耳失聪、健康恶化的条件下,仍试图扼住命运的咽喉,创作出了鸿篇巨制《第九交响曲》;文天祥的操守气节可以与竹媲美,为了民族大义慷慨赴死,留下了"人生自古谁无死,留取丹心照汗青"的爱国诗篇;梅花是高洁之士的化身,包括淡泊名利、耻受天下的许由,不食周粟、饿死首阳山的伯夷、叔齐,不为五斗米折腰的陶渊明。现在某些人嘲笑伯夷、叔齐的迂腐,文天祥的不识时务,这正是由于他们缺少生活的准则,没有独立的品格。《史记》中《伯夷列传》评论:"道不同,不相为谋,亦各从其志也。"《诗经·黍离》中有句话:"知我者谓我心忧,不知我者谓我何求。"燕雀安知鸿鹄之志哉!俗人不理解具有高尚品格的人，并且嘲笑他们，真是可笑啊！

　　我们年轻时也都喜欢看金庸的武侠小说，除了故事情节引人入胜外，侠客们具有的独立品格也是吸引人的重要原因。讲义气、重然诺、扶危济困的萧峰，善良、自由、狂放不羁的令狐冲，清虚自守、圆融无碍、慈善为怀的张三丰，等等。可见，我们都向往独立的高尚品格。康德说："在内心省察和待人处事时真诚以对，并且以此原则为最高的准则，是一个人意识到自己有品格的唯一证明。"这说明以真诚为准则会形成优良的品格，由此推测：上面所举的人物都以"真"为准则，只是由于性格不同，在不同条件下形成或表现出独立的品格。毕竟，善恶和美丑之间都存在着过渡，但真就是真，假就是假，绝不会有"不真不假"。

理念篇

  "致真"就是渐去私欲,回复"天人合一"的中庸之道,焕发中华民族的独立精神。优秀传统文化是中华民族的"大地母亲"和文化自信的不竭源泉。

  私欲阻碍了科研活动中的"知行合一",而"致真"的科学精神是中华民族本来就具备的。始终保持真诚,就可以把每件事做好,创新精神和工匠精神就会落到实处。

  本篇介绍了"知行合一　致真立人"形成过程的三阶段,从三个角度对这一理念进行了阐释。在介绍了"立人"实践后,作者呼吁在高等教育,尤其是理工科学生中开设传统文化的通识教育课,引导大学生终身学习、体悟、践行传统文化。

一、文化自信

(一)文化自信的重要意义

习近平总书记指出:"文化自信,是更基础、更广泛、更深厚的自信。"①"中国优秀传统文化的丰富哲学思想、人文精神、教化思想、道德理念等,可以为人们认识和改造世界提供有益启迪,可以为治国理政提供有益启示,也可以为道德建设提供有益启发。"②

文化自信的重要性不言而喻,而如果全社会缺乏对传统文化的了解和对优秀传统文化的认同,文化自信从何谈起呢?全球一体化进程的快速发展,使得世界不同文化的碰撞和融合越来越多,难免会存在各种不同的声音。一些偏激的人甚至发出这样的声音:传统文化等同于封建糟粕,中华民族完全是由于运气才延续至今。这些观点真是荒唐之极!稍有常识的人就会知道,人类历史上产生了很多文明,后来都消失了,而只有中华文明历久弥新、延续至今。中华民族历经磨难而长盛不衰,这绝不是历史的偶然!而正是由于根植于传统文化中深沉的自信。这种自信贯穿了中华民族的历史,体现在历代仁人志士的身上。

孔子在匡地被围困时,曾说:"天之未丧斯文也,匡人其如予何?"意思是说:上天如果不消灭这种文化,那么匡人又能把我怎么样呢?这是孔子对儒学文化的自信,也是我们如今应当有的对传统文化根基的自信。我们曾去新会梁启超纪念中学进行"知行合一 致真立人"的巡讲。新会崖山是南宋最终灭亡之地,有人说"崖山之后无中华"。的确,汉人在这里首次彻底失去了政权。但是以儒家思想为代表的传统文化并没有消失,元

---

① 出自2016年7月1日习近平总书记在庆祝中国共产党成立九十周年大会上的讲话。
② 出自2014年9月24日习近平总书记在纪念孔子诞辰2565周年国际学术研讨会暨国际儒学联合会第五届会员大会开幕会上的讲话。

朝并没有抛弃先进的中华文明。反而，在吸收了少数民族的优秀文化和强壮基因后，中华民族实现了多民族的大融合。

曾几何时，很多不了解儒家思想的人，把它视为封建糟粕；更有甚者，把西方文明作为人类的希冀。需要指出，东西方文明是独立发展、各有所长的，尽管西方文明有很多优势，但"全盘西化"绝对是错误的，也是十分危险的。"完全相信父母就不进步，彻底否定父母就不自信"，这也应该是我们对待传统文化的态度。《庄子·秋水》里记载，有一个燕国人到赵国的都城邯郸去，看到那里人走路的姿势很美，就跟着学起来。结果不但学得不像，而且把自己原来的走法也忘了，只好爬着回去。"邯郸学步"的燕人只是个笑话，但背弃自己的文化却危险至极，有可能万劫不复！因此，我们既要向世界文明成果学习，也要重新认识传统文化的精髓，知行合一，走自己的路。

在古希腊神话中，巨人安泰俄斯是海神波塞冬和地神盖亚的儿子，他只要双脚不离开大地，就力大无比，格斗起来任何敌人都打不败他。但是赫拉克勒斯发现了他的致命弱点，把安泰俄斯高高举起，最终杀死了他。优秀传统文化就是中华民族和每一个中国人的"大地母亲"，我们可以从中获取滋养，离开它我们就会失去力量。这就是文化的力量，这就是文化自信。

（二）马克思主义与中国优秀传统文化

马克思主义者是彻底的无神论者，中华民族也不崇拜神祇。这也是马克思主义能被中国人民所接受的原因之一。《国际歌》中写道"从来就没有什么救世主"，这与中华民族的独立精神是一致的！从盘古开天、钻木取火、伏羲画卦、大禹治水等神话传说中，我们发现，中华民族的基因是依靠自己，不存在凌驾于人类之上的神祇。

《圣经》中有上帝屠城、末日审判、神的救赎……这是因为西方文化主张性恶论，人是无法自我完善的，只有依靠外部的力量，通过信仰上帝才可以得救。而中国优秀传统文化中的主流思想是性善论，这为个人修养、自我完善提供了依据。"天人合一"是中国传统文化的重要思想，关于这个概念有各种各样的阐释。我们认为，天理就是道心，这是"天人合一"的本源；但由于私欲的阻隔，产生了"心理分殊"。"致真"的目的

就是逐渐去掉私欲，回到"天人合一"的状态。

2019年7月16日，习近平总书记在听取内蒙古自治区工作汇报时强调，"如果缺少了自我净化、自我完善、自我革新、自我提高的勇气和能力，我们党就将陷入危险境地，做不到永远立于不败之地、永葆青春"。中国共产党的宗旨是全心全意为人民服务，这就是"止于至善"，作为中国人民和中华民族的先锋队，中国共产党无疑具有自我完善的本质和能力。

马克思主义的一个重要论断就是，"无产阶级只有解放全人类才能最后解放自己"，这体现了无产阶级大公无私的特质。与儒家"内圣外王"的思想，以及通过克己复礼、去私欲、修齐治平，实现世界大同、天下一家的理想不谋而合。不同于自私自利的资本主义，马克思主义和中国优秀传统文化都在构建一个没有"压迫和剥削"的社会。只有消灭人类自私的本性，才能实现共产主义；而只有具备无私的君子人格，才能实现平天下、世界大同的理想。在地球上完全消灭自私，是一个漫长的过程，但作为共产党员，我们就应该从自己做起，加强自身的修养，逐渐放下私欲。

我们把"致真"作为传统文化的精髓，并且认为，共产主义社会也是全人类的"致真"追求。共产主义社会是人类崇高、伟大的理想：那时人类对自然界有深入的认识，生产力高度发达，物质极大丰富，并且根本不需要自私，各取所需，远离了主观、客观、主动、被动的假，处于"真"的状态。这样，个人的追求就等同于全人类的理想，共产主义理想就落实到每个人的日常工作和生活中了。

（三）正确认识中国优秀传统文化

道心和人心，是中国传统文化的核心概念。《尚书·大禹谟》中记载了舜告诫禹的话，"人心惟危，道心惟微。惟精惟一，允执厥中。"意思是说：人心变幻莫测，道心幽微难明，应当精纯专一，诚恳地秉持中正之道。《传习录》中也记载了王阳明回答徐爱关于"心"的疑问。先生曰："然。心一也，未杂于人谓之道心，杂以人伪谓之人心。人心之得其正者即道心，道心之失其正者即人心：初非有二心也。"

很多人对儒家思想不了解，认为它具有明显的功利主义倾向，阳明心学也被追求"成功学"的人奉为圭臬，这是绝对错误的。儒家的入世是以具备自强不息、厚德载物的君子人格为基础的，这在《论语》中随手撷取几个片段就可见一斑。

我们都知道，孔子推崇礼乐制度，但是《论语·八佾》中这样记载，子曰："人而不仁，如礼何？人而不仁，如乐何？"意思是说：一个人没有仁爱之心，遵守礼仪有什么用？一个人没有仁爱之心，礼乐又有什么用？可见，孔子的思想被后人误读、曲解了，他并不是封建礼教的捍卫者。孔子的核心思想是"仁"。

再听听孔老夫子是怎么论述贫富的吧。子贡问曰："贫而无谄，富而无骄，何如？"子曰："可也。未若贫而乐，富而好礼者也。"孔子这样评价自己最喜欢的学生："贤哉回也，一箪食，一瓢饮，在陋巷，人不堪其忧，回也不改其乐。贤哉回也。"

正如孔子所说，"智者不惑，仁者不忧，勇者不惧"。如果我们能充分汲取中国优秀传统文化中的养分，它不但能成为我们力量的源泉，还能成为人生指南，引导我们自我实现。现代人为人处世常常强调情商，但最高的情商就是知道自己要去哪儿，并且坚定地走下去。

生活中有顺境逆境、泥泞坎坷，每个人都要经历生老病死、生离死别。关于逆旅人生应该怎样度过，《中庸》上讲得好："君子素其位而行，不愿乎其外；素富贵，行乎富贵；素贫贱，行乎贫贱；素夷狄，行乎夷狄；素患难，行乎患难。君子无入而不自得焉。"

苏轼可以说是中国文人的典范。他才高八斗、位极人臣，但命运多蹇，后半生基本上都在颠沛流离中度过，却始终乐天知命，从不怨天尤人。在黄州"长江绕廓知鱼美，好竹连山觉笋香"；在惠州"日啖荔枝三百颗，不辞长作岭南人"；从儋州流放回来"九死南荒吾不悔，兹游奇绝冠平生"。再看看我们周围的人，偶有成绩就眉飞色舞，稍遇挫折就意志消沉。尤其是许多年轻的大学生、研究生们，没有目标和理想，对未来十分迷茫，因为失恋或别的原因，就一蹶不振，甚至选择轻生。青春还没有像花儿般怒放，就凋落于风雨，我们真是非常痛心。

我们除了学习苏轼的人生态度，还应该明白这背后的根源。不存贪欲、融入自然在《赤壁赋》得到了集中的体现，"且夫天地之间，物各有主，苟非吾之所有，虽一毫而莫取。惟江上之清风，与山间之明月，耳得之而为声，目遇之而成色，取之无禁，用之不竭"。

了解了苏轼的人生际遇，再读过苏轼"归去，也无风雨也无晴"的旷

达，就不容易囿于我们眼前的烦恼了。有句老话"船到桥头自然直"，担心买不起房、恐惧看不起病、逃避现实酗酒吸毒，这都是人心。而"活在当下"就是道心，就是"素富贵行乎富贵，素贫贱行乎贫贱"，就是丰田精益管理中的"现地现物"，就是老百姓过日子的"穿衣吃饭量家当"。

人生要经历很多，只有在受到重挫时，逐物的欲望才能转变为观照内心。这时会发现外界的一切都靠不住，只能依靠自己。但只要用真心去面对，没有什么是必须依赖的，没有什么是不可失去的。这是古人留下的大智慧，是中华民族的独立精神。很多人不理解"四书五经"，其实正如孟子所说，"求其放心而已矣"，扎根在中华传统文化中的自信，能够带领我们拾回本心，不忘初心。

（四）践行文化自信的途径

不逃避、不抱怨、不恐惧，独立面对，随遇而安，乐天知命。这就是"天人合一"的中庸之道，这就是中华民族的独立精神。五千年的文明有赖于圣贤们薪火相传，形成了中华民族深沉的文化自信。知行合一、致良知，或者说"致真"，就是我们践行文化自信的途径。

"理可顿悟，事须渐修"，道心、良知、真诚其实是一回事，践行途径是放下私欲（心），去妄致真。

首先要诚意，才能认清自我，而认识问题就是解决问题的开始。东晋王子猷雪夜乘舟访友，快到了，却让仆人回舟。面对不解，他说："乘兴而来，兴尽而返！"这样的魏晋风流，其实就是诚意。不欺人易，不自欺难。现代人自助餐非要把"本"吃回来，旅游非要把"本"玩回来，花钱非要把钱赚回来。锱铢必较，吃坏了肚子，累坏了身子，得不偿失。被外物所扰，不是诚意。顺其自然，量力而行，不比、不贪、不自欺欺人，意诚才知心偏，知偏才能归正。

"正心"又如何才能做到呢？常见的七情"喜怒忧思悲恐惊"，来自于欲望、依赖和恐惧。降低自己的欲望，认识到血液里流淌的独立精神，对于负面情绪不逃避、不沉浸其中，"顺其自然，为所当为"。乐极生悲，有大喜必有大悲，追求感官刺激恰如饮鸩止渴。正如《中庸》开篇所说："喜怒哀乐之未发，谓之中。发而皆中节，谓之和"。

王阳明主张"心即理"，认为所有理都不必向外寻求。例如，孝的理就在心中，不能向父母身上寻个"孝"的理。知道孝就一定做到孝，如果做不到就是因为被私欲蒙蔽了，所以不能"知行合一"。因此要克制私欲，如抱怨、嫉妒、骄傲、谄媚等等。会说话很重要。该说不说，"失人"；不该说却说了，"失言"。随着经验、阅历增加，变得会说话，那只是适应了环境。只有去掉私心，致真求诚，才能做到"从心所欲，不踰矩"的境界。

程子讲过，"不偏之谓中，不易之谓庸。中者，天下之正道；庸者，天下之定理。"人们通常说的善恶是道德观念，但在"心学"中"恶"也指过与不及，偏离了"中庸之道"。"诚者，天之道也，诚之者，人之道也"，顿悟是明心，践行是去私，通过"自诚明"和"自明诚"两条途径实现。

《孟子·梁惠王上》中讲"上下交征利而国危矣"。因此，致真之路，不仅成己达人，放下私欲，还可保国家长治久安。这也是文化自信的内涵之一。

二、文化与科学

关于文化和科学之间的关系，人们有着各种各样的认识。盛行于现代西方的科学主义（唯科学主义），把自然科学当作哲学的标准，将其方法论与研究成果简单地推论到社会生活中来。19世纪末的德国哲学家狄尔泰主张人文学的研究方法和科学方法不同，人文学应该"主观"，和科学的"客观"相对。约瑟夫·阿伽西是当代著名哲学家，以色列最重要的思想家之一。他的基本观点是，科学不是人类文化中孤立的岛屿，而是文化的一个内在组成部分。

不可否认，在人们的观念中，存在着科学和人文，甚至是科学与文化的分离与对立，尤其是科学和中国传统文化的分离和对立。

清华大学人文学院吴国胜教授在《什么是科学》一书中指出："希腊科学精神才是正宗的科学精神，缺乏希腊人那种为科学而科学、为求知而求知的理性精神，我们中国的科学事业就原创乏力，行之不远。"著名的神经生物学家饶毅教授在此书序言中再次强调："中国人对科学的误解其实更多体现于一种功利主义取向。很多人不了解科学是人类探索、研究、感悟宇宙万物变化规律的知识体系的总称，是对真理的追求，对自然的好奇。"

我们在本书"致真篇"中指出，"致真"是传统文化的精髓和科学精神的根本，并且较为系统地论述了"中国的科学与科学精神"。我们认为：中国古代的哲学和科学都涵盖在以"真诚"为根本的传统文化中；后来封建帝王利用儒家思想作为维护统治的工具，并且通过"重农抑商"和"科举取士"强化了利益导向、压抑了创新活动，阻碍了科学发展，导致了人们对传统文化的误解；而由于人们对传统文化的误解，以及民间盛行的实用主义，造成了"真"的隐而不现和"致真"精神的局部缺失。

当今社会，科学观念深入人心，公民科学素养日渐提高，科学方法也被广泛接受，当务之急是诚意正心，返璞归真，恢复传统文化活泼泼的"致真"精神，也就是"为科学而科学、为求知而求知的理性精神"，从"功利化取向"转移到"对真理的追求，对自然的好奇"。需要指出，"致真"的科学精神是中华民族本来就具有的，"言必称希腊"是片面的，但我们仍要向西方人学习，学习他们重拾希腊文明，构建现代文明体系的历程。

国家科技投入的不断增加和几代科技工作者的不懈努力，让我国的科学技术水平取得了日新月异的进步和举世瞩目的成就。但也毋庸讳言，在科技发展过程中也出现了各种问题，比如现在国家开始重视的学术造假问题，学术造假表现为剽窃、抄袭、占有他人研究成果，或者伪造、修改研究数据等。诚然，科研工作是非常艰苦、枯燥的工作，需要有充足资金、先进设备、合适选题等条件，还需要大量时间和全身心的投入。为了完成各种评价指标，有些人选择了投机取巧。"板凳要坐十年冷"的说教在利益面前有时显得苍白无力，因此有人认为我国缺少西方的科学精神。

我们认为，"致真"是传统文化的精髓，也是科学精神的根本，科学精神是中华民族本来就具备的。我①于2017年9月入选"广东省科学道德

---

① 本篇中的"我"特指李烈军。

和学风建设宣讲团"成员后,在践行和推广"知行合一 致真立人"理念的过程中,对传统文化和科学关系的认识逐渐深入,发现由阳明心学出发,可以把科学研究统一到传统文化之中。

《中庸》里讲道:"君子尊德性而道问学。"对此,朱熹作了这样的解读:"尊德性,所以存心而极乎道体之大也。道问学,所以致知而尽乎道体之细也。"认为"尊德性"是"存心养性";"道问学"是"格物穷理"。朱熹和陆九渊都强调了"道问学"和"尊德性"的重要性,分别代表了宋代理学和心学不同的治学和教学路线。在著名的鹅湖会上,朱熹指斥陆九渊"太简",陆九渊指斥朱熹"支离"。《大学》里有"格物、致知、诚意、正心"之说,如果把"格物、致知"作为"格物穷理"的过程,"诚意、正心"作为"存心养性"的功夫,就会造成内外活动的支离破碎。王阳明"格竹子"失败的经历促使他最终完成了这种统一。

阳明先生在《传习录》中说:"身之主宰便是心,心之所发便是意,意之本体便是知,意之所在便是物。如意在于事亲,即事亲便是一物;意在于事君,即事君便是一物;意在于仁人爱物,即仁人爱物便是一物。"

科学研究是人类从事的一项活动。按照阳明心学的理解,科研活动就是"一物",而不应把"科学"作为一物。这样,对客观事物的探索就会转移到对科研活动本身的关注和反思,进而可以找到无法实现科研创新的根源。王阳明曾指出,"私欲隔断导致知行分离,不见知行的本体。只有'致那良知',也即止于至善,才能知行合一"。也就是说,私欲是阻碍科研活动"知行合一"的真正原因。

王阳明讲道:"格物者,格其心之物也,格其意之物也,格其知之物也;正心者,正其物之心也;诚意者,诚其物之意也;致知者,致其物之知也。"因此,格物、致知、诚意、正心就成了同一个过程,并非有先后顺序之分,格物的同时心也正了,意也诚了,知也致了。这样,从事科研活动只需要致良知、致真、保持真诚就可以了。

从以上角度可以看出,"致真"给出了从事科研活动的方法,不弄虚作假、保持真诚,才能在科学的殿堂中深入探索、取得创新、发现真理。正如笤帚自己不能扫地,仪器也不会科学研究。从事科研活动的主体是人,我们在所有活动中保持真诚,就会做好科研,取得创新。

有人把阳明心学视为主观唯心主义,这是非常错误的认识。同佛教的

"三界唯识""万法皆空"不同，阳明先生并没有否认客观"物"的存在，只是他把"心"和"物"融为一体，作为人类的活动、作为统一的整体去考察，强调了人的主体作用和主观能动性。《大学》作为一部重要的儒家经典，其"格致之学"就可以很好地指导科研活动，而科研活动只是人类从事的活动之一，如果把所有的活动都视为"一物"，科学就被涵盖在传统文化中了。又因为"致真"是传统文化的精髓，这就为我们恢复和重拾传统文化中的科学精神找到了依据。

如果早晨看到柳枝而雀跃，心有所感，意有所动，诗句脱口而出，这就是"诚"。在这里，"作诗"便是一物，因此"心外无物"，故"知行合一"，致良知。为什么诗论家写不好诗呢？他把"诗"当一物，格诗之好坏，致诗的知识。物、知、意、心流于支离，不是一体了。写诗最重要的是真诚！如果缺乏真诚，格律、辞藻都成了堆砌，没有灵魂。而"私心"成了写好诗的障碍。卖弄才华，言不由衷，渴望关注都是"私"！

尽管相隔了1500多年，王阳明和霍去病都是用兵如神的典范。王阳明巡抚赣南、平宁王之乱，霍去病五征匈奴、封狼居胥，军事上的成就都不可思议，如有神助。其实关键都在于一个"诚"字。平宁王之乱之时，千钧一发之际，如果阳明先生有一点私心，稍微犹豫，也难以取得胜利。而霍去病"匈奴未灭，何以家为"，千古之后，掷地有声。阳明把"格物"视为"正事"，那"打仗"就是一物，所以心意物融为一体，不会为结果纠结，方能随机应变。汉武帝让霍去病读兵书，霍去病却认为战场千变万化，不能拘泥于兵法。打仗是不能有私心杂念的。如果我们平时致良知、去私欲，谋划大事后，就不会以结果为虑。把进程中的每件小事做到最好，是否就能达到"至诚如神"的境界呢？

其实不只是写诗、带兵打仗，根据阳明先生对"物"的定义——心意所在，所有的事物都成为人的主观活动。这个道理同样可以扩展到各行各业，落实到每一个工艺环节，具体到每一个步骤，能不能做得好，能不能"知行合一"，关键是要能保持真诚，放下私心，不自欺欺人。这样，创新精神和工匠精神就落实到传统文化中，落实到"诚之者"的过程中，落实到"阳明心学"中，落实到"致真"的过程中了。

三、知行合一　致真立人

中国传统文化博大精深，传统文化典籍浩如烟海。我们一直在思考传统文化的精髓所在，并且不揣冒昧地总结了一个字——"真"。被人们所熟知的"三纲五常"并不是儒家的核心思想，它只是一种维护封建统治的秩序设计。儒家思想的"修齐治平"是积极入世的，但是以"格物、致知、诚意、正心"为基础的，只有具备以"真诚"为内涵的君子人格才能有益于社会。此外，佛教讲"实相"，道家做"真人"，儒释道的核心内涵都可以归结为"真"。而现代的科学研究是为了追求真理。社会主义核心价值观中的个人层面部分——爱国、敬业、诚信、友善，就包含了对"真诚"的表述，甚至可以说，"真诚"是作为一个公民应该具备的素质。

我们发现、归纳并总结出："致真"是传统文化的精髓，是科学精神的根本，是人才培养的目标，是人生（人类）的使命。"致真"教育的内涵包括如下几个方面：①获得真知；②趋近真实（真相）；③坚持（追求）真理；④保持真诚；⑤顺从真性；⑥实现真我。

习近平总书记在多次重要讲话中倡导"知行合一"，并且在多个场合勉励大学生要在"知行合一"上下功夫。我们认为，"致真"也要在"知行合一"上下功夫。"知行合一"是明代大儒王阳明亲身体悟后的理论创新。有人说它是道德哲学，我们认为：时代在发展，社会在进步，"知行合一"只局限在道德层面是不够的，从事科学研究，理论和实践结合也是"知行合一"的过程。更为重要的是，它是行动哲学，既要读万卷书，更要行万里路。每个人都应成为"知的践行者，行的思考者"，做到身体力行。"空谈误国，实干兴邦"，指手画脚不能解决任何问题。另外，它还是心性哲学，阳明先生在龙场悟出了"圣人之道，吾性自足"，在《中秋》诗中写道"吾心自有光明月，千古团圆永无缺"，临终遗言是"此心光明，亦复何言"。他告诉我们，人生是可以独立圆满的，这不依外境、不需外

求,"理要顿悟,事要渐修",人生的独立圆满也是"知行合一"的过程。

柯俊先生是创新大师、教育大师,我们要学习他的创新精神、立人情怀,和"自强不息、厚德载物"的君子人格。现在创新已摆在国家发展全局的核心位置,创新的根本在于人才。我们认为,"立人"就是帮助被教育者实现几个层次的独立:经济独立,有一技之长;思想独立,勇于挑战权威,才能不断创新;精神独立,不完全依赖于社会评价,才能"板凳要坐十年冷",坚持创新,矢志不渝;最终要使学生完成自我实现,达到人格独立。在科研上追求真理,在社会上真诚待人,并且真心明白自己的追求和兴趣所在,不自欺欺人,坚持科研创新。"致真"就是"立人"的灵魂,创新的保证。

回顾"知行合一 致真立人"的形成过程,大致可以分为如下三个阶段。

(1) 目标和追求的知行合一

苏轼的《观潮》诗写道:"庐山烟雨浙江潮,未到千般恨不消。到得还来别无事,庐山烟雨浙江潮。"耳听为虚,眼见为实,需要直接的体验,才能感受到庐山烟雨的空濛和钱塘江潮的壮阔。我们的人生就像在攀爬一座巍峨的高山,确定了目标就要努力攀登,实现目标的过程就是"知行合一",那意味着人生达到了新的高度,会有不一样的风景,会有不一样的感悟。但"欲穷千里目,更上一层楼",新的目标是对旧我的再次超越。人生要扎根生活、脚踏实地、志存高远,才不会心怀畏惧、好高骛远,不停下追求的脚步,才能感受更大的浙江潮、更美的庐山雾,不懈地努力达到自己生命的高度!

(2) 理论和实践的知行合一

明代大儒王阳明在《传习录》指出了"知"和"行"的关系——"真知即所以为行,不行不足谓之知"。"未有知而不行者,知而不行,只是未知。"陆游也说过"纸上得来终觉浅,绝知此事要躬行"。这是一个创新的时代,创新是时代的主题,只有理论和实践的完美结合,才能不断实现创新。笔者是"土生土长"的企业科技人员,实战作风是我们的特色。学习更多的知识有助于创新,但书本的理论只有通过不断实践,才会内化成真知,成为科研创新的"源头活水"。科研创新是理论和实践"知行合一"的过程,我们在科研创新的过程中很快乐,所以才有学者提出:"学而时习之,不亦说乎"中的"习"不是复习,而是践行。

(3) 知行合一的最终目标——"致真"

"不识庐山真面目,只缘身在此山中。"因为置身其中,就很难看清楚庐山的全貌。在生活中只有放下自我,或将"小我"融入更伟大的事业,才能逐渐明白人生的意义,找到生命的真谛。"知行合一"其实就是对"真"的认识和追求。以我的经历为例,对目标不懈追求,实现一个又一个目标,完成一次又一次超越,才能真实地体验生活;把理论通过实践不断内化为"真知",才能完成科研创新,追求真理;献身教育,把"小我"融入"立人"的崇高事业,终于找到了生命的真谛。因此,"知行合一"的落脚点是"真诚"。

被誉为群经之首的《周易》告诉我们"天行健,君子以自强不息;地势坤,君子以厚德载物"。这指出了精英人才的培养方向:对目标和理想的追求要像天体运行一样永不停息,同时要像大地一样具备承载万物的品德。我们认为,对自然科学的探索,要从古老的神州大地上、优秀的传统文化中吸取营养,只有厚德载物才能自强不息,才能培养创新精神和工匠精神。

"自强不息,厚德载物"是清华大学的校训。很多大学的校训都源自于儒家经典,校训是一个学校的灵魂,承载了历史传统、文化积淀和价值导向。华南理工大学的校训"博学慎思,明辨笃行"源自《礼记·中庸》,既要广泛学习,又要践履所学,这不正是"知行合一"吗?校训和家训一样,不是顺口溜,而是指导人们日常行为的准则,需要体悟和践行,才能形成良好的校风和家风,这就是"知行合一"的过程。传统文化的学习和继承也要有这种态度,采用这种方法。

在高校人才培养、科学研究、社会服务、文化传承创新的四大基本职能中,我们认为"人才培养"始终是核心和关键,教师的职责就是"树德立人"。根据我们对阳明心学的理解,老师不能把"学生"视为孤立的对象,这样就会产生分离、对立和区别;而在"立人"的教育活动中,做不好的原因就是私欲的隔断导致了知行分离,只有不断"致真"才能知行合一。从事科学研究也是这样,如果过分关注论文、专利、成果,可能会急功近利、弄虚作假,如果从关注目标、结果转为关注科研过程,只要"致

真"就可以了。以三尺讲台为例,如果没有达到良好的教学效果,就要真诚地反思:是否没有采取更好的教学方法?是否没有认真备课?自己是否没有讲清楚关键知识点?是否没有注意课堂互动?是否在讲课的过程中省了气力?……就这样在事上磨练,越来越清晰、细致地发现私心,逐渐趋于真诚,不断提高自己的教学水平,教学活动就能够圆满完成。而在进行科研活动的过程中,只要坚持"致真"的态度,就会不断阅读最新文献、改进实验方法、完善实验方案、验证实验结果、分析实验数据,尽管不是以科研创新为目的,却由于无数个环节的"致真"最终促使创新发生。

"天命之谓性,率性之谓道,修道之谓教"是《中庸》开篇的一句话。"天命"即"天理",因此"性即理"。知行分离、心理分殊是由私欲造成的,因此阳明先生把"格物"作为"正事",不论从事什么活动都要在事上磨练,致良知、致真,回复到知行合一的本体,道心、天理、真诚说的是一回事。"学为人师,行为世范",师道尊严,要做"一个高尚的人,一个有道德的人,一个纯粹的人,一个脱离了低级趣味的人,一个有益于人民的人"。身教胜于言传,这本身就是教育的过程、立人的过程。

陶行知先生曾经说过"千教万教教人求真,千学万学学做真人"。他指出了教育的本质在于"致真"。真的教育是心心相印的活动,"师德"的关键在于真诚平等,这也是教育的目标。"真人"教育是使被教育者形成"知行合一致真"的人生观、方法论、道德律,培养他们的独立精神、创新精神和平等精神,最终希望他们能够实现自我,达到或接近独立圆满的人生境界。教育的功能一旦确定为导人"致真",就可以从"为学日益"和"为道日损"两个方面去努力,引导被教育者努力开拓思想、增长见识、不懈追求,同时意识到不断"放下自我"。"为学日益"是东西方文化共有的,学习传统文化,尤其是西方哲学,不是按照别人的思想而思想,而是知道有不同的思想,不做井底之蛙,并能形成自己的思想。"为道日损""放下自我"却是东方文化所独有的。当然"致真"只是个人的追求,不要试图改良、改革和改造社会,那不是也不可能"知行合一"。这样创新和工匠精神就落到了实处。

2017年,中共中央办公厅、国务院办公厅印发了《关于实施中华优秀传统文化传承发展工程的意见》,每个教育工作者都需要去思考、落实。

我们建议在高等教育，尤其是理工科学生中开设传统文化的通识教育课，并且要有针对性，不是泛泛而谈，而是结合时代、抓住精髓、推陈出新，目的是引导大学生终身学习、体悟、践行传统文化，自觉运用到社会主义建设中去。

我从自己的人生经历中认识到，理论和实践相结合才能完成创新，因此尽最大努力给同学们创造实习、实践的机会。在我的团队中已经形成研究生培养的三部曲，包括：入学前一个月的"准研究生工厂实习"；理论学习期间的周末和假期实习；课题期间至少一年在企业实践工作。这样，便把课题落实到学生的自身规划、企业的实际生产和团队的项目研究中。此外我经常带领同学们参加各种社会活动，鼓励他们参加国际、国内学术会议，鼓励并资助他们开展各种活动，甚至通过旅游开阔视野。我在企业近三十年的经历是一笔宝贵的财富，使我在教书育人、科技创新、产学研合作等各方面有自己的心得。"广大科技工作者要把论文写在祖国的大地上，把科技成果应用在实现现代化的伟大事业中。"这是总书记的期待，也是人民的期待。科学家不仅要站在世界科技前沿，更要以解决国民经济和社会发展面临的关键科技难题为己任。我希望用自己的亲身经历告诉同学们，实践出真知，到国民经济建设的主战场去，用青春和汗水浇筑的梦想，才会开出灿烂的花朵，结出累累硕果！

作为教育工作者应该把帮助学生"独立"作为最高目的，苏格拉底讲"教育的技艺在于给学生提供最完美的利益"，教师的职责所在是努力提高自己的教育技艺，使学生最大地获益，报酬只不过是一种副产品。我主动请缨担任班主任，就是为了把自己的人生经历、生活感悟和科研所得教给下一代。因此，我带领大学新生参观广州农民运动讲习所旧址、黄埔军校旧址、请社会名流当兼职班主任、给学生举办励志和情商方面的讲座，自费组织学生到二十多家名企学习和参观交流，等等。我坚定地认为，和科学研究、服务社会相比，高校的基本职能仍然是人才培养。

"路漫漫其修远兮，吾将上下而求索"，我们不会停下自己追逐的脚步，同时将加强自己传统文化的修养，这又是一个"知行合一"的过程。因此"知行合一"博大精深，其大无外、其小无内，体现在我们工作和生活的方方面面。《周易·系辞》说："百姓日用而不知，故君子之道鲜矣。"

只有我们主动认识、领悟、运用"知行合一"的思想，才能发挥出它的强大力量。而"自强不息，厚德载物"也就是"致真"的人生追求，这不仅是精英人才的培养方向，而且是教育工作者、每个人的努力方向。要在科研上追求真理，在社会上真诚待人，并且真心明白自己的追求和兴趣所在，不自欺欺人，坚持科研创新。"真"就是"立人"的灵魂，创新的保证。

言论篇

　　本篇收录了作者公开发表的部分署名文章。为纪念对国家做出巨大贡献的"世纪巨匠，一代宗师"柯俊院士，在2017年第33个教师节来临之际，作者撰文在《中国科学报》整版发表署名文章《致真立人 中华骄傲》，并被人民网等媒体转载，引起了较大的社会反响。另外还收录了庆贺先生百岁华诞以及先生去世后的纪念文章。此外还包括纪念阳明先生和《诗悟人生》出版发行过程中的几篇文章。

　　这些文章分别从不同角度阐述了"知行合一 致真立人"的理念，表明了作者古为今用、中西结合的治学态度，以及结合传统文化和现代科学实现"立人"目标的致真追求。（这些文章写成或发表于不同时期，存在少量与前文重复的内容，为保持文章的完整性，收录时未作大幅改动。）

一、纪念柯俊先生文章

致真立人　中华骄傲
——纪念柯俊先生①

李烈军　霍向东

中国共产党优秀党员，我国著名科学家、教育家，中国科学院院士，我国金属物理、冶金史学科奠基人，北京科技大学教授柯俊，于2017年8月8日7时29分因病在北京逝世，享年101岁。

柯俊院士逝世后，习近平总书记致电表示哀悼，对家属表示慰问。李克强、张德江、俞正声、刘云山等领导同志，对柯俊先生逝世表示哀悼，对家属表示慰问或敬献花圈。党和国家领导人对柯俊的贡献给予了充分的肯定。

"柯俊院士是我国金属物理专业奠基人，古代冶金现代实验方法开拓者和我国工程教育改革领航员"，已故中国国家最高科学技术奖获得者、两院资深院士、著名金属学及材料科学家师昌绪曾这样评价柯俊。

中国工程院院士徐匡迪认为"柯俊先生是一位坚定的爱国者，是一位具有战略思想的科学家、教育家。柯俊先生学风严谨、淡泊名利、提携后学，为广大科技工作者做出了光辉榜样"。

创新精神　立人情怀

柯俊先生祖籍浙江黄岩，1917年6月23日出生于吉林长春。七岁开始在吉长铁路子弟小学、附属中学接受教育，14岁进入沈阳郊区北岭的辽宁三中读高中。"九一八事变"爆发后，他流亡到天津的河北一中继续学

---

① 《中国科学报》2017年9月8日刊登文章，内容有删改。

业，后考入河北工业学院。1937年7月20日天津沦陷后，柯俊在武汉大学理学院化学系借读，1938年毕业。抗日战争中，柯俊先负责民营工业的搬迁工作，后赴越南、缅甸、印度组织抗战物资的运输，曾到印度塔塔钢厂考察、实习。

1944年，柯俊赴英国留学，博士毕业后取得伯明翰大学的终身教职。1951年，柯俊首次发现并提出钢中贝茵体（或称贝氏体）的切变机制，后来《钢铁金相学》以他的姓氏将无碳贝茵体命名为"柯氏贝茵体"，而柯俊本人则被国外同行称为Mr. Bain（贝茵体先生）。

1953年8月，柯俊携妻挈子绕道印度，经香港返抵广州。1954年，在北京钢铁学院（现北京科技大学）任教，创立了中国第一个金属物理专业，参与创办了第一个冶金物理化学专业。他还是中国电子显微镜学会的创始人之一，亲手组建了电子显微学的师资队伍。

1974年，柯俊开创组织并亲自参加利用现代仪器分析考古金属文物的中国冶金史研究，并在北京科技大学创设了"科学技术史"国家重点学科。

20世纪90年代初，柯俊积极推动中国高等工程教育改革。1996年在北京科技大学组建了被誉为"大材料"的教育改革实验班。

柯先生有着深沉的钢铁情怀，年轻时国破家亡、山河破碎的残酷现实，促使先生树立了"科技报国、钢铁强国"的志向，并终身知行合一、筚路蓝缕、矢志不渝。20世纪90年代中期，"钢铁工业是夕阳工业"的论调甚嚣尘上，先生一面痛加批驳，科学地论述了钢铁发展和人类文明的关系，一面考虑到钢铁发展给资源、环保、交通等带来的巨大压力，积极推动新一代钢的发展，并于2000年10月至2003年9月亲自指导了"973"项目组"新一代钢的薄板坯连铸连轧工艺基础研究及材料性能特征研究"，我们都有幸参与其中。

我们曾用一首七言律诗总结了柯先生的主要成就和贡献。当然，先生的功业绝不仅这些，科学出版社出版了《柯俊传》，冶金工业出版社出版了《柯俊画传》，对先生的生平、情怀和成就进行了更为详细的介绍。

百年钢铁强国梦，一世慈柔育人情。
四海贝茵传美誉，五洲电镜聚良朋。

  冶金考古辟蹊径，材料通识大道行。
  金物神州遍桃李，恩师欣慰笑东风。

  在"沉痛悼念柯俊先生"微信群里，我们看到这样一段话："柯俊先生是跨界创新的丰碑：20岁理学，40岁工学，60岁史学，80岁教育学，100岁投身医学。"创新精神的确贯穿了先生的一生，他的创新精神源于深深的家国情怀，祖国和人民的需要就是先生的追求，因此先生老当益壮、愈老弥坚，然而"投身医学"是怎么回事呢？

  2017年8月17日，柯俊先生的遗体捐献仪式在武昌举行。根据其生前遗愿，他的遗体捐献给母校武汉大学用于医学教学和科学研究，为国家的教育科学事业做出最后的贡献。我们听闻后几乎要落泪了，这是一项最艰难、最高尚的人生抉择。佛家告诉人们"常念生死"，一个人在死亡面前，所作所为仍是奉献。由此可见先生的人格，并没有半点虚假。

  很多人都知道了先生的伟大，但我们怎样去学习先生，践行人民教师的光荣使命，做好学生的引路人呢？"父母赐我骨肉，恩师教我树立"，教师肩负着传递文化、思想和精神的使命，因此教育不仅是一种事业，而且是一种传承。毋庸讳言，人早晚都会离开这个世界，也很少有人能取得柯先生这样的功业，但是人类历史就是这样薪火相传，要尽量地发光、发热，为文明和进步增添一束明亮的火焰！

  在第33个教师节即将来临之际，我们呼吁广大教师都应该思考、学习和践行先生的创新精神和立人情怀。正是由于博大的立人情怀，才为创新提供了源源不竭的动力；而正是由于不断创新，才使先生具有了山高海阔的胸怀！为此，我们撰联一副，以敬先生：

  一腔热血，两袖清风，百年曾有先生在；
  高山仰止，景行行止，九州更待后人来。

自强不息　厚德载物

  "自强不息，厚德载物"，出自中国群经之首的《周易》，意思是说：对目标和理想的追求要像天体运行一样永不停息，同时要像大地一样具备承载万物的品德。它是中华民族的文化标识,定义了中华民族个人和集体的君子人格,也是柯先生一生的写照。

柯先生不但在科研上,而且在教育中努力进取,敢为人先,并且到晚年仍旧勤奋好学,不断更新知识。由于日寇入侵,他两次中断学业,两次被迫流亡,仍旧顽强地坚持到大学毕业,并毅然选择了"科技报国"的道路,远赴英伦求学。在"文化大革命"中柯先生受到不公正待遇,甚至被体罚、打扫厕所,但先生有着坚定的信仰,默默承受着,并且在花甲之年加入了中国共产党。坚持学习、坚持创新、坚持信仰,体现了先生自强不息的奋斗精神。

正如屈原《离骚》中的名句:"亦余心之所向兮,虽九死其犹未悔。"我们在思考,是什么支撑着柯先生坚定的信仰和蓬勃向上的精神?正是从古老的神州大地上、优秀的传统文化中汲取营养,才使先生成为国家的栋梁。

西风东渐,对以儒家思想为主的传统文化造成了很大冲击。的确,对自然世界的探索需要自强不息的精神,但是离开了文化自信,缺少了厚德载物,个人成长就是无源之水、无本之木。而今,柯先生的离世,标志着北京科技大学以魏寿昆先生、柯俊先生、肖纪美先生为代表的大师时代的终结!有人感叹大师级的人物越来越少了,这其中的原因很复杂,但对大师的定义绝对不仅是学术上的成就,还包括传统意义上的"厚德载物",而这离不开传统文化的滋养。

《柯俊传》中收录了先生的发言和信件,文采斐然,书法美观。如勉励毕业生的报告中"万里始足下,高山起微尘;无绵绵之事,则无赫赫之光";感谢柳得橹教授的书信中"虽属残烛余芒,难尽移山之功,仍存衔石之愿,用极管鲍深谊,池草厚望"。大师级别的人物一般都写得一手好字,许多人都擅长作诗为文。听过肖纪美先生讲座的人,一定会对先生的诗词印象深刻。据说,数学大师华罗庚热爱中国传统文化,留下了许多诗文。而现在的理工科学生对传统文化略知皮毛就很不错了。

中华民族在5000年的文明史中创造了辉煌灿烂的文化,中华优秀传统文化是中华民族的"根"和"魂",涵养着深厚的文化自信。习近平总书记指出,培育和弘扬社会主义核心价值观必须立足中华优秀传统文化。

中国传统文化博大精深,传统文化典籍浩如烟海。我们一直在思考传

统文化的精髓所在,并且不揣冒昧地总结了一个字——"真"。被人们所熟知的"三纲五常"并不是儒家的核心思想,它只是一种维护封建统治的秩序设计。儒家思想的"修齐治平"是积极入世的,但是以"格物、致知、诚意、正心"为基础的,只有具备以"真诚"为内涵的君子人格才能有益于社会。此外,佛教讲"实相",道家做"真人",儒释道的核心内涵都可以归结为"真"。而现代的科学研究是为了追求真理。社会主义核心价值观中的个人层面部分——爱国、敬业、诚信、友善,就包含了对"真诚"的表述,甚至可以说,"真诚"是作为一个公民应该具备的素质。

有人说中国人没有信仰,其实中国人是有信仰的,我们相信自己,不依赖外部的力量。盘古开天、夸父追日、精卫填海等神话故事体现的是中华民族用自己双手改天换日的认识、勇气和追求。"悟"成为东方文化的性格气质,通过领悟,每个人都可以超凡入圣,这说明传统文化滋养下的中国人有无限的可能性。"悟"主要是突破思想的局限,逐渐放下自我,断除私欲,不断提高自己的境界,开阔自己的胸怀,最终实现人格的圆满。王阳明讲"满大街都是圣人",佛教讲"人人皆可成佛",说的是同一个意思。

但"悟"是一个过程。"人非圣贤,孰能无过",能像颜回那样"不贰过"已是很罕见了,中国人向来"隐恶扬善",但说一个人没有缺点本身就是虚假的。我在北京科技大学上学时,也偶尔会听到对柯先生善意的评论。先生并不是生而知之,也并非天生完人,他正是在"为学日益,为道日损"的过程中达到别人难以企及的高度。我们在这里学习先生,不但要学习先生的成就和情怀,也要学习先生的成长和圆满的过程,逐渐放下私欲。圣人并不是可望不可即的,就像攀爬高山,只有"知行合一",才能逐渐接近目标。在努力追求的过程中,逐渐放下自我——"自强不息,厚德载物",是超凡入圣的途径。

抗战期间,柯先生在印度工作将近三年,对佛教有较深的了解。印度人相信来生,他们通过佛教努力修行是因为把希望寄托于来生;中国人骨子里没有来生的概念,中国哲学是积极入世、积极进取的,"厚德载物"是"自强不息"的保障。王阳明把佛学归为"五溺之学",后来重归儒家正统,实现了三不朽,并且创立了心学,这是回归传统的过程,但他的思想明显受到了佛学的影响。因此,我们应该有海纳百川的胸怀,立足于社会主义核心价值观，洋为中用，古为今用，大力弘扬创新精神。

柯先生在生死之际做出捐献遗体的选择，不是一时冲动，而是深思熟虑的结果。弥留之际，先生勇于直面生死，没有把希望寄托于来生，也不再贪恋俗世的荣华富贵，而是选择了为国家和人民奉献自己，把最后一丝光和热留在了人间。先生实现了圆满，境界得到了升华。我们现在还达不到这个境界，但我们可以向先生学习，是怎样努力追求、放下自我的。"见贤思齐"是不够的，还需要"知行合一"。

最近看到一篇文章《向死而生》，作者通过思考死亡得到人生的平静和快乐。这恰如缘木求鱼，烦恼产生正是由于私欲，渴望平静和快乐还是为了"自我"。有人说中国缺少创新精神是由于单一的价值取向，财富和地位仿佛已经成了衡量成功的唯一标准。其实中国人不乏理想主义色彩，孔子这样评价他的学生颜回"一箪食，一瓢饮，在陋巷，人不堪其忧，回也不改其乐，贤哉回也"。还有挂瓢洗耳的许由，不食周粟的伯夷、叔齐，不为五斗米折腰的陶渊明，到近代饿死不吃美国救济粮的朱自清，以及我们正在缅怀的柯先生。我们要学习、挖掘、践行，恢复传统文化清澈和活泼泼的源流。

有人发表文章，讨论人们关注娱乐明星的绯闻，而没人评论柯先生的离世，并感叹"英雄枯骨无人问，戏子家事天下知"。我觉得这本身就是不公平的，其一娱乐明星也有对社会的贡献，其二作者还是用"名利"这一把尺子衡量成功，没有建立多元价值取向的概念。柯先生淡泊名利，肯定也不愿看到这种争论。

知行合一　致真立人

柯先生是当之无愧的教育大师，不仅授人以渔，而且教育思想已上升到哲学高度，语言更充满了智慧。记得在"柯俊院士百岁华诞座谈会"上，有位领导发言讲到柯先生的点点滴滴，其中有先生总结进行科学研究的体会，"为了生存，必然不深；为了名利，必然不真"，真是发人深省、振聋发聩。如今，国家加大科技的投入，科研人员不用再"为五斗米折腰"，"名利"就成了每个人的试金石，弄虚作假等学术道德问题引起社会的关注。

社会呼唤真诚，科学追求真理，但为什么还有弄虚作假的现象发生？

著名物理学家史蒂芬·霍金认为，人类携带了"自私、贪婪"的遗传密码。社会发展是释放私欲和对治私欲协调统一的结果。不同于宗教对外部的依赖，中华传统文化强调通过个人修养可以实现人生的圆满。有一定阅历的人，都会领悟到人生需要"放下"，要逐渐放下私欲、放下自我，"真"不但是科学和社会的需要，而且是个人快乐、解脱的唯一途径，弄虚作假无异于饮鸩止渴、火上浇油。真善美常被认为是人类的理想和追求。不同于善恶、美丑，真和假之间没有过渡，非假即真，或者可以说"假"是人类偏离"真"的一种认识和行为，有客观有主观，或被动或主动。远离假就趋向真。

《道德经》中讲明了"致真"的途径——"为学日益，为道日损"。从《柯俊传》中我们可以看到先生"为学日益"的过程，通过学习、实践、创新追求真理。"远离客观的假"是现代自然科学的动机，日心说、进化论的产生都是趋于"真"的结果。我们没有机会进入柯先生的内心世界，也无法臆测先生的心路历程，但先生的人生一定是逐渐圆满的，先生一定是逐渐放下"小我"，才能对国家和人民做出这么巨大的贡献，并最终做出捐献遗体的重大抉择。"为学日益"是东西方文化共有的；而"为道日损"，放下自我，却是东方文化所独有的。"真"不是我们天生就具备的，世界上也没有绝对的"真"，"致真"没有终点，我们永远都在路上！

共产主义社会是人类崇高、伟大的理想：那时人类对自然界有深入的认识，生产力高度发达，物质极大丰富，并且根本不需要自私，各取所需，远离了主观、客观、主动、被动的假，处于"真"的状态。因此可以说，共产主义社会也是全人类的"致真"追求。党的十九大召开在即，五年耕耘、砥砺奋进，在中国共产党的领导下，国家取得了巨大的成就。而我们的"致真"追求，就会融入到社会主义的伟大建设中。共产主义社会尽管遥远，但"万丈高楼，起于垒土；不积跬步，无以至千里"，涓涓细流可以汇成共产主义的伟大事业。

习近平总书记在多次重要讲话中倡导"知行合一"，并且在多个场合勉励大学生要在"知行合一"上下功夫。我们认为，"致真"也要在"知行合一"上下功夫。

"知行合一"是明代大儒王阳明亲身体悟后的理论创新。有人说它是道德哲学，我们认为：时代在发展，社会在进步，只局限在道德层面是不够的，从事科学研究，理论和实践结合也是"知行合一"的过程。更为重要的是，它是行动哲学，既要读万卷书，更要行万里路。每个人都应成为"知的践行者，行的思考者"，应身体力行。"空谈误国，实干兴邦"，指手画脚不能解决任何问题。

柯先生的一生是"知行合一"的过程。他在求学路上排除万难，完成学业；在抗日期间不畏艰辛，救亡图存；在科学殿堂勇于探索，登峰造极；为教育事业呕心沥血，桃李芬芳。他锐意创新，不断超越自我，达到自己生命的高度，终成一代宗师。并且他在生死之际，完全放下自我，达到人生的圆满。

然而仅将"知行合一 致真立人"作为人生追求是不够的，它已经成为我们的教育理念。要引导学生把"知行合一"作为方法论和人生指南，不断探索，努力追求，深化、内化成真正的才能、思想和精神，实现几个层次的独立：勤奋学习，拥有真知，实现经济独立，这是创新的基础；博采众长，追求真理，实现思想独立，这是创新的前提；体悟真心、展示真诚，实现精神和人格独立，这是创新的必要条件。

柯先生还讲过："老师能教给你他不会的东西吗？"当然不能！"弟子不必不如师，师不必贤于弟子"，这需要学生有独立的思想，而老师要有开放的心态，互相切磋，教学相长，这样才能不断进步。精神独立就是有丰富的精神世界，不依赖于社会地位和社会评价而存在，如此才能"板凳要坐十年冷"，坚持创新，矢志不渝，这也是创新的必要条件。

作为教育工作者应该把帮助"立人"作为最高目的，苏格拉底讲"教育的技艺在于给学生提供最完美的利益"，教师的职责所在是努力提高自己的教育技艺，使学生最大地获益，报酬只不过是一种副产品。德国伟大的哲学家康德说过"人是目的，不是手段"，教育工作者必须把"立人"作为目的，立人就是立己。

教育者在引导被教育者"致真"的过程中，自己也会一起进步，因为"立人"本身就是"致真"。人执着于自我，但不可能为别人执着，因此"立人"是"放下自我"的最佳途径，并最终使人获益！《金刚经》上讲"无住相布施"的"福德不可思量"，其实就是"致真立人"能够取得不可估量的成就。教师的职责是让被教育者获取最大的利益，其水平由学生的成就衡量，就像医生的水平通过救死扶伤提高一样。"无利不起早"的

人永远不会成为顶尖高手。

柯先生从教60多年,为国家和人民培养了许多院士、科学家、工程师等各行各业的栋梁之材,在冶金、材料界何止"三千众弟子,七十二贤人"!用下面的对联表达我们对教育大师的敬重:

春风化雨,沐材料后生学子,灼灼桃李满天下;
流水朝宗,仰冶金北斗泰山,赫赫精神炳千秋。

我们都有幸聆听过先生的教诲,是名副其实的钢铁人,并且现在都成为了光荣的人民教师。能在教育和钢铁研究两个领域继承先生的事业,我们感到无比的骄傲、自豪。"先生,您在或不在,有何关系?因为,我们已成了您。"

当年,正是看到"落后就要挨打"的残酷现实,先生毅然选择了"钢铁强国"的道路。让先生欣慰的是,我们不再为没有"铁和钢"发愁,尤其是改革开放三十多年来,在波澜壮阔的发展历程中,我们实现了"钢铁大国梦",以先生为代表的每个"钢铁人"都功不可没。目前我国钢铁产能虽然面临严重过剩的困难,但我们对我国在不远的将来成为钢铁强国充满信心。我们将更加努力地进行钢铁研究,为实现钢铁强国的目标努力奋斗,以告慰先生。

最近有个消息令"钢铁人"振奋。国际权威学术期刊《科学》杂志于8月24日发表了中国京港台三地科学家的合作科研成果,他们发明的一种超级钢实现了钢铁材料在屈服强度超过2000兆帕时延展性的"巨大提升"。具有超高强度的金属材料通常应用于汽车、航空及国防工业,但材料的强度与延展性通常是"鱼与熊掌不可兼得"。这项工作解决了一个世界级难题。

我们于8月30日赴香港大学访问了该论文第一作者和通讯作者之一的黄明欣博士团队,这也是对黄明欣博士团队6月30日访问我们课题组的回访。在参观和交流后,双方达成了全面的合作共识,先进钢铁材料大有可为!

有人说钢铁产业是夕阳行业,不会再有发展;有人说钢铁材料是传统材料,难以取得突破,不能发高水平的论文。但我们中国人有改天换日的认识、勇气和追求，把不可能变为可能。中华民族和中国人相信自己，我们的未来有无限的可能，中华骄傲！柯先生是老一辈科学家和教育家的代表，我们有责任把教育和科学的事业继承下去。我们要像先生一样，在这片古老而生机勃勃的神州大地上演绎精彩人生，用无数的精彩人生描绘成绚丽多彩的伟大中国梦！

世纪巨匠　仰之弥高[①]

霍向东

2016年6月23日是柯俊院士的百年华诞。柯先生是北京科技大学教授、中国科学院院士，材料物理学家及科学技术史学家。我是柯俊先生学生的学生，受到的大多是先生的"不言之教"，而离开母校越久，越能感受先生对我的影响。

1989年我被北京科技大学金属物理专业录取，那时柯先生已过古稀之年，迎新讲座上柯先生鼓励我们继续深造，当年金属物理专业招本科生21名，研究生22名，这在那个年代是罕见的。金属物理专业名师众多，但每位老师提起先生都肃然起敬。由于先生的言传身教，金属物理专业的学风严谨是出了名的，记得有同学抱怨课程繁重、考试严格，但这为我们后来的工作和科研打下了坚实的基础。

1997年我回母校攻读硕士学位，柯先生在迎新大会上批评了只重模拟不做实验的科研倾向，让我至今记忆犹新。师从柳得橹教授攻读博士学位期间，和先生有了近距离的接触，先生诲人不倦，有时会在校园里站着和我们谈很久。先生一向提倡：科学发现需要有扎实的理论基础和勤奋刻苦的精神，不能仅依赖于高精尖的实验设备。先生经常鼓励我们不但要多读书，还要重实践。

柯先生思路很清晰，总能提纲挈领、把握全局。2000年在密云"973项目"的会议休息间隙，柯先生谈到研究新一代钢的目的，就是在控制能的基础上满足社会对钢铁的需求，现在钢铁产业的形势证明了先生的未

[①] 《北京晨报》2016年6月23日刊登文章，内容有删改。

雨绸缪、高瞻远瞩。

"父母赐我骨肉,恩师教我树立",教师肩负着传递文化、思想和精神的使命,因此教育不仅是一种事业,而且是一种传承。我们所有人都称呼柯老为"先生",感觉这样称呼他时自己特别光荣,因为我们同根同源,沐先生恩泽,承先生雨露。"桃李不言,下自成蹊",柯先生的精神已遍洒科大校园,融汇在"学风严谨、崇尚实践"的优良传统里,体现在"求实鼎新"的科大校训里!

北京科技大学被誉为"钢铁摇篮",先生就是最早摇着它的保育员;我们的老师大多是先生的学生,我们的血液中已融入了治学严谨、一丝不苟的学风。我们深信:大学非大楼之谓也,乃大师之谓也!大楼只有一时的华贵庄严,而大师的精神如高山耸立,将永久流传!

为了庆祝柯先生百年华诞,柯先生的学生们集体创作了三首诗歌,一副对联,格律难言工整,但篇篇饱含深情。

贺柯先生百年华诞
其一(七言诗)

百年钢铁强国梦,一世慈柔育人情。
四海贝茵传美誉,五洲电镜聚良朋。
冶金考古辟蹊径,材料通识大道行。
金物神州遍桃李,恩师欣慰笑东风。

其二(五言诗)

巍峨山仰止,声名天下扬。
贝茵独创派,电镜首提倡。
金物领航向,钢铁铸华章。
辟径冶金史,贯通材料墙。
百年树桃李,四海共芬芳。

其三(藏头诗)

祝福说不尽,柯尊高山仰。
先创贝茵派,生辉电镜场。

百千门生里，岁岁业绩扬。
生活很朴素，日夜思铁钢。
快心冶金史，乐说恩师长。

其四（对联）

春风化雨，沐材料后生学子，灼灼桃李满天下；
流水朝宗，仰冶金北斗泰山，赫赫精神炳千秋。

（诗歌撰写参与人：柳得橹、夏洋、王元立、杨余波、陈清、古宏伟、王树涛、李忠义、倪晓青、柏明卓、娄艳芝等。）

秋风夜雨忆先生[①]

霍向东

立秋那天上午，微信群里就传出柯俊先生离开的消息，大家都非常悲痛。但随后听到其病情暂时稳定，感叹先生生命力的顽强，同时默默地为先生祈福。8月8日上午7点29分，我们敬爱的柯先生在中日友好医院安详地走了。

今年夏天的江南出奇的热，这两天秋风乍起、大雨如注，先生离去惊风带雨，一定是非常人了！在这秋雨秋风之际，窗外蛙鸣阵阵，夜不能寐，写下这段文字。

柯俊先生是中国共产党优秀党员，我国著名的科学家、教育家，中国科学院院士，我国金属物理、冶金史学科奠基人，北京科技大学教授。先生祖籍浙江黄岩，1917年6月23日出生于吉林长春。

2016年，为庆祝先生百岁华诞，科学出版社出版了《柯俊传》，冶金工业出版社出版了《柯俊画传》，对先生的生平、情怀和成就进行了详细介绍。在我的博士生导师柳得橹教授的倡导下，我们在《北京晨报》集体发表了纪念文章《世纪巨匠　仰之弥高》，其中有首诗是学生对先生的认识：

[①] 《中国冶金报》2018年8月18日刊登文章，内容有删改。

> 百年钢铁强国梦，一世慈柔育人情。
> 四海贝茵传美誉，五洲电镜聚良朋。
> 冶金考古辟蹊径，材料通识大道行。
> 金物神州遍桃李，恩师欣慰笑东风。

那年，来自中国科学院、中国工程院的14位院士，以及北京科技大学教师、柯先生家属及学生代表等二百余人，参加了"柯俊院士百岁华诞座谈会"。我有幸同柯先生、柳老师在一起交流，并留下了一张珍贵的合影，代表了学术相传和师承关系。

我是柯俊先生的再传弟子，受到的大多是先生的"不言之教"，和先生接触并不太多，但离开学校越久，越能感受先生对我的影响。

1989年我被北京科技大学金属物理专业录取，从偏僻的渤海湾来到神圣的学术殿堂，兴奋不已。老乡于文波告诉我，北京科技大学高精尖的设备都放在金物楼里，这话当然有些夸张。后来知道，柯俊先生是我国金属物理的奠基人，是中国电子显微镜学会的创始人之一，积极倡导并亲手组建电子显微学的师资队伍，当时北京科技大学拥有多台高级电子显微镜，日本JEOL公司赠送的透射电子显微镜JEM100CX-Ⅱ就放在金物楼的电子显微镜室。由此可以看出柯先生在学科组建和布局时的高瞻远瞩，但是先生又多次强调：科学研究不能仅依赖于先进的实验设备。其实这并不矛盾，在以后的工作中我逐渐认识到，科学发现首先需要有扎实的理论基础和勤奋刻苦的精神，实验设备只是工具、是外因。据说，著名的贝氏体切变机制就是在金相显微镜下观察到金属表面的浮凸效应后提出的，这也为先生在国际上赢得了"贝茵体先生"的美誉。

大学入校时我17岁，那时柯先生已过古稀之年，迎新讲座上柯先生鼓励我们继续深造，当年金物招本科生21名，研究生22名，这在那个年代是罕见的。金属物理名师众多，但每位老师提起先生都肃然起敬。教"量子力学"课程的曹国辉老师讲过一件小事，柯先生参加会议、听学术报告严肃认真，会后看先生的笔记，记录详细、整整齐齐、一丝不苟。在老师和学生眼中，柯先生就是学术的高山、做人的标杆，因此形成了金属物理学风严谨的优良传统，没有人敢在学术道德上越雷池半步。记得有同学抱怨课程繁重、考试严格，但这为我们后来的工作和科研打下坚实的基础。

1997年我回母校继续攻读硕士学位，柯先生在迎新大会上批评了只重模拟不做实验的科研倾向，我至今记忆犹新。当时随着计算机和科学技术的发展，可以借助数值模拟分析一些过程和现象，但是没有实验数据的支撑，就是空中楼阁、镜中之花，柯先生及时对这种情况进行了纠正。师从柳得橹教授攻读博士学位期间，我和先生有了近距离的接触，先生诲人不倦，有时会在校园里站着和我们谈很久。

柯俊先生有着深沉的钢铁情怀，年轻时国破家亡、山河破碎的残酷现实，促使先生树立了"科技救国、钢铁强国"的志向，并一生矢志不渝。20世纪90年代中期，"钢铁工业是夕阳工业"的论调甚嚣尘上，柯先生不但痛加批驳、参与决策，而且于2000年10月至2003年9月亲自指导了"973"项目组"新一代钢的薄板坯连铸连轧工艺基础研究及材料性能特征研究"，我有幸参与其中。记得有一天下午在北京科技大学主楼讨论项目进展情况，柯先生认真听取项目组汇报，指出问题、提出意见、出谋划策，直到夜幕降临，仍旧不知疲倦。当听到"奥氏体非再结晶区"的提法时，柯先生肯定地说："不对，再结晶是有条件的，不是不能发生再结晶，而是还没有发生再结晶。"这确实是一个研究人员的疏忽，但由此可以看出柯先生思路清晰、理论深厚、一通百通的大家风范。后来，该项目研究成果获"中国高等学校十大科技进展奖"，并于2004年荣获教育部科技进步一等奖。

柯先生总是能够提纲挈领、把握全局，提前发现问题，抓住主要矛盾。21世纪初，中国的钢铁工业迎来了再次辉煌，引领着世界钢铁工业的发展，然而在2000年北京密云的"973项目"会议期间，柯先生表现得忧心忡忡。会议间隙在一个会议室里，我听到柯先生不无忧虑地说，按照发达资本主义国家的人均标准，我国的年产钢量要5亿吨，然而资源、环保、交通等将不堪重负。因此发展新一代钢的目的，就是在控制产能的基础上满足社会对钢铁的需求。言犹在耳，触目惊心，目前我国的钢铁产能已超过10亿吨，不得不面临着严峻的结构调整。目前钢铁产业的形势再次证明了先生的高瞻远瞩、未雨绸缪。

柯先生还是一名高等工程的教育家，我曾撰联一副：

春风化雨，沐材料后生学子，灼灼桃李满天下。

流水朝宗，仰冶金北斗泰山，赫赫精神炳千秋。

先生在冶金、材料界何止"三千众弟子，七十二贤人"！柯俊先生是"大材料"人才培养改革的创始人，我做博士后期间的导师翟启杰教授讲了这样一段往事：柯先生把他叫到办公室聊大材料专业改革，一谈一个半天，非常谦和认真。翟老师请英国伯明翰大学教授来铸造教研室做报告，柯先生给他打电话很谦卑地商量："母校的老师来了，我可否来听母校教授的报告？"至今回想起来，翟老师仍旧唏嘘不已。

柯先生是当之无愧的教育大师，不仅授人以渔，而且教育思想已上升到哲学高度，语言更充满了智慧。记得在"柯俊院士百岁华诞座谈会"上，有位领导发言讲到柯先生的点点滴滴，其中有先生总结的进行科学研究的体会"为了生存，必然不深；为了名利，必然不真"，真是发人深省、振聋发聩。如今，国家加大科技的投入，科研人员不用再"为五斗米折腰"，"名利"就成了每个人的试金石，弄虚作假等学术道德问题引起社会的关注。柯先生还讲过："老师能教给你他不会的东西吗？"当然不能！作为学生要力争"青出于蓝而胜于蓝"，而做老师要不断提高自己，勇于承认自己的不足。"弟子不必不如师，师不必贤于弟子"，关键是要有开放的心态，互相切磋，教学相长，这样才能不断进步。

还是在"柯俊院士百岁华诞座谈会"上，一位老人悄悄地坐着轮椅来到现场，我大学时代的班主任尚成嘉教授赶忙去照顾，许多人肃然起立，后来才知道他就是金属物理的"四大名旦"之一方正知院士。四位先生分别是柯俊院士、肖纪美院士、方正知院士、张兴钤院士，恍惚间我想找肖先生请教诗词，突然想起肖先生已故去两年了。而今，柯先生的离世，标志着北京科技大学以魏寿昆先生、柯俊先生、肖纪美先生为代表的大师时代的终结！但是他们的事业仍在，精神长存，融汇在"学风严谨、崇尚实践"的优良传统里，体现在"求实鼎新"的科大校训里！为后生学子树立起一座不朽的丰碑！也许先生的名字会被人淡忘，但是他们的精神和思想已经洒遍科大校园，影响着每个学生的成长。

"父母赐我骨肉，恩师教我树立"，教师肩负着传递文化、思想和精神的使命，因此教育不仅是一种事业，而且是一种传承。毋庸讳言，我们都会死的，可能很少有人能达到柯先生所有的功业和影响，但是人类历史就是这样薪火相传，要尽量地发光、发热，为文明和进步增添一束明亮的光焰！

好友罗海文教授说得很对：在墓碑上刻上公式，在教科书上留下名字，才是真正的科学家！天色渐亮，雨住风停，仍旧蛙鸣阵阵，又加了几声鸟啼。最后以一首七言律诗寄托对先生的哀思，表达对先生的敬重！

悼柯俊先生

(2017年8月9日凌晨于江苏镇江"致真斋")

纵使先生福寿长，犹惊归去太匆忙。
一腔热血今方冷，满地秋风昨始凉。
致力冶金成大道，献身教育为国强。
泰山北斗神不朽，崛起中华有栋梁。

二、纪念阳明先生文章

中华优秀传统文化的"致真"精神①

——阳明心学与文化自信之我见

李烈军　霍向东

中华民族在五千年的文明史中创造了辉煌灿烂的文化，中华优秀传统文化是中华民族的"根"和"魂"，涵养着深厚的文化自信。习近平总书记指出，培育和弘扬社会主义核心价值观必须立足中华优秀传统文化。中国传统文化博大精深，传统文化典籍浩如烟海。传统文化的精髓是什么？怎样学习、继承传统文化？如何实现文化创新？我们认为，关键在于——"致真"。

---

① 原文为2018中国·贵阳（修文）国际阳明文化节参会论文，内容有删改。

"心即理"对"性即理"的超越

王阳明从小就立下做"圣人"的志向,并且受当时风靡天下的朱子学的影响,通过专心致志地"格竹子"寻求圣贤之道,但是他失败了。

儒学发展到唐宋,逐渐融合了道家、佛教(尤其是禅宗)的思想,产生了新儒家。北宋的张载特别强调"气"的概念,认为气的聚散决定了万物的生成和消亡。程颐和朱熹又推导出"理"的观念,由于"理"的不同产生了万物的分类。朱熹的"性即理"说认为:心也是由"理"和"气"共同产生的,理只是善[1],但由于禀受的"气"有清有浊,就产生了善与恶。他认为,"心"是有善有恶的,而性只是善。性就是理。

"格竹子"失败,使王阳明对朱子说(包括"性即理")产生了怀疑。到龙场后,王阳明"居夷处困,动心忍性,因念圣人处此,更有何道?忽悟'格物致知'之旨,圣人之道,吾性自足,不假外求"。从此提倡"心即理"。

在他看来,心和性是没有区别的。王阳明的"心即理"和朱熹的"性即理"不仅存在"心与性"定义的不同,两人认识的理也存在着天壤之别。

朱熹认为:"却看你禀得气如何,然此理却只是善。既是此理,如何得恶?所谓恶者,却是气也。"可见朱熹认为"理只是善",因此人性本善。

王阳明晚年将心学思想体系概括成四句话:"无善无恶心之体,有善有恶意之动,知善知恶是良知,为善去恶是格物。"由于他主张"心即理",并且心之体是无善无恶,可见"理并非善"。1520年,他在反驳罗钦顺对心学的批判时说,"理一而已:以其理之凝聚而言,则谓之性;以其凝聚之主宰而言,则谓之心;以其主宰之发动而言,则谓之意;以其发动之明觉而言,则谓之知;以其明觉之感应而言,则谓之物。"[2]既然"意之动"才有善有恶,那么心和理都是无善无恶的。王阳明在龙场悟到的"心"和"理"肯定不是善,那究竟是什么呢?

王阳明在给聂文蔚的回信中说,"盖良知只是一个天理。自然明觉发见处,只是一个真诚恻坦便是他本体。""若可得增减,若须假借,即已非其真诚恻坦之本体矣。"[3]王阳明在这里明确指出这个能知善知恶的"良知"的本体就是"真",并说出这个本体是不能增减的,不可假借的。

因此阳明心学与朱子学相比,不只是对"心和性"的认识不同,更重要的是完成了对"善恶观念"的超越,达到了"真"的状态。王阳明也讲明了心学要旨,"大人有私欲之弊便犹小人也,小人无私欲之弊则犹大人也。大人之学便是'去其私欲之蔽,以明其明德,复其天地万物一体之本然'"[3]。

朱子学中"天理"和"人欲"是对立的,通过修养多一分"善",就少一分"恶"。而阳明心学中,每个人和圣人的心本无差别,只是由于"私欲",遮蔽了"真",良知不明,因此"致良知"就是"致真"。

"致真"是传统文化的精髓

龙场悟道后,席元山来请教朱熹和陆九渊学说的异同,王阳明却给他讲起了"知行合一"。这源于他对《大学》"八条目",尤其是"格物、致知"创造性的阐释。

由于《古本大学》的八条目中没有对"格物、致知"的解释,朱熹认为是后来遗失了,就根据自己的理解增添了"穷究物理"的解释,这样格物致知的"道问学"和诚意正心的"尊德性"当然就成了两个过程——向外求知和向内修行。

王阳明却对古本深信不疑,他觉得知行分开后变得支离破碎。和朱熹穷究物理不同,他理解的"格物"是"正事",这样"格物致知诚意正心"就成为一个功夫,格物=致知=诚意=正心,这样就是"知行合一"。既然"格物"就是"正事",王阳明就提出"事上磨练"。他认为,《大学》的主旨在于"诚意",也把"立诚"作为根本。

"诚"作为儒家思想体系中十分重要的概念,在不到4000字的《中庸》里出现了25次。"诚"是真实不妄的意思,也就是"真"。书中说,"诚者,天之道也;诚之者,人之道也;诚者,不勉而中,不思而得,从容中道,圣人也;诚之者,择善而固执之者也!"[4]意思是说,真实无妄是天生万物的道理,追求真诚是做人的原则;天生真诚的人,不用勉强就能符合于中,不用思虑就有所得,从从容容就会符合中庸之道,达到这种境界的人是圣人,努力求得真诚的人,就是选择善道而执着坚守的人。这是对"真"和"致真"的表述。

"自诚明,谓之性;自明诚,谓之教。诚则明矣,明则诚矣。"由于诚恳而明白事理,这叫作天性;由于明白事理而做到诚恳,这是教育的结果。真诚就会明白事理,能够明白事理也就能够做到真诚了。说明了教育在"致真"中的作用。

"道"存在又难言,如果说"中庸"是"诚道"的表现,"忠恕"就离道不远了。"己欲立而立人,己欲达而达人"是"忠","己所不欲,勿施于人"是"恕",也就是推己及人。这两句话都出自《论语》。孔子思想的核心内容是"仁",仁者爱人,就是推己及人,就是忠恕之道,接近于"真"和"诚"了。

"诚"在《孟子》中出现了22次,孟子阐发了孔子的思想,把真诚视为做人的根本。如"诚者,天之道也;思诚者,人之道也""万物皆备于我矣。反身而诚,乐莫大焉;强恕而行,求仁莫近焉"等。

"真"字在《庄子》中开始大量出现。庄子给出了它的定义,"真者,精诚之至也",诚到了极致就是"真"。"真者,所以受于天也,自然不可易也。故圣人法天贵真。"告诉我们它是超越于物质世界的一种存在。庄子告诉我们,"天与人不相胜也,是之谓真人。""故无所甚亲,无所甚疏,抱德炀和,以顺天下,此谓真人。""真人"是没有矛盾、没有亲疏、没有巧诈、温和顺应的。"真人"是无所依赖的,"若夫乘天地之正,而御六气之辨,以游无穷者,彼且恶乎待哉","故曰:至人无己,神人无功,圣人无名。"[5]至人、神人、圣人都是对"真人"在不同场合的称呼。

人类早期曾有一个蒙昧时代,以顺应自然条件为主要特征,从自然界中采集食物,利用石头制造工具,先民们享受着大自然的馈赠,顺乎天性地参与各种活动,在物质上和精神上都不存在自己的创造。后来,人类开始种植、畜牧、制陶、冶炼,并且创造了文字,随着文明的进一步发展,和自然界越来越疏离。人类创造和完成的东西越来越多,这些东西不同于天然,都是人为的东西和文明的成果,这就是"伪"的来源,原意是"人为"。另外,由于私欲日益严重,遮蔽了人的本性,有德行的管理者很为这种状况担心。在《尚书·大禹谟》中记载了舜告诫禹的话,"人心惟危,道心惟微。惟精惟一,允执厥中。"[6]意思是说:人心变幻莫测,道心幽微难明,应当精纯专一,诚恳地秉持中正之道。这十六个字不仅是舜教给禹的治国方略,而且被视为儒学乃至中国文化传统中著名的"十六字心传"。

可见,"致真"成了中华民族不懈的追求。

阳明心学的科学精神

古希腊文明被视为西方文明的源头;作为东方文明的标志,中华文明在古老的神州大地上源远流长、历久弥新。然而,古代中国曾经长期处于世界领先地位的科学技术,却在后来被西方迅速超越。

"中国古代对人类科技发展做出了很多重要贡献,但为什么科学和工业革命没有在近代的中国发生?"这个问题被称为"李约瑟难题",是由英国学者李约瑟(1900—1995)在其编著的《中国科学技术史》中正式提出的。

需要明确,科学不是知识,不是技术,而是一种精神。那什么是科学精神?有人说是探索精神,有人说是怀疑精神,有人说是实证精神,有人说是创新精神,有人说是奉献精神……其实科学精神的根本与精髓在于"致真"。科学精神并不是科学所独有的,一切对"真"的向往、追求和坚持都是科学精神,那是一种崇高而美好的心灵状态,不只是科学界,全社会都应该讲求科学精神。而有人说中国文化里缺少以"致真"为内涵的科学精神。这是完全错误的,从阳明心学及其形成过程中,可以看到科学精神的方方面面。

王阳明从小就立下做"圣人"的志向,并且积极探索"圣贤"之道。"格竹子"失败后,他对当时占绝对统治地位的"朱子学"大胆地怀疑。后来历尽千辛万苦,直到龙场悟道,亲身实证了"圣人之道,吾性自足",开始提倡"心即理"。他依据自身体悟,对儒家经典,尤其是"格物致知"之说重新进行了创造性的阐释,形成了"知行合一"的思想。他通过不断地践行、思考和讲授,使心学体系日臻完善,最终提出了"致良知",完成了空前绝后的重大创新,使阳明心学风靡一时、深入人心。他巡抚赣南、平定宸濠之乱、晚年出征思田,以天下为己任,鞠躬尽瘁、死而后已,在飘荡的小舟中留下了"此心光明"的遗言,体现了无私的奉献精神。

需要指出的是,上述科学精神的方方面面都是追求真理的体现。屈原说过,"路漫漫其修远兮,吾将上下而求索。""亦余心之所善兮,虽九死其犹未悔。"王阳明一生从没有放弃对"圣贤之道"的探索和践行,"良

知"是能够知善知恶、真实无欺的,"真诚侧怛便是他的本体",也就是说,良知的本体是"真"。或者说,如果王阳明泛滥于词章、汲汲于功名利禄,探索、怀疑、实证、创新、奉献精神从何谈起?王阳明也不会达到"真三不朽"的圣人境界。

有人将同时代的方孝孺和布鲁诺相比,说中国缺乏"真"的精神,同样是死,西方人为了真理,中国人为了皇上。其实,方孝孺的死也是为了心中的真理,为了原则。世界上没有绝对真理,布鲁诺死后天文学也有了很大发展。这个时代的我们可能不理解前人的价值观,但关键是认识坚持"真"的精神。同样伍子胥自刎不是为了吴王,王国维沉湖不是为了大清……那是一份坚持原则、坚持真理的精神,绝不是对与错,而是一种精神。而传统文化确有"致真"的精神在。

中国传统文化中涵盖了科学精神,但这一切的根本在于"致真"的追求。而由于人们对传统文化的误解,以及民间盛行的实用主义,造成了"真"的隐而不显,当今社会"致真"精神的缺失。

"致真"是当代社会的要求

中华文明之所以延续五千年,正是由于文化的力量。有人说"崖山之后无中国",这是一种偏颇的历史观。在宋元的崖山海战中,尽管南宋朝廷灭亡了,但儒家思想却被元朝统治者推崇,传统文化被延续下来。后来的朝代更迭也没有动摇传统文化的根基,但是现在面对着西方文明的冲击,国人不懂、不问、不珍视自己的文化,才是真正的危险。皮之不存,毛将焉附?国人何以立足?文化何以自信?

有人说中国人没有信仰,其实中国人是有信仰的,我们相信自己,不依赖外部的力量。盘古开天、夸父追日、精卫填海等神话故事体现的是中华民族用自己双手改天换日的认识、勇气和追求。相信自己正是源于"文化自信"。中国历史上有很多为民请命、舍生取义、忍辱负重、心怀天下的仁人志士,都是源于对文化的自信、坚守和责任。从甲骨文背后的故事,可以看出这种文化的自觉。

晚清的王懿荣是政府官员和文化名人,他在从药店拿回的中药里发现了刻有文字的甲骨,就开始花费重金四处求购。八国联军入侵北京后,他选择了自尽。由于他一生清廉,其子没钱安葬父亲、偿还债务。他生前好友刘鹗（《老残游记》的作者）毅然买下甲骨，并明确了甲骨文是殷商人的刀笔文字。后来刘鹗不幸遭遇流放，甲骨又被他的亲家罗振玉收藏、研究，并开始到殷墟开展发掘工作。王国维等人也加入研究者的行列。甲骨文的发现和研究意义重大，把中华文明的历史大大提前了。从甲骨文背后的故事，可以看出读书人的气节、操守和忠诚，正是由于读书人的前赴后继、薪火相传，传统文化才得以保存、延续并发扬光大。

现在文化似乎已经普及了，但"文化人"却越来越少了，每个职业都有特定的称呼。"文化人"是指自觉学习、保存、坚守、传承文化的人，而文化就这样"百姓日用而不知"，而又须臾不能离也！这需要有统一的价值观，当今社会趋于多元化，做到这点是困难的。那么我们应该采取怎样的态度？

首先，要认识到"致真"是传统文化的精髓，经史子集浩如烟海，就如一棵枝繁叶茂的大树，寻根溯源是"真"，森罗万象都是从"真"生发出来的，这是把握传统文化的捷径。另外，面对纷繁多变的外界环境，我们感到无所适从时，需要在传统文化中吸取营养，形成自己的"三观"，绝对正确是不存在的，有一个正确的方向后也要不断修正，只有把"真"作为出发点、准则和判断依据，才不至于南辕北辙。

文化创新的方向也应该是"致真"。《论语》是孔子在那个时代基于"真诚"的言行集录，全部照搬显然不符合我们的时代，但也不能彻底否定、走向反面。"贞操"观念在现代社会可能是不适合的，但"性"至少以"爱"为基础，如果有需要就满足，人和动物就没有区别了。媒体报道，高校成了"艾滋病"泛滥的重灾区，值得每个人反思。

2018年发生的"毒疫苗"事件，不是一个孤立的事件，也不是一个偶发的事件，社会上有诚信逐渐缺失的倾向。如果不从根源上认识和解决，难免摁下葫芦浮起瓢，"头疼医头，脚疼医脚"。应该大力弘扬"致真"精神，形成"真诚"的社会风尚，以诚实守信为荣、以弄虚作假为耻。这也要从我们自身做起，要求自己说真话、诚信待人，毕竟社会是由人组成的。冰冻三尺，非一日之寒，我们应该有信心，每个人都真诚，就会有一个大同的社会，美好的人间！

参考文献

[1] 冯友兰. 中国哲学简史［M］. 徐又光，译. 北京：北京大学出版社，2013：285.

[2] 王阳明. 传习录注疏［M］. 邓艾民，注. 上海：上海古籍出版社，2012：152，168.

[3] 王守仁. 王阳明全集［M］. 吴光，钱明，董平，姚延福，编校. 上海：上海古籍出版社，2011：1068.

[4] 朱熹. 四书章句集注［M］. 2版. 北京：中华书局，2012：31.

[5] 郭象，成玄英. 庄子注疏［M］. 北京：中华书局，2011：12.

[6] 尚书［M］. 王世舜，王翠叶，译注. 北京：中华书局，2012：361.

附　参会期间部分诗文

读阳明诗到长沙

岳麓山上万木秋，先生由此渡湘流。
八千里路赋佳句，五百年前去贵州。
居夷始悟孔颜乐，处困常怀天下忧。
诗境巫山沧海阔，良知不为一私谋。

戊戌年龙场祭祀阳明先生

天不生仲尼，万古如长夜。先生未至黔，文明无以传。
去冬到今秋，江南复西南。神灵如有知，祭祀何庄严。
钟鼓动大地，乌云盖苍天。宾主山脚下，肃穆铜像前。
汉服举步缓，供品香慢燃。童子书声朗，祭舞似荒蛮。
人持花一束，三拜仍留连。百姓随后至，老少女和男。
人生何其短，倏忽过百年。千秋永不朽，中华有圣贤。
振聋能发聩，句句是真言。萤光微且渺，共添薪火传。

玩易窝

玩易明天理，赋诗发道心。绿萝垂洞口，暗室暂栖人。
白昼见飞鸟，匆匆无处寻。思乡明月夜，远近虎狼闻。
万里江南远，孑然多病身。乌云蔽日久，哪日复阳春？
长卧石棺内，时时念圣人。如若处此地，如何不动心？
电光石火亮，明镜尽脱尘。百死千难悟，道德本贵真。
良知实体认，非是套虚文。

途中

八千里路不孤单，相伴圣贤五百年。
唯恐吟得一诗好，眼中错过万重山。

山水记忆

万家灯火杭州湾，乐动心回山水间。
放眼摩天云盖岭，低头泻地草遮泉。
学生徒步村庄远，老妪负篮腰背弯。
但使修文能兴县，江南当日亦荒蛮。

阳明心学的现实意义①
——一个教育工作者的思考
霍向东

思想来源于生活，应用于生活，且不能脱离生活，我不同意为了思想而思想。对于思想的反思也是这样。中国的哲学一直是与生活密切联系的。开创儒学的孔子为学生答疑解惑，《论语》长期被作为人们生活的行动指南；道家教人顺乎自然，平静、无争地度过人生旅程；佛教传入中国，结合本土文化大兴禅宗，《坛经》中六祖慧能有偈云："菩提在世间，不离世间觉；离世觅菩提，恰如寻兔角。"同样，阳明心学也是入世哲学，行动哲学，不同于纯粹学院式的理论思辨，实践性是它的鲜明特色。

传统文化与"致真"

中国传统文化博大精深，传统文化典籍浩如烟海，其精髓何在？被人们所熟知的"三纲五常"并不是儒家的核心思想，它只是一种维护封建统治的秩序设计。儒家思想的"修齐治平"是积极入世的，但是以"格物、致知、诚意、正心"为基础，只有具备以"真诚"为内涵的君子人格才能有益于社会。佛教讲"实相"，道家做"真人"，儒释道的核心内涵可以归

---

① 原文收录于《纪念王阳明诞辰 545 周年学术研讨会论文集（下册）》，268—271，内容有删改。

结为"真"。而现代的科学研究是为了追求真理。社会主义核心价值观中的个人层面部分——爱国、敬业、诚信、友善,就包含了对"真诚"的表述,甚至可以说"真诚"是作为一个公民应该具备的素质。

社会呼唤真诚,科学追求真理,但为什么还有弄虚作假的现象发生?著名物理学家史蒂芬·霍金认为,人类携带了"自私、贪婪"的遗传密码。自私是由于有了"自我意识",在物种进化的过程里,自我意识的产生使人类具有了参照系,这是人类社会完全脱离自然状态而飞速发展的原因,但由此产生了是非善恶,也是苦恼的根源。社会发展是释放私欲和对治私欲协调统一的结果。

一般认为,真善美是人类的理想和追求。不同于善恶、美丑,真和假之间没有过渡,非假即真,或说"假"是人类偏离"真"的一种认识和行为,有客观有主观,或被动或主动。远离假就趋向真。

《道德经》中讲明了"致真"的途径——"为学日益,为道日损"。通过学习、实践、创新追求真理,"远离客观的假"是现代自然科学的动机,日心说、进化论的产生都是趋于"真"的结果。"为学日益"是东西方文化共有的;而"为道日损",放下自我,却是东方文化所独有的。

有人说中国人没有信仰,其实中国人是有信仰的,我们相信自己,不依赖外部的力量。盘古开天、夸父追日、精卫填海等神话故事体现的是中华民族用自己双手改天换日的认识、勇气和追求。"悟"成为东方文化的性格气质,通过领悟,每个人都可以超凡入圣,这说明传统文化滋养下的中国人有无限的可能性。"悟"主要是突破思想的局限,逐渐放下自我,断除私欲,不断提高自己的境界,开阔自己的胸怀,最终实现人格的圆满。王阳明讲"满大街都是圣人",佛教讲"人人皆可成佛",说的是同一个意思。

然而,"佛性"和"良知"都是达到最高悟境的体验,难以用文字描述,普通人望文生义,并不真正理解。因此,佛学思想被曲解了,变得功利化、世俗化,而盛极一时的"心学"在王阳明去世后就分裂了。其实佛性、良知指的都是"真",尽管绝对的"真"不可思议,但我们可以把"真"作为人生追求的目标,因为远离假就趋向真。"致真"没有终点,我们永远都在路上!

知行合一之我见

"心学"是明代大儒王阳明亲身体悟后的理论创新,主要包括"心即理""知行合一""致良知"三个部分或三个发展阶段,与孟子的"性善论"一脉相承,是儒家思想的分支、宋明理学的流派之一,对《大学》八条目"格物、致知、诚意、正心、修身、齐家、治国、平天下"进行了创造性的阐释。

王阳明曾指出"私欲隔断导致知行分离,不见知行的本体。只有'致那良知',也即止于至善,才能知行合一。"因此,阳明心学也被称为道德哲学。然而时代在发展,社会在进步,我们对"知行合一"的理解不能只局限在道德层面,因为"知行合一"首先是行动哲学。

王阳明认为:"知行一体,未有知而不行者,知而不行,只是未知","知者行之始,行者知之成:圣学只一个功夫,知行不可分作两事","知之真切笃实处即是行,行之明觉精察处即是知,无有二也"。这充分表明了它的实践性。

在阳明心学的体系中,"知行合一"是一个结果,接近于圆满、圆融的状态,而我更倾向于将其理解为"致真"的过程。"博学之,审问之,慎思之,明辨之,笃行之"出自《中庸》,讲的是治学求进的过程,既要广泛学习,又要践履所学。净土法门之宗要为"信愿行",禅宗法门有"渐、顿"之说,我赞成一位高僧的见解"理要顿悟,事要渐修"。《道德经》上讲"为学日益,为道日损"。这都是"知行合一"的过程,其目的是"致真"。

思维经常是一种假象,苏轼的《观潮》诗"庐山烟雨浙江潮,未到千般恨不消。到得还来别无事,庐山烟雨浙江潮。"说的是耳听为虚、眼见为实的体验。人生就像在攀爬一座巍峨的高山,目标和追求的"知行合一",意味着达到新的高度,眼前才是真实的风景。

追求真理是科学研究的动机。学习更多的知识有助于创新,但书本的理论只有通过不断实践,才会内化成真知,成为科研创新的"源头活水"。科研创新是理论和实践"知行合一"的过程,因此有人认为"学而时习之,不亦说乎"中的"习"不是复习,而是实践。

"横看成岭侧成峰,远近高低各不同。不识庐山真面目,只缘身在此

山中。"是苏轼的一首名诗《题西林壁》。庐山是美丽的,从不同视角看有不同的风景,但是因为置身其中,就很难看清楚庐山的全貌。在生活中只有放下自我,或将"小我"融入更伟大的事业,才能逐渐明白人生的意义,找到生命的真谛。这也正是王阳明指出的:"只有'致那良知',也即止于至善,才能知行合一"。

"知行合一"的落脚点是"真",要在科研中追求真理,在社会上真诚待人,并且真心明白自己的追求和兴趣所在,不自欺欺人,坚持科研创新。"真"就是"立人"的灵魂,创新的保证。这样,"知行合一"既是起点,又是终点;既是目标,又是结果!

关于"立人"的思考

教育的功能一旦确定为导人"致真",就可以从"为学日益"和"为道日损"两个方面去努力。引导被教育者努力开拓思想、增长见识、不懈追求,同时意识到不断"放下自我"。"为学日益"是东西方文化共有的,尤其是西方哲学,不是按照别人的思想而思想,而是知道有不同的思想,不做井底之蛙,形成自己的思想。"为道日损",放下自我,却是东方文化所独有的,易经中可以学习变化,佛学可以破除对自我的执着。

其实导人"致真"就是引导人认识并走入精神世界。苏格拉底和友人、学生的对话是多么清新、自然、干净,在雅典城外漫步,在神庙周围的大树下乘凉,讨论的是正义、爱情、善良,没有任何功利性。精神世界就是对"真"的体验,包括科学、艺术、哲学等。而精神世界是在世俗生活中吸取营养的,"致真"不能脱离生活,反而生活是检验其效果的标准。

教育者在引导被教育者"致真"的过程中,自己也会一起进步,"立人"本身就是"致真"。人执着于自我,但不可能为别人执着,因此"立人"是破"执着"的最佳途径,并将使人最终获益!《金刚经》上讲"无住相布施"的"福德不可思量",其实就是"致真立人"能够取得不可估量的成就。苏格拉底讲"教育的技艺在于给学生提供最完美的利益",教师的职责所在是努力提高自己的教育技艺,使学生最大地获益,报酬只不过是一种副产品。老师的水平由学生的成就衡量,就像医生的水平通过救死扶伤提高一样。"无利不起早"的人永远不会成为顶尖高手,无论在任何行业!

德国伟大的哲学家康德说过"人是目的，不是手段"，教育工作者必须把"立人"作为目的，立人就是立己。如果把"致真"作为人生追求和教育的目标，"立人"就是帮助被教育者实现几个层次的独立。勤奋学习，拥有真知，实现经济独立，这是创新的基础；博采众长，追求真理，实现思想独立，这是创新的前提；体悟真心、展示真诚，实现精神和人格独立，这是创新的必要条件。

绝对的"真"是不可思议的，西方极乐世界和天堂是不能证实也不能证伪的，我们认识真、实践真、趋于真的过程就是识破假、放下假、远离假的过程。"致真"没有终点，我们永远都在路上，这就是人生的使命，或者说是教育的使命！

三、《诗悟人生》出版发行

《诗悟人生》序言[①]

李烈军

2016年4月中旬，我与霍向东在北京科技大学相聚，他同我讨论诗集出版的事宜，并嘱我为之作序。我不是诗人或评论家，文字功底也不是很深，为诗集作序是勉为其难，但彻夜长谈后，我慨然应允，主要原因有以下几点。

一是我们的钢铁缘。2000年他读博士期间来广钢集团做课题，我那时是广钢集团技术研发中心副主任，这是第一次见面；2004年他来广钢集团做博士后，接触更加紧密；此后有长期的科研合作，逐步发展成深厚的友谊，最终形成共同的理念和追求。他最近决定把诗集交冶金工业出版社出版，显然源于深深的钢铁情结。改革开放四十多年来，祖国历经了波澜壮

---

① 原文为本书作者之一霍向东出版的诗集《诗悟人生》（北京：冶金工业出版社，2016年）序言，内容有删改。

阔的发展历程，我们实现了"钢铁大国梦"，每个"钢铁人"都功不可没。目前我国钢铁产能虽然面临严重过剩的困难，但我们对我国在不远的将来成为钢铁强国充满信心。

二是我们的立人情。向东在广钢集团做博士后期间，我们不止一次讨论过从事教育事业的愿望，后来都天从人愿；在科研合作的同时，交流教育心得和体会，最后形成了"知行合一　致真立人"的理念。我们通过帮助学生成长实现自我的价值，并以之作为人生的归宿。作为教育工作者应该把树德立人作为最高目的，苏格拉底讲"教育的技艺在于给学生提供最完美的利益"，教师的职责所在是努力提高自己的教育技艺，使学生最大地获益，报酬只不过是一种副产品。

三是我们的知行观。向东的特点是看书多、好思考，他经常说我就是"知行合一"的践行者，为此我专门去贵州龙场驿的阳明洞寻找阳明精神，丰富自己的教育理念。2015年11月在杭州开会，我们彻夜长谈，凌晨5点我要赶飞机回广州，在路上收到他的短信"匆匆相遇别匆匆，烟雨西湖天未明。床铺已空君渐远，昨夜无眠论知行。""知行合一"博大精深，不仅指理论和实践相结合，还告诉人们既不能好高骛远地知，也不要懵懵懂懂地行，王阳明把它作为一个道德追求，而我们逐渐把"致真"作为"知行合一"的落脚点，因为"致真"是我们能知能行的，可以作为我们毕生的准则和目标。

四是我们的创新梦。2016年5月中旬，中共中央、国务院印发了《国家创新驱动发展战略纲要》，提出到2020年进入创新型国家行列、到2030年跻身创新型国家前列、到2050年建成世界科技创新强国"三步走"目标，现在创新已摆在国家发展全局的核心位置，人才是创新的根本。培养人才就是帮助学生实现几个层次的独立：经济独立，有一技之长；思想独立，勇于挑战权威，才能不断创新；精神独立，不完全依赖于社会评价，才能"板凳要坐十年冷"，坚持创新，矢志不渝；最终要使学生完成自我实现，达到人格独立。在科研中追求真理，在社会上真诚待人，并且真心明白自己的追求和兴趣所在，不自欺欺人，坚持科研创新。"真"就是"立人"的灵魂，创新的保证。

以上几点也就成了序言的主要内容。我认真地读了诗集的所有内容，最深刻的印象就是"真"。文如其人，接触过向东的人都会感受到他的真诚,尤其是这两年他的诗歌水平和对"真"的领悟有了很大提高。2015年暑期我们去韶关云门寺,在爬山时一路闲聊,听到他待人接物的事例,我感受到真诚,并感觉到他形成了自己的特色,将来也许会取得较大的成就。我欣赏向东的一句话"致真没有终点,我们都在路上",并希望他在"致真"的道路上越走越远。

诗集中还阐释了感情、文采、率真和诗词创作的关系,真和美、真和善之间的关系,包含了诗词理论、哲学思考和个人领悟,可以看出,向东的知识面很广,横贯中外、古今、哲学、宗教、文艺。我很难对向东的诗集做出很恰当的评价,向东也说他很难对自己准确定位,我将充分利用自己较广的社会资源,组织相关领域的精英人物,与向东进行交流,帮助向东实现和"高人"切磋的愿望。

诗集的最终影响力多大,尚不好预测,但我相信肯定有广泛的社会需要,而对"真"的领悟和篇篇诗歌,是否字字珠玑、石破天惊、振聋发聩,需要读者自己去读、去领会。

是为序。

《诗悟人生》:"致真没有终点,我们都在路上"①

霍向东

中国是诗的国度,历史上的大诗人灿若星辰,我独青睐苏轼。他在早年就表现出超常的悟性,后来贬谪生活的磨砺,使他的诗词日臻完美,悟境更超凡脱俗。但是他始终无法解脱,"休言万事转头空,未转头时皆梦""长恨此身非我有,何时忘却营营"。他也不相信完全解脱,临终时拒绝喊"阿弥陀佛"。这就是人生,这就是人类的宿命,苏轼为我们这些有觉悟的凡人树立了一座丰碑,他的经历告诉我们命运多蹇,而从他的作品中可以窥见达观、真实、伟大的灵魂。

人生只有死亡和领悟是质变,死亡是肉体的毁灭,领悟是思想的重生,其余都是量变,为了满足"我"的需要而积累,并最终烟消云散。诗

---

① 《中国改革报》2016年7月23日刊登文章,内容有删改。

歌来源于生活，高于生活，并且应用于生活，脱离生活的诗人和诗作都不会有生命力。诗集以《诗悟人生》为名，首先向东坡居士致敬，另外"诗言志"，诗歌本身只是一种载体，它记录了我的生活，浸透着我的领悟。

诗与真

屈原《离骚》中有"路漫漫其修远兮，吾将上下而求索"。人生求索什么？什么是人生的意义？——就是"致真"。

我出生于1972年，父亲是农场工人。我曾一度纠结于如何对父亲进行评价，但这实际是自我的矛盾。父亲善良、老实、直，生活在"文革"、别人的评价和故事中。"直"并不是"真"，"致真"的途径是"直"再加上两点，即《道德经》上的一句话"为学日益，为道日损"。"为学日益"逐渐接近事物的本质，"为道日损"渐渐地放下自我。

我是"平生无所好，唯一爱诗书"。"为学日益"不仅指读万卷书、行万里路，而且要努力追求，达到自己生命的高度。只有见识更多，才不会被思维的假象欺骗。苏轼的《观潮》"庐山烟雨浙江潮，未到千般恨不消。到得还来别无事，庐山烟雨浙江潮"，就是眼见为实后的感悟。

但只是"为学"并不能见到"真"，大学期间我很不快乐，自我意识严重，经常对号入座。毕业后被分配到济钢，结婚后和爱人家关系怎么也处理不好，到了走投无路的地步。后来慢慢认识到我自尊心太强，试着放下"面子"、不用自己的标准衡量人和事，情况有了改善。又由于后来有些变故，慢慢领悟到痛苦源于对自我的执着。苏轼的《题西林壁》"不识庐山真面目，只缘身在此山中"说明放下自我才能看清事物的本质，转烦恼为菩提。股灾时我写了一首诗"失马岂为祸，得马亦非福。塞翁今何在？人与马俱无。"某一天人和马都不存在，还执着什么？在努力求知的过程中放下自我就是"致真"，就是快乐生活的途径。

个人和人类在摆脱"蒙昧"的过程中逐渐认识到"真"，但也收获了"假"。社会生活中鱼龙混杂、真假难辨，人们鼠目寸光、坐井观天、盲人摸象，由于各种局限性看不到全貌，又由于人生短暂悟不透因果。但更可悲的是夜郎自大。因此永远要有一个谦虚、谨慎之心，意识到我离"真"还差得远，才能不断进步。

诗是表达思想、感情的，如果掺了假，就没有生命力，因此读诗、写诗是"见真"和"致真"的最佳途径，但这是一个缓慢的过程。通过广泛阅读和思考，更重要的是生活的磨砺，我明白了思维的假象，悟到了当下，知道了我们的烦恼来自于比较和想象。在我们的概念世界之外还有自然世界和精神世界，"致真"是通往这两个世界的途径。

唐代诗歌达到顶峰，同时禅宗大盛，我认为是有原因的。禅宗讲"直心是道场""直心第一义"，放弃思维，直接地体验，在"感情"和"文字"间建立直接的联系，就会情景交融，这或许正是"文章本天成"之美妙。

因此"为学日益，为道日损"是"致真"的途径，也是写好诗的前提。或者直接可以说，读诗和写诗是逐渐"见真""致真"的最好途径。

美与真

《道德经》说，"天下皆知美之为美，斯恶已；皆知善之为善，斯不善已。"我的理解是：第一，美和善的概念产生，丑和恶的概念就产生了；第二，追求美和善的过程，会带来相反的结果，并不存在至美至善。但"真"并不依赖于"假"而存在，"真"就是本质。真和假之间没有过渡，非假即真，弃假存真，或者说"假"是人类偏离"真"的一种认识和行为，有客观有主观，或被动或主动。

自然界的美是因为它的真。舞蹈、绘画、音乐等艺术展现出美，但艺术创作的本质是"致真"。在所有艺术形式中，诗歌是最容易学习、鉴赏、理解的。写诗有三个要素，感情、文采和率真。在生活和心灵中缺少了"真"，必然不欲言、不敢言、妄言，无法把感情变为文字。如果缺少了率真，作者趋于平庸，作品缺少灵魂；如果率真自然而稍欠文采，就会如天真烂漫的小姑娘，假以时日，总会变得亭亭玉立。王安石在《伤仲永》中讲了一个天才儿童"泯然众人矣"的故事，受到世俗的熏染，丢掉了"真"，恐怕是主要原因。

子曰："《诗》三百，一言以蔽之，曰'思无邪'。"心中想的没有不可以说的，"修辞立其诚"，诗人要有真性情，心怀坦荡。"真"在内容上是"文以载道"，在效果上"乐而不淫，哀而不伤"。诗歌创作始终要以感情和情景的真实表现为根本，这就是"不以辞害意"。心同外物的感应产生了情绪和感情，如果想让读者更好地把握诗人的体验，情景交融是一条

重要的途径。

诗歌作为语言的精华，离不开生活。发达的互联网和快节奏的生活，使短小精悍、意味深长的诗词存在复兴的机遇，但严格的诗词格律使普通人望而却步。从我的创作经验来看，先采用简化的格律形式，在感情的表达中"以真为宗"，普通人也会拥有诗和远方的田野。

写诗和"致真"都是这样，成熟、固定就意味着僵死、不发展，诗歌写作不能用对和错来衡量。我坚定地认为，"真"是诗的灵魂，为了"真"我可以采用形式，也可以抛弃形式，抛弃任何形式，包括诗歌本身！

善与真

《三字经》中讲"人之初，性本善"，善和恶是哲学的永恒命题。我很早就怀疑，善恶可能不是人类的本性，人类的本性是自私。自私是由于有了"自我意识"，在物种进化的过程里，自我意识的产生使人类具有了参照系，这是人类完全脱离自然状态而飞速发展的原因，也由此产生了是非善恶的标准，就是以"自我"衡量。

善恶观念是有时代性和阶级性的。"百善孝为先，万恶淫为首"现在很难深入人心。引导人们"见真""致真"，主动放下自我，才是可行的途径。中国传统文化中有"真"的基因。佛陀说"众生皆有佛性，人人皆可成佛"，尽管王阳明不承认，但他的"心学"明显吸收了佛学思想。其实佛性、良知都指的是"真"。

"致真"的途径就是知行合一。每个人都应身体力行，成为"知的践行者，行的思考者"，这样才可以实现自我，取得成就。"空谈误国，实干兴邦"，没有行就不了解真正的问题，那也不属于真知，也不会取得任何成就。

社会的功能是调节各个阶层的利益，"求大同存小异"，建立良好的社会秩序和较为统一的价值观，是"向善"的。而"致真"应该成为个人的追求目标，是可以选择并且能够实践的，但不要试图改良、改革和改造社会，那不是知行合一。把社会"向善"的功能和个人"致真"的目标分开，是一条理论上可行、实际上可操作的途径，个人"致真"，社会自然可以"向善"，而社会"向善"能更好地引导个人"致真"。

教育的功能一旦确定为导人"致真"，就可以从"为学日益"和"为道日损"两个方面去努力。立人就是立己。"立人"本身就是"致真"。人执着于自我，但不可能为别人执着，因此"立人"是破"执着"的最佳途径，并将最终使人获益！教师的职责是让被教育者获取最大的利益，其水平通过教学过程提高，就像医生的水平通过救死扶伤提高一样。"无利不起早"的人永远不会成为顶尖高手，在任何行业都是如此。如果把"致真"作为人生追求和教育的目标，"立人"就是帮助被教育者实现经济、思想、精神、人格等四个层次的独立。

世界上没有绝对的"真"，西方极乐世界和天堂是不能证实也不能证伪的，我们认识真、实践真、趋于真的过程就是识破假、放下假、远离假的过程。就如苏轼不相信有彻底解脱一样，我也不相信能完全解除束缚，但人类拥有理性，我们可以自由地选择"真"作为准则去生活。"致真"没有终点，我们永远都在路上，这就是人生的宿命，或者说是人类的使命！

附　录

知行合一接地气　致真立人勇登攀
——华南理工大学教授李烈军的励志人生①

2016年2月16日，南粤大地春潮涌动，广东省创新驱动发展大会在穗召开，会议表彰了2015年度优秀科技成果和科技工作者。此次颁发的广东省科学技术奖项目有237项，中国科学院院士、华南理工大学教授曹镛和中国工程院院士、广州大学教授周福霖获得突出贡献奖。

特别值得一提的是，华南理工大学获得广东省科学技术奖26项。当华南理工大学教授李烈军以项目第一完成人的身份，从广东省人大常委会主任黄龙云手中接过"广东省科学技术一等奖"证书时，时任中共中央政治局委员、广东省委书记胡春华主动和李烈军握手，并殷殷嘱托、亲切交谈。

李烈军，冶金和材料专家，国务院特殊津贴专家，华南理工大学教授，博士生导师。先后主持30多项国家、省、市和企业科研项目，有18项成果获国家、省、市科学技术奖，包括国家科技进步二等奖1项，省部级科技进步一等奖7项。

身为工科教授，李烈军的科研任务十分繁重，可他依然主动请缨担任2个本科班和1个博士班的班主任，将全部身心投入到育人和科研中，深受学生们的爱戴。在学生眼里，李烈军是一位近乎完美的"好导师""好朋友"，亦师亦友亦家长，成为李老师在学生们心中的情感符号。

2015年，李烈军和他的学生们可谓喜事连连。他主持的"高压高钢级厚壁海管开发及其在南海深水天然气项目中的应用"项目，荣获广东省科

---

① 转自《中国科学报》2016年3月10日8版，记者朱汉斌。

技进步一等奖,产品已应用到我国南海天然气田开采中,推进了我国海洋能源战略的有效实施。

同年底,李烈军任班主任的2012级金属材料成型与控制班参加了华工校园十佳班集体的竞选,在华工600多个本科班中脱颖而出,荣获华工"校园十佳班集体",这是华工本科班级集体的最高荣誉。同时该班也荣获学校"五四红旗团支部"的称号。该班同学共34人,除了保研、考研和出国的同学外,其余的同学都找到了理想的工作。此外,李烈军带的首批3位2013级硕士研究生中有2位到华为工作,他带的第一位博士生写的第一篇论文被行业顶级刊物录用,一位博士后也在行业顶级刊物发表了3篇论文。

令人难以置信的是,2010年李烈军才以一名企业科技人员的身份由广钢调到华工,而这些成绩都是他在短短五年内取得的。

华丽转身的背后

华南理工大学是直属教育部的全国重点大学,首批国家"211工程""985工程"重点建设院校之一,录用要求十分严格。2010年,李烈军毅然辞去广州钢铁企业集团有限公司(简称"广钢")研发中心(国家级企业技术中心)主任职务,以一名企业科技人员的身份进入华工。当时朋友们都为他担心,企业领导所拥有的资源不复存在,辉煌全留在过去,一切将清零,重新开始。面对全新的环境、未知的将来,他,能行吗?

事实上,局面比想象的还要艰难,没有自己的实验室,没有经费,没有课题和学生,所有事情都必须自己做,哪怕复印一张纸都要自己跑腿。由于高校有不同于企业的评价体系,李烈军过去发表的论文和承担的项目没有一项符合当时高校的资格要求,因此2011年李烈军没有获批导师资格,这意味着他不能带研究生。李烈军举步维艰,他进入高校的决定正确吗?一般患得患失的人可能就此意志消沉,但是李烈军天生有一股不服输的精神,长期的磨练已使他的生命之根深深扎入生活,他对待困难毫无畏惧,愈挫愈勇。

评导师需要论文,他开始写,一年内发表了5篇高水平的论文;导师的资格要项目,他开始申请,从策划、组织、撰写、修改、打印、装订等,所有的一切都由他一个人完成,一年内申报并获批了6项课题;社会

服务也是高校的职能,他开始调研,把广东的金属材料加工行业跑了个遍。如果说 2015 年是李烈军的丰收年,那 2011 年就是他的开局之年,他拿出拼命三郎的劲儿,每天只睡不到 6 小时。

"时间不等人,岁月不饶人,我一年必须干五年的活。"李烈军这样告诉《中国科学报》记者。功夫不负有心人,由于业绩突出,2012 年 6 月,李烈军同时获批硕导和博导资格。他坚信"办法总比困难多",怨天尤人没有用。在企业体制下,他如鱼得水;在高校体制下,他又取得了开门红。

彭政务是 2011 年另一位导师招的硕士生,2012 年转为李烈军的硕士生,正式成为他的"开山弟子",并为他的个人魅力折服,2013 年转为他的博士生,并立志做老师那样的"钢铁人"。李烈军虽然生活中对学生宽松,但学业上要求十分严格,不能浅尝辄止,更不能弄虚作假。彭政务告诉记者:"看到同级的博士生都已有文章发表,我很着急,但老师要求我对实验结果不断深入、反复验证,绝不能把有问题、不成熟的东西拿出去。但当老师鼓励我把第一篇文章投到行业顶级期刊 MSEA 时,我还有些担心和缺乏信心,结果文章很快被录用、发表,真佩服老师的科研水平和敬业精神!"就是在李老师这样的严格要求和悉心指导下,他带的学生们厚积薄发,2015 年内发表了 10 篇英文学术论文,其中 6 篇为 SCI 期刊论文。

李烈军的科研能力、敬业精神和立人情怀很快名声在外,因此报考时仰慕他的学生很多。

李烈军并没有停下脚步,他发挥整合资源能力强的优势,以先进金属材料研究为方向,将单一的材料研究,拓展到集智能制造、自动控制、仿真等为一体的系统研究,打造多专业、跨学科、有特色的研究团队,并与北京大学、清华大学、中国科学院等高校和科研院所合作,同时和一批行业领军企业建立了紧密的联系。李烈军围绕着国民经济和国防工业对新材料的要求不断探索、不断突破、不断超越。

此外,李烈军兼任了广州(越秀)博士联合会会长、广东省企业品牌促进会副会长、韶关市华工高新技术产业研究院院长等社会职务。近年来致力于把高校的智慧与社会对接,有效地推动了高校的成果转化为社会生产力。由于李烈军在服务社会方面的突出贡献,他被评为 2013 年美丽南粤

——广东年度贡献人物。

江苏大学副教授霍向东和李烈军有着长期的科研合作关系,他告诉《中国科学报》的记者:"我们的缘分从2000年我读博士期间到广钢做课题开始,起初只是觉得他基础扎实,实践经验丰富。但越接触越感觉'仰之弥高',李烈军具有很强的把握科研方向、整合资源、管理和创新能力,同时有丰富的工程背景和教育科研经历,他五年前到华工,如今建立了有特色、跨学科的科研团队。'韩信将兵,多多益善',越大的平台越能发挥他的优势,我很难想象五年后、十年后李烈军会取得怎样的成绩。"

李烈军是个特别懂得感恩的人,在采访中他反复强调:"我的成就离不开改革开放大环境,离不开各界朋友的支持,离不开武汉科技大学、北京科技大学和上海大学的培养,离不开广西河钢和广钢的锤炼,离不开华工这个大平台。华南理工大学为我提供了宽松的科研环境,华工机械与汽车工程学院和国家金属材料近净成形工程技术研究中心为我创造了良好的科研条件,当然,还要衷心感谢华工各级领导和师生员工对我的帮助。"

又到了木棉花开的季节,华南理工大学那高耸的木棉树和硕红的木棉花,不正象征着李烈军蓬勃向上和生机勃勃的精神吗?

放弃是为了更高的追求

李烈军常自谦地说自己不聪明,但他从不安于现状,勇于挑战自我,不懈追求人生目标。李烈军的人生旅途并非一帆风顺,他出生于广西玉林一个普通家庭。经历了三次高考,1977年读高一时在老师的鼓励下参加"文革"结束后第一次高考,落榜;1978年,考上中专,他毅然决定放弃;1979年,他被武汉钢铁学院(现武汉科技大学)录取。

大学毕业后,李烈军被分配到位于广西偏僻山区的三线军工企业——广西河池钢厂,本来可选择到舒适的技术科工作,可他主动要求到一线当炉前工。李烈军干遍了炉前6个岗位,21岁就已成为全厂第一个大学生炼钢炉长。6个月后,他又凭着名列第一的劳动竞赛成绩,当上了"8小时厂长"——生产值班主任,指挥着从原料、冶炼到铸锭等工序中一百多人的员工队伍。这位勤奋好学,吃苦耐劳的年轻大学生让领导和工友们刮目相看。

如果李烈军当年在大家一片看好声中继续干下去,也许人生轨迹将就此改写。彼时,改革开放的春潮已呈席卷神州大地之势,李烈军的心里也

泛起了涟漪。他认为自己的未来不应该局限在这深山里，要走出去拥抱更广阔的天地。

那时研究生凤毛麟角，李烈军选择了考研，继续深造。前两次他都铩羽而归，而面对每一次失败，他都会"自虐式"地调高下一次努力的目标。"有志者事竟成"，他终于被录取了。1987年，李烈军考上了我国钢铁行业的最高学府——北京钢铁学院（现北京科技大学），这当中是怎样的自信和坚持啊！

北京深厚的文化底蕴和校园浓厚的学术氛围令其陶醉，极大地开拓了李烈军的视野。凡事喜欢刨根问底的他，潜心扎入了钢铁冶金知识的海洋，刻苦的钻研使他练就了扎实的理论基础，智慧的火光被不断擦亮。在北京读研期间，李烈军的学术水平突飞猛进，而且他一有空闲就去各大院校参访，为他以后从事科研打下了雄厚的基础。

1990年，李烈军以优异成绩被分配到广钢集团工作。他怀揣着钢铁情怀来到改革开放的南大门——广州，成为广钢集团16000多名员工中的一员。当时广钢的研究生只有5人，他凭着扎实的理论功底和丰富的实践经验，很快成为广钢钢研所技术开发部部长。又一次惊人之举，他要求下工厂一线，没有位置就从普通技术人员干起，3个月就成了厂技术科副科长，4个月后当上厂长助理，5个月后当上了副厂长，走上了重要的一线领导岗位。此后他成为广钢集团研发中心主任，教授级高工。2006年他又成为第一位来自工业企业界、由省长颁发聘书的广东省科技奖评审委员会委员。

在广钢20年，李烈军主持了一系列的技术开发工作并取得了辉煌的成就，从一位普通的科技人员成长为集科研和管理于一身的综合性人才。特别值得一提的是，1997年李烈军作为"大亚湾岭澳核电站工程用钢项目"炼钢负责人，成功开发了岭澳核电站工程用钢，并一举中标"大亚湾二期岭澳核电站工程"，使广钢成为该项目唯一的钢材供应商。而在此之前，大亚湾一期工程所需钢材全部依赖进口。在广钢工作期间，李烈军到上海大学攻读了博士学位，学术水平得到了质的飞跃。由于李烈军在广钢期间的杰出贡献，他荣获了广州钢铁工业五十年杰出人物、广州市优秀专家和国务院特殊津贴专家等各种荣誉。

2010年，已接近"知天命"之年的李烈军又一次选择放弃，从广钢的科研骨干到华工教授,他又一次完成了人生角色的重要转变。他的人生充满了戏剧性,三次高考,三次考研,三次放弃。他放弃了广西河池钢厂看似光明的未来;放弃科长的位置做了一线技术员;放弃广钢的领导位置到高校做了一名普通教师。表面上看,他放弃的是别人渴望的工作和生活,而选择的是未知的将来;而实际上,这才是他充满智慧的人生选择和勇攀高峰的人生追求的真实体现。

面对未知,李烈军没有丝毫恐惧,因为他的生命之根深深扎入生活,因为他坚信"未来一定比现在好"。李烈军没有特殊的家庭背景、没有特殊的运气,甚至如他所说没有特殊的智力,但每一次放弃和每一次选择后,他都再创人生高峰。正应了那句:放弃是为了更高的追求!

梦圆教育,立人情怀

李烈军的人生还会再一次放弃吗?是否还有更高的追求?他回答:"教育是最伟大的事业,我通过帮助学生成就实现自我的价值,这是我人生的归宿啊!我热爱教育,并享受教育的过程。"

李烈军是个很真实的人,从不伪装,也不会掩饰,他坦言自己在"立人"过程中收获了快乐,如果单纯牺牲自己、无私奉献,绝不可能产生对教育事业由衷的热爱。"立人"始终是李烈军的理想,他的特点是开放包容、真诚待人,从炉前工开始,他就努力帮助别人,成为企业领导后,他想尽一切办法帮助员工成长。进入华工不久,他请缨做2012级金属材料成型与控制班的班主任,很多人不理解,已经是教授、博导的他还去当班主任,做孩子王要投入大量的时间和精力,又不能马上见到成效,图什么呢?李烈军说:"能够塑造人是我梦寐以求的事情,看到学生的成就是我最大的成就。"

在班长廖结莹眼中,李烈军精力充沛,处处传播正能量。在接受《中国科学报》采访时,她不吝溢美之词地称赞着自己的老师,"李老师就是同学们人生路上的灯塔,照亮了我们前进的方向。"

廖结莹告诉记者,自己的老师非常负责任。"新生入学刚到大学城报到时,同学们见到的第一位老师就是班主任李老师。李老师对学生一视同仁,严抓学习纪律,大三学年全班无一人次挂科。李老师经常请社会名流给我们开主题班会、办讲座,开展素质拓展活动,仅去年暑期就带我们参

观学习了 10 多个珠三角的名企。"我们班的学生很多都是从外专业调剂来的，原先不是很自信，李老师经常用自己的经历和成功激励我们，并无私地提供帮助，我们感觉自己每天都在进步。"

好友霍向东讲了一件令他印象深刻的事情：2012 年 11 月两人约好到马鞍山参加"第七届全国高校冶金院长论坛"。可是，直到会议当日凌晨 2 点，李烈军才风尘仆仆地赶到下榻的宾馆。原来，为了不错过同学们的新生文艺汇演，李烈军看完班上同学们的表演才驱车前往广州白云机场，赶飞南京的最后一个航班，不巧飞机还晚点了。即便如此，稍作休息后他又神采奕奕地参加会议。"即使精力再充沛，也是 50 岁的人啊！"霍老师感叹道。

注重实践是李烈军的一大教育特色，李烈军带的第一批 3 位硕士生将于 2016 年毕业，其中牛建伟和刘海军已经同华为签约，作为材料加工专业的研究生，能被华为录用是相当不容易的。牛建伟说："我来自一个普通的本科学校，入学时并不自信，李老师从各方面帮助我成长，和华为签约主要是在老师提供的企业实践平台上，我能有更多的机会弥补不足。"刘海军告诉记者，当他在企业实践遇到困难、情绪低落时，李老师总是通过言行启发他"方法总比困难多"。

在学生眼里，李烈军是一个有梦想有情怀的人，并且富有激情。他热爱工作，同企业和科研院所有广泛的合作，善于整合资源，更乐于和他人分享，实现共赢、多赢；他热爱学生，对学生倾注了浓郁的感情，华工"我最喜爱的导师"之殊荣见证了李烈军的赤诚真心；他热爱生活，经常组织户外活动，例如篮球和羽毛球比赛、爬山登峰、参观恒大足球学校等，提高了团队的凝聚力。2015 年 7 月，他带领课题组 20 多名师生参加了在贵阳召开的"中国材料大会"，并且特意去龙场驿的阳明洞，寻找阳明精神，体会王阳明的"知行合一"，丰富自己的教育思想。

博士生胡玲感受最深的就是李老师博大的胸怀和积极向上的心态，并且从不满足，一直在努力完善自己。2016 年即将毕业的研究生郭如峰有思想、爱学习，但在课题组不是很活跃，李老师选择利用去恒大足球学校参观的时机让他来组织活动，后来他变得阳光、积极了。李烈军有自己的教育方法："教育的目的是帮助人、完善人、传递正能量，引导学生去领悟，我从不将想法强加于人，临门一脚必须由学生自己完成。"这就是"润物细无声"吧！

已出站博士后、教授级高工高吉祥介绍："从广钢到华工，我一直追随李老师，就是因为李老师富有大智慧大情怀，犹如一座宝藏，总有我挖掘不完的智慧之金石、人生财富。"

"别的老师只是告诉学生大海的方向，而李老师则把我们带到海边，任大家捡拾自己喜欢的贝壳。"博士后孙海波以散文般的语言描述李烈军帮助学生成长的情怀。

2015年12月，李烈军所带的班级荣获华工"校园十佳班集体"称号。作为李烈军志同道合的好朋友，霍向东见证了华工"校园十佳班集体"评选的全过程，他回忆道："李烈军和同学们把大学四年的生活浓缩成7分钟的舞台表演，在决赛现场引起了轰动。最后一幕毕业留念，同学们想起班里最重要的一员，纷纷呼喊'李哥，李哥'，学生对他的敬爱和亲密之情让我这个当老师的都有点嫉妒，自愧不如。"

霍向东告诉记者，他们在长期的科研合作和教学实践中渐渐形成了"知行合一 致真立人"的教育理念，而李烈军自身就是对这一理念的最好诠释："'知行合一'就是接地气，他永远扎根生活，并把这种精神融入他的教育思想。李烈军具有包容、激情、细心等优秀品格，无私爱护每一个学生，引导他们从平凡走向卓越，这都源自他博大的"立人"情怀，当然"真"已经融入他的血液，进入他的灵魂，体现在他教书育人、科研创新和日常生活的方方面面。"

获奖后在接受《中国科学报》记者采访时，李烈军谈到对高校如何落实"创新驱动发展战略"的认识，"现在创新已摆在国家发展全局的核心位置，李克强总理提出到2020年我国要迈进创新型国家行列。创新看似以企业为主体，实际上人才是创新的根本，高校就成为创新的源头，'问渠哪得清如许，为有源头活水来'。目前在校的本科生、研究生到2020年就是社会的中坚力量，因此高等教育的责任重大。"

谈到高等教育，李烈军有自己独到的见解："人才培养就是帮助学生实现几个层次的独立。经济独立，有一技之长，'授人以渔'；思想独立，勇于挑战权威；才能不断创新；精神独立，不完全依赖于社会评价，才能'板凳要坐十年冷'，坚持创新，矢志不渝；最终要使学生完成自我实现，达到人格独立。"

"华工的校训'博学慎思 明辨笃行'正是帮助学生实现独立的途径。既要广泛学习，又要践履所学，这不正是'知行合一'吗？否则好高骛远，落不到实处，就流于空谈了。"

他继续说，"我和霍向东经过长期的摸索和实践，认为'知行合一'的落脚点是'真'，在科研中追求真理，在社会上真诚待人，并且真心明白自己的追求和兴趣所在，不自欺欺人，坚持科研创新。'真'就是'立人'的灵魂，创新的保证。"

最后李烈军谦虚地说："这只是我们的一家之言，抛砖引玉吧！我们还要继续探索和实践，和国内外同行交流，影响更多的人关注教育、研究教育、献身教育，为高等教育的发展尽绵薄之力，为迈进创新型国家行列尽绵薄之力。"

这就是真实的李烈军，从广西玉林走出的寒门学子，怀揣着对生活的热爱和对事业的追求，破茧成蝶，披沙拣金，从一名大学生炉前工成长为新一代冶金和材料专家，从一名企业领导跨界成为优秀的大学教授。

李烈军的经历也许称不上传奇，成就难言最为辉煌，但他的生命深深扎根于生活，伴随着改革开放的春风成长，实现一个又一个目标，完成一次又一次超越，脚踏实地，志存高远。"笋因落箨方成竹，鱼为奔波始化龙"，只有在这片古老而生机勃勃的神州大地上才会出现这样精彩的励志人生，正是无数这样的精彩人生描绘着绚丽多彩的伟大中国梦！

千锤百炼心系立人梦　知行合一身在致真途
——记华南理工大学教授李烈军①

他是这样一个很特别的人：

他是从普通家庭中走出的天之骄子，生活的磨难并没有消退他身上的锐气，相反，他却越挫越勇，越战越强。

他拥有最炽烈的钢铁情怀，大半辈子奋战在钢铁第一线，是同事公认的"技术能手""攻关能手""创新能手"，为推进我国钢铁技术的发展攻克了一个又一个难关。

更难能可贵的是，他还拥有最本真的育人情怀，"百炼成钢"后，出乎所有人意料之外，他决然转投三尺讲台，从头执笔写春秋，只为将他从丰富人生阅历中提炼的"知行合一　致真立人"的教育理念撒播芬芳。

钢铁的锻造，雨露的撒播，一刚一柔，他完美地将二者融合，刚柔并济，哺育下一代，润物细无声——

上篇：万丈豪情万里路　钢铁熔炉钢铁魂

红旗卷烈焰，钢花齐吐艳，钢铁工人钢筋铁骨，挥汗夺钢冲在前，踏平滔滔恶浪，熔化万座铁山，自力更生奋发图强，壮丽山河更灿烂……

——摘自电影《火红的年代》主题曲《钢铁洪流永向前》

钢铁少年蜕变记

时光倒回到30多年前那个火红纯真的年代。

当17岁的李烈军手握武汉钢铁学院（现武汉科技大学）录取通知书的时候，他油然而生一种"铁骨豪情真男儿，满腔热血终得志"的幸福感。要知道，这一志愿，是他在父母希望他填报师范类高校的情况下"偷偷"填写的，只因他从小就种下的钢铁梦想。在那个血色浪漫的年代，《钢铁是怎样炼成的》中保尔·柯察金为革命无悔献身的精神，《火红的年

---

① 转自《科学中国人》2016年6月，记者吴彪，特约通讯员霍向东。

代》中赵四海作为钢铁工人的光辉形象,撞击着他幼小的心灵,引领着他前行。

李烈军出生于广西玉林仁东公社一个普通家庭,母亲是乡村小学教师。农村的艰苦生活,赋予他隐忍向上与坚韧不拔的"硬气";母亲给予的教育,使他比同龄孩子更早拥有丰富的知识、开阔的视野和对幸福生活的向往。世界那么大,他想去看看……

改革一声春雷,当1977年国家开始恢复高考的时候,刚读完高一的李烈军就与哥哥姐姐们一起涌入到高考的千军万马中"小试牛刀",一次不行再试,二次放弃进入中专的机会再试,直至第三次顺利地圆梦大学,圆梦钢铁。当"得志"的李烈军拿着通知书自豪地告诉父母他要到武汉钢铁学院上大学、立志成为国家栋梁的时候,朴实无华的父母也为他感到高兴。就这样,李烈军从此踏上了他的"钢铁征程"。而这人生中的第一次"一波三折"亦如第一次攀爬人生阶梯的初体验,让他在走向外界的第一站中就收获了自信、勇气和坚韧。以后的岁月尽管坎坷,但他亦能愈挫愈勇、越战越强。

从农村小地方初次来到"九省通衢"的大都市武汉,李烈军的面前是一个广阔的世界,到处都充满新奇。他像蜜蜂采蜜一样贪婪地汲取知识。强烈的求知欲、旺盛的精力和良好的适应性使他迅速成长。学习之余,李烈军走遍了武汉的各个高校、风景名胜、大街小巷;看遍了当时流行且反映时代主旋律的各种电影、书刊等,并挤出饭钱同时订阅了《大众电影》和《参考消息》,这在当时的大学生中特别少有,这寄托了他对生活的热爱和对知识的渴望。

人生总是充满戏剧性。如果说李烈军的大学生活是一部快乐的青春成长曲,那么,他开启的第一份工作体验则是一部饱含汗水的磨砺成长史。

大学毕业后,李烈军被分配到广西偏远山区的三线企业——广西河池钢厂。那里条件艰苦,环境闭塞,两个小时才有一趟专车到二十公里外的城镇。普通人在强烈的落差面前也许会心灰意冷、萌生退意,但是素来沉着乐观、自信坚定的李烈军并没有被艰难困苦所吓倒。他甚至放弃了到舒适、安逸的技术科工作,主动申请到条件最艰苦的炼钢分厂当一线炉前工,吹氧、扒渣、加合金、取样、测温……

是金子总会发光,干遍了炉前工6个岗位后,21岁的李烈军成为全厂第一个大学生炉长；6个月后，又凭着数一数二的劳动竞赛成绩，他当上了"8小时厂长"——生产值班主任。这位勤奋好学，吃苦耐劳的年轻大学生让领导和工友们刮目相看。

在李烈军崭露头角，即将迎来人生一片坦途之际，他却想到了要离开。离开并不是因为那里艰苦的条件，而是闭塞的深山里实现不了他的梦想。他向往更大的舞台，他要走出去拥抱更广阔的天地。

为此李烈军毅然选择了考研，又一次挑战自我、挑战命运。那时研究生凤毛麟角，目标看似遥不可及，途中必定荆棘密布。单位不支持，他拿出优异的工作成绩和谦逊的态度，不断请求，最后领导终于被他的执着所感动，和他约法三章：复习不能耽误工作。为把工作干好，他坚持三班倒；炼钢车间环境危险、复杂，上班时精力需要高度集中。由于上班的劳累，下班后没有足够的精力和时间备考，李烈军连续两次名落孙山。第二次考研失败后，单位不允许他再考。在李烈军情绪最低落的时刻，是身边了解他出色工作、被他的劳动精神所感动且熟知他梦想的同事帮了忙，他们联合全厂职工一起为李烈军上书求情。经过多方努力，李烈军终于获得"最后一次机会"。他拿出了壮士断腕的决心，瞄准当时最好的钢铁院校——北京钢铁学院（现北京科技大学）钢铁冶金专业，开始了常人难以想象的复习艰辛历程。那段时间，他继续坚持三班倒的工作，一下班就立马投入到复习中。自己设定的复习强度很高，而睡眠时间过短，他只能靠强大的意志力一路硬撑过来！

"有志者，事竟成，破釜沉舟，百二秦关终属楚；苦心人，天不负，卧薪尝胆，三千越甲可吞吴。"用于描述李烈军，这句话再合适不过。再次尝试"一波三折"的痛楚过后，他赢来了通往梦想的阶梯。

1987年，当李烈军置身祖国的首都，立于北京科技大学校门前，他感慨万千，激动不已，并暗暗立下誓言：一定要学有所成，不负此生！在读研的近3年时间里，他几乎转遍了清华、北大等全国知名的学府，走遍了故宫、圆明园等历史古迹。在感受历史古都文化底蕴的同时，他广泛地参与高校间的社团和社交活动，包括研究生会、舞会等。大学自由活跃的氛围，培养了他外向的性格及与人沟通、交流的能力，为他之后在各种社会活动中尽展风采做了铺垫。

羊城熔炉铸辉煌

人生如戏，戏如人生。回顾李烈军的早年经历，充满着太多的转折起伏。而这所有的一切，似乎都在为他之后人生的辉煌埋下伏笔。而这些辉煌成就的取得，与广州这座城市，与广钢集团这一有着华南"钢铁巨人"之称的企业，紧密相连。

20世纪90年代的广州，作为改革开放的前沿阵地，比其他城市多了几分敢于开拓、海纳包容的精气神儿，李烈军的性格与之浑然天成，注定了他要在此"甩开胳膊"，做出一番惊人之举。

当时在广钢集团的16000多名员工中，像李烈军这样的硕士研究生仅有5名，可谓"凤毛麟角"。李烈军原本可以在研究所办公室里过上享受安逸的日子，但素来喜欢到一线去"作战"的他，在钢研所工作5年并当上技术开发部部长后，还主动请求上一线，并又从一名普通技术人员做起。他走进生产车间，走到工人中去，熟悉生产的每道工序，解决生产过程中出现的各种技术难题，其"实战作风"很快就蜚声广钢。

一步一个阶梯，一步一个脚印，李烈军从普通技术人员到科长，从厂长助理到副厂长，从基层到总部，最后做到集团研发中心主任、教授级高工。无论走到哪里，李烈军都不改自己一贯的风格，经常深入第一线去发现问题和解决问题。实践出真知，实践出成果。20年埋首广钢集团这片热土，终换来一个又一个的创新和突破：

李烈军及其团队率先在我国第一台40吨超高功率电炉上应用泡沫渣工艺，解决了电炉传热效率低、冶炼时间长的难题，并形成国内领先的短流程工艺；他们在电炉上成功开发大亚湾岭澳核电站工程用钢，使广钢集团成为大亚湾核电站唯一钢材供应商；值得一提的是，在国外专家两次炼钢热调试均告失败的严峻形势下，广钢集团珠钢公司独立负责起了珠钢150t超高功率手指预热竖式电炉热调试工作，并由李烈军负责起草了热调试炼钢工艺操作要点，使珠钢全线热调试圆满成功，随后李烈军又全面参与了珠钢电炉CSP短流程工艺的优化，创造了世界同类型电炉CSP钢厂达产最快的纪录。

结合广钢集团珠钢电炉CSP流程的工艺特点和原料状况，李烈军作为核心成员之一大胆创新，在世界上首次用CSP工艺生产集装箱板，打破了国外专家认为用CSP工艺不能生产集装箱板的论断，使集装箱板的开发获得了巨大成功，并拥有了全套用 CSP 工艺生产集装箱板的知识产权。集装箱板的开发成功，拓宽了 CSP 产品的应用领域，促进了我国对外贸易的迅速发展。2002 年集装箱板荣获冶金行业实物质量最高奖——"金杯奖"，2007 年荣获"中国名牌产品"称号。

薄板坯连铸连轧是继氧气转炉炼钢、连铸之后钢铁工业最重大的革命性技术之一。这条国际先进水平的生产线有很多新设备、新工艺、新技术，这激发起李烈军再攀科研高峰的豪情。针对 CSP 生产线的特点，他选择了以 Ti 微合金高强钢的冶炼工艺和强化机理为研究对象，埋首耕耘，硕果累累。

在广钢的 20 年里，李烈军取得了辉煌的业绩，从一位普通的科技人员成长为集科研和管理于一身的综合型人才，这期间他荣获了 12 项国家及省部级科技进步奖、广州市优秀专家、广州钢铁工业五十年杰出人物和国务院特殊津贴专家等各种荣誉。2006 他又成为第一位来自工业企业界、由省长颁发聘书的广东省科学技术奖评审委员会委员。

在李烈军看来，人生就像在攀爬一座巍峨的高山，确定了目标就要努力攀登，实现目标的过程就是"知行合一"，那意味着人生达到新的高度，会有不一样的风景，会有不一样的感悟。献身钢铁的这半辈子，无论是攀登象牙塔时反反复复地"一而再再而三"；还是投入钢铁事业时的"千锤百炼"，他执着地不断实现自我，超越自我，即"欲穷千里目，更上一层楼"。他说："人生逆旅我们无需罔顾，我只想去感受更大的'浙江潮'、更美的'庐山雾'，不懈努力达到自己生命的高度！"

铁水飘花，溅起不一样的灿烂！高楼大厦，有我们的结晶……从事钢铁事业近 30 年，李烈军早已把自己融入到这火热的事业中，锤炼了钢铁般的意志。只是在众人都以为他会就此续写辉煌的时候，他却做了一个让周边人很意外的决定——把在企业的辉煌留在过去，在知天命之年，转投三尺讲台！

下篇：三尺讲台圆梦想　雨露芬芳雨露恩

很开心地生活在这片，这片默默耕耘的乐园，忙碌奔波一心牵，苦和累放在心里面，你那无怨无悔的付出，成就他们的明天……

——摘自电影《园丁之歌》主题曲《园丁之歌》

知行合一　致真立人

如果说李烈军的前半生是伴着钢水炽烈燃烧的狂想曲；而他后半生奏响的是一曲润物无声的畅想曲。不同的"曲风"，演绎的却是同样的热情与精彩！

李烈军从小就喜欢屈原《离骚》中的名言"路漫漫其修远兮，吾将上下而求索"，但当他不断攀爬到人生新高度后，他就开始思考：什么才是人生真正的意义？他一直有一个教育梦。这源于当小学老师的母亲在幼年给予他的影响，源于他在求学生涯中无数帮助过他的恩师，也植根于善良、无私的天性。

在广钢集团担任研发中心副主任的时候，李烈军怀抱对攀登知识更高峰的渴求，慕名前往上海大学钢铁冶金专业攻读博士学位。对于长江边上这所历史悠久的巍巍学府，以及当时学府里鼎鼎大名的校长、我国著名的近代力学科学家、教育家——钱伟长先生，还有我国著名冶金材料专家徐匡迪院士，李烈军都深表崇敬。这份崇敬不止来源于对他们精湛专业水平的仰慕，更来源于对他们育人情怀和教育思想的钦佩。

读博士的那段时间，李烈军好像又重新找到了在上大学和读研时的状态。每到周末，他都按时到学校上课，下课到食堂吃饭。置身在很多朝气蓬勃的年轻学子之中，他整个人又变得"年轻而有梦想"，因为热情和活跃的性格，他还被推举为班长，经常组织班成员参加各种集体活动……所有的这些，潜移默化地触发了李烈军内心深处对教育的向往之心。待博士圆满毕业，他也下定决心要留在教育这片芬芳净地。

几经坎坷，2010年李烈军最终成行华南理工大学。就是在这所全国首批国家"211工程""985工程"重点大学里，李烈军开启了他"特别"的教育人生——

说李烈军特别，首先是因为他在近年来高校不断引进的众多具有海归背景的高端人才中显得很"另类"——他是一名"土生土长"的从企业转入高校的科技人员，且本科又不是"211工程""985工程"这一类的重点院校。且他此时已近知天命之年，在企业历练了数十寒暑。

说李烈军特别，还因为他不仅是一名科研业绩突出的教授、博导，同时他还能主动请缨担当两个本科班和1个博士班的班主任。对很多高校导师唯恐避之不及的、费时费力的班主任工作他却甘之如饴，只因"能够塑造人是我梦寐以求的事情，看着学生一步一步成长是我最大的成就。"

李烈军的特别体现在"用心"上：他就算再忙，每逢新学期开学，都会坚持起个大早亲自站在报名处"认领"自己的学生，甚至亲自领着他们和家长到宿舍安顿好，和他们谈谈心，聊聊天，打破距离感。李烈军永远不会忘记，17岁的他第一次站在大学校门前的兴奋、迷茫和无助；30多年后，他希望自己能在学生的这一重要时刻给予他们温暖和引导。

在李烈军很多学生心中，都珍藏着一份老师带给他们的感动——本科毕业于华中科技大学的熊超慕名报考李烈军的研究生，他试探性地给李老师发了封邮件，李老师直接打电话回复让他惊喜交集，对他和家人的问候更让他倍感温暖；江苏大学的研究生刘江讲述了让他印象深刻的瞬间，此前他只在镇江见过李老师一面，初到广州这座陌生的城市充满期待而又忐忑不安，李老师远远地喊出了他的名字，并微笑着询问他的情况，一股暖流在他心里流淌；博士后戴杰涛在入职广州大学的体检前身体略有不适，情绪低落，李老师特意提前结束会议，从贵阳坐飞机赶回广州，给他增加信心，为他加油……这些点点滴滴的小事蕴藏着李烈军真诚的立人情怀。

李烈军的特别很大一部分还表现在他"实战经验十足"上。在人生的前半段，他用近30年时间在钢铁实践第一线积累了大量丰富的经验，如今他很想把这些在实战中积累的人生精华都毫无保留地传给下一代。包括将积累的技术和经验转化为专业知识传授给他们；将人生经历、一路走来的所感所想讲给他们听；将为人处世的原则提点他们等。

"在钢铁熔炉的'千锤百炼'中，除氧脱碳、去除杂质，得到纯净的钢水，生产优质的钢材不正是一个'去伪存真'的过程吗？回顾自己的人生，我发现'知行合一'其实就是对'真'的认识和追求过程。对目标不懈追求，才能真实地体验生活；把理论通过实践不断内化为'真知'，才能完成科研创新；而献身教育，把'小我'融入'立人'的崇高事业，我终于找到了生命的真谛。"——这就是李烈军"知行合一 致真立人"理念的提炼过程。

"我想把'知行合一'的思想传递给学生们，想用'致真立人'的情怀去影响更多的人，这是我人生领悟的精华，并且这成为我毕生的准则和追求！"正是怀抱这样的信念，他总是毫无保留地将自己在实践中历练的果实与学生分享；总是不计得失、不计成本，给学生创造更多的学习和实

践机会，联系尽量多的企业让学生实习、参观。

2016年即将毕业的硕士研究生牛建伟和刘海军已经签约华为，两人在激动、兴奋之余真诚地感恩自己的老师。牛建伟说："我入学时来自一个普通的本科学校，并不自信，李老师从各方面帮助我成长，和华为签约主要是在老师提供的企业实践平台上，我能有更多的机会弥补不足。"刘海军告诉记者，当他在企业实践遇到困难、情绪低落时，李老师总是通过言行启发他"方法总比困难多"。本科班的班长廖结莹告诉记者，李老师经常请社会名流给他们开主题班会、办讲座，开展素质拓展活动，仅2015年暑期就带他们班参观学习了13家珠三角的知名企业。

真诚的付出换来了丰硕的回报。如今，李烈军所带领的科研团队紧密围绕国民经济和国防工业对新材料的要求，不断探索、突破，以先进金属材料研究为方向，将单一的材料研究拓展到集智能制造、自动控制、仿真等为一体的系统研究，成为多专业、跨学科、有特色的研究团队。并与北京大学、清华大学、中国科学院等高校和科研院所合作，同时和一批行业领军企业建立了紧密的联系。李烈军的目标在远方，他并没有因为转战教育而停止科研的脚步。

2016年2月16日，广东省创新驱动发展大会在穗召开，会议表彰了2015年度优秀科技成果和科技工作者。李烈军及其团队承担的"高压高钢级厚壁海管开发及在南海深水天然气项目应用"项目荣获广东省科学技术奖一等奖。当李烈军以第一完成人的身份，从广东省人大常委会主任黄龙云手中接过"广东省科学技术一等奖"证书时，中共中央政治局委员、广东省委书记胡春华主动和李烈军握手，并殷殷嘱托、亲切交谈。该项目产品现已应用到我国南海天然气田开采中，推进了我国海洋能源战略的有效实施。

"'知行合一'的落脚点是'真'，科研追求真理，科研坚持创新，坚持在实践中发现真知，是立人之本。而'真'也是'立人'的灵魂，真诚待人，不自欺欺人……"李烈军确实是个真性情的人，他会把自己对学生浓浓的爱，寄托在对他们平时科研、学习的严格指导上，寄托在对他们日常生活的亲切叮咛中，寄托在中秋节为每一位住校学生精心准备的月饼上，寄托在送给每位学生的一本《雷锋日记》中……

爱人者人恒爱之。他"最亲爱的学生们"也将自己对老师的爱，寄托在教师节献给老师的鲜花中，寄托于感恩节小小的盆栽和诗歌朗诵之中，寄托于每次注视的目光和微笑问候中，寄托在写满真心话的小卡片中……"一字一句，全都是手写，他们写得很认真，我也很感动。"说到这，早已练就钢铁意志的李烈军眼里透出一份柔光，那是一份难得的凛冽柔美。

难忘 2015 年 11 月，李烈军鼓励他所带的 2012 级金属材料成型与控制本科班参加华工"校园十佳班集体"的竞选，这对他们班集体来说是个挑战，因为他们班很多同学都是从外专业调剂来的，要与很多具有"先天优势"的"创新班""卓越班""全英班"竞争，很多同学表现出信心不足。

"不去尝试前，怎么知道自己可不可以？"李烈军以此鼓励他们，且在竞选前和学生一起备足了功夫，他们独具匠心地把大学四年的生活浓缩成 7 分钟的舞台表演，在决赛现场引起了轰动，并且最终荣获"校园十佳班集体"，这是华工本科班级集体的最高荣誉。实践证明了"功夫不负有心人"，难忘最后毕业留念时的那一幕，同学们想起班里最重要的一员，纷纷呼喊"李哥，李哥"，师生间结下的浓浓深情让周遭人都为之动容。

桃李不言下自成蹊，虽然到教育岗位上工作仅仅 5 年多时间，但李烈军却收获了桃李芬芳。他所带领的金属材料成型与控制本科班除荣获华工"校园十佳班集体"外，还荣获学校"五四红旗团支部"等荣誉，该班同学共 34 人，除了保研、考研和出国外，其余的同学都找到了理想的工作。此外，李烈军带的首批 3 位 2013 级硕士生中有两位将到华为工作，他带的第一位博士生写的第一篇论文被材料加工行业顶级刊物录用，一位博士后也在行业顶级刊物发表了 3 篇论文……

育人情怀撒播远方

钢铁的意志，育人的情怀。李烈军用自己特别的经历塑造了一个别样的自己。此时的他较于以前的坚韧更多了份大爱的柔美，人生显得更为丰满。值得一提的是，他的这份爱其实并不仅仅局限在对教育、对学生上，而是洒向了"更远方"。

早在广钢集团工作的时候，在一次偶然的机遇下他加入广州博士俱乐部（博士联合会），在那里，他找到了为社会服务的大舞台。凭借令人信服的个人魅力和领导能力，他成为博士联合会的会长。在他的带领下，俱乐部致力打造博士之家，让不同专业、不同学科、不同兴趣的博士们在这里传播知识、交流信息、增进友谊的同时，还将智慧、文化、爱心传播到

社会各个角落。2006年，在李烈军的倡议和组织下，博士们跟山区的贫困学生进行一对一的对接。李烈军身体力行，自己也资助了两个学生，不仅给予他们经济上的资助，还与他们保持日常和精神上的交流，做他们的精神指引者，不是亲人，胜似亲人。

梁昕，一位与李烈军素未谋面的广西大学研究生，同样是从寒门中走出来的倔强女孩，正处在人生的困惑期。当她在2016年3月10日的《中国科学报》上读到李烈军的育人事迹，彻夜难眠，奋笔疾书，她写道："正是这些正能量，鼓舞着不计其数在奋斗旅途上前行的年轻人，正是这种博大的情怀，温暖了无数颗迷茫困惑却怀揣梦想的心。"李烈军收到信后，主动和梁昕联系，鼓励她好好学习、热爱生活，并利用出差间隙，特意来到广西大学，当面点拨梁昕。

除了担任广州（越秀）博士联合会会长之外，李烈军还积极参加各种社会活动，担任各种社会职务，包括广东省企业品牌建设促进会副会长、韶关市华工高新技术产业研究院院长等。近年来，他还致力于把高校的智慧与社会对接，有效地推动了高校的成果转化为社会生产力。由于李烈军服务社会的突出贡献，他荣获2013年美丽南粤——广东年度贡献人物。

李烈军就是这样一个精力充沛、爱心无限的人。每天，他就像是一个不停旋转的陀螺，不停地忙科研，忙教育，忙着处理各种事务；令人觉得不可思议的是，他依然坚持每天与学生沟通、谈心，为他们解答专业上的困惑、解除生活中的烦恼，分享成长的喜悦……

"每天做这么多事情会不会觉得累？"面对记者这个问题，他笑了笑，意味深长地说："有时也会觉得累，但是经常会在凌晨被激情唤醒，又精神百倍地投入到生活、工作和育人事业中。致真没有终点，我们都在路上……"

这个教授不寻常

——记华南理工大学教授、博士生导师李烈军[①]

2016年9月23日晚，武汉科技大学黄家湖校区南苑运动场，6000多

[①] 转自人民网广东频道2016年9月30日发表文章，网址：http://gd.people.com.cn/n2/2016/0930/c123932-29086474.html。

名新生集聚一堂，聆听一位校友的报告会。他以自己不寻常的人生经历，启迪新生们该如何度过大学生活。现场气氛热烈，报告屡次被掌声打断。

1979年，他第三次参加高考，终于如愿以偿，从乡村步入大学校园。

1987年，他第三次考研，又一次实现梦想，进入钢铁行业的最高学府——北京科技大学。

2010年，他毅然放弃大型国企要职，投身高校，圆自己的教师梦。

2016年，他被评为《科学中国人》年度人物。他将自己的教育理念总结为：知行合一，致真立人。

他是李烈军，华南理工大学教授，冶金和材料专家，享受国务院特殊津贴专家，博士生导师，同时也是学生口中的"李哥"。无论是成长历程、育人理念和行为方式，李烈军都和传统意义上的教授不太一样。

从教6年，李烈军先后主持18项省、市和企业科研项目，有两项成果分获广东省科技进步一等奖和三等奖。他任班主任的2012金属材料成型与控制班，在600多个本科班中脱颖而出，成为华工"校园十佳班集体"。

作为一名大学教授，李烈军有着太多的不寻常——

转型不寻常：从行业高峰归零重新开始，五年实现华丽转身

2010年，李烈军放弃广州钢铁企业集团研发中心主任（国家级技术中心）的职务，调进华南理工大学，圆了自己的教师梦。"我想把自己20多年来积累的丰富经验、知识和理念传授给更多的年轻人。"他说。

进入没有工厂喧嚣的校园、褪去企业领导的光环……李烈军踏入校园的那一刻，就意味着过去一切清零，重新开始。这种身份的转变，需要努力调整心态来平衡。

身份的改变仅是千里之行的第一步。初进华工，李烈军就面临一个严峻的挑战——申请硕士、博士导师资格。对于像李烈军这样的"转型教授"来说，这是产业和学术间的一道"高坎"。高校的评价体系不同于企业，李烈军过去发表的论文和承担的项目，许多都不符合学校标准。第一次申请硕导、博导资格，他没有通过。"过去的科研成果不被认可，当时内心真的有过一阵绝望。"李烈军说。

低谷只是一时，李烈军很快调整自己的心态。

评导师需要论文，李烈军一年内发表了多篇高水平的论文；做导师要

课题、要经费，他一年内申报并获批了6项课题；产学研结合是高校科研工作的重点，他就把广东金属材料加工企业几乎跑了个遍……短短一年，李烈军就完成了获得硕导、博导资格所需的学术成果和论文数量。

"怨天尤人没有用，提高自身水平、努力适应环境才是硬道理。"回想起那充满压力和激情的一年，李烈军十分坦然。他说，规则不能因个人改变，既然选择进入校园，就要服从考核规则，并且要做得更好。

招生不寻常：从依靠劝说招生，到学生慕名而来

2011年，当时李烈军还没有硕博导师资格，研究所考虑到其实际能力，还是给了他单独指导研究生的机会，不过他的学生只能暂时挂靠在别的教授名下。

一般情况下，学生"被迫"转给新导师，都会有些抵触情绪。李烈军的第一个学生能愿意吗？

2011年4月4日，是彭政务难以忘怀的日子。当得知自己要被转给待任教授李烈军后，他的内心很忐忑。

原来，彭政务本科学的是材料加工专业，与李烈军的钢铁专业并不十分对口。在和李烈军见面前，他就已下定决心要"婉言拒绝"。

但接触之后，彭政务的态度就发生了180度转变。"李老师推心置腹地同我谈课题、谈人生、谈理想，以自己的经历给我启迪。看得出，他实践经验丰富、理论功底深厚。当时我就想，这样的老师我怎么能错过？"彭政务回忆。

如今，正随李烈军读博士的彭政务更加坚定自己的选择。"从李老师身上，我学到了如何待人接物，也学会了如何脚踏实地朝着目标努力，而不是单纯地追逐功利。"他说。

有了第一个学生，很快，李烈军的科研能力、实践能力、教育理念和人格魅力，便在同学中口口相传，慕名而来的学生越来越多。

"我当年就是猜拳才赢得了李老师的机会。"张伟鹏目前在李烈军的指导下读研二。当年因名额有限，他和另一位同学，要争一个李烈军的硕士生名额。面对两个同样优秀的学生，李烈军把决定权交给他们自己。

"多亏我当时出了'石头'。"张伟鹏说，那位败在这记"石头"下的学生，虽未能加入李老师的课题组，但仍保持着与老师不错的关系。

教学不寻常：博导兼任本科班主任，多个岗位一肩挑

跨过了导师资格、研究生招生的两道难坎，李烈军终于稳定下来，但他闲不住，马上给自己揽了一份在别人看来吃力不讨好的活儿——担任本科班的班主任。

博导做本科班的班主任，这种情况实不多见，特别是还担任两个本科班的班主任和一个博士班的班主任，在高校中更是罕见。

"我从这些90后身上可以学到很多东西。"李烈军认为，和学生在一起、多交流，可以让老师一直年轻、永远充满激情。"看到学生的成长，对我来说就是幸福。这种幸福不是用金钱和财富可以比拟的。"

李烈军重视对这些孩子们的培养，提供给他们与硕士、博士生平等交流的机会，鼓励同学们开拓自己的视野、参与到实践中去。他经常邀请社会知名人士到班里开主题班会、办讲座，开展素质拓展活动，还自费组织所有的学生前往10多家行业领军企业学习参观。

提到李烈军对学生们的关心和爱护，目前已经是博士在读的"大师兄"彭政务颇有感触。他表示，与学生一对一聊天，是李烈军一直以来保持的习惯。"有一次我跟他汇报同学们的情况时，我发现他居然对每个学生的情况都了如指掌。"如今，在李烈军陪伴下走过了大学四年的2012金属材料成型与控制班已经毕业，并荣获华工"校园十佳班集体"称号。该班34名学生，除了保研、读研和出国外，其余的人都走上了理想的工作岗位。

教育理念不寻常：传授知识竟是第三位

"我觉得一个老师传递给学生的理念和思想远远比知识更重要。"提起教育理念，李烈军认为，有三样东西最重要：一是给学生正确的理念和目标方向，即授理念，第二是给学生探索未知领域的方法，即教方法，第三是给学生专业知识，即传知识。

作为一名企业前高管，李烈军非常清楚企业需要什么样的人才，也知道怎样才能把科研成果转化为生产力。"我的学生既要达到学校的学术要求，又要有一定的实践能力。这就是知行合一。"

李烈军把自己的学生们联合组成一个实践型团队，并利用自己的资

源，让团队与企业对接。他的研究生在入学的前一个暑假都要到相关企业实习，从企业生产现场提炼出工程技术研究难题，并逐渐上升到工程科学的理论研究高度。

李烈军的"大弟子"彭政务就是在谈话后，被他"安排"到了宝钢集团广东韶关钢铁公司，由企业师傅带着学技术。

两个月直接扎根企业去当工人？这样带硕士的教学方式乍一听不免让人担心会影响学生们的科研水平。"学生气少了，接地气多了，能充分与一线技术人员交流，能发现很多问题值得研究。"彭政务回忆，在李烈军的教导和帮助下，他很快和厂里的工人们打成一片，也渐渐在钢厂扎下了根，后来还搭建了课题组校外实践基地。

"我为什么选择继续读博士？就是因为我在实践中接触到了许多'高人'。"几年前的钢铁专业"门外汉"彭政务，如今已决定继承导师那份钢铁情怀，做一名出色的钢铁人。"正是这段经历，让我找到了人生目标与方向。"

"李老师真诚爱护每一个学生，且贵在'真'字。"作为李烈军的同事和学生，高吉祥对于李烈军的"致真立人"最有感悟。他说，在李烈军带领下的课题组，有一种独特的氛围。

"他的育人理念对于培养高端工科人才很适用。"学生胡玲认为，李烈军的课题组就像大家庭，师生们在一起都感觉很幸福。"所以要想读他博士的人才特别多。"

九月，新学期开始，李烈军又开始忙起来。这个学年，他虽然不再担任班主任，他开始当"班主任"的导师，到更多的学校当导师。"我要让'知行合一，致真立人'的理念传播出去、流行起来，培养出更多卓越的人才。"李烈军说。

后　记

2000年读博士期间来广钢集团做课题，那是我第一次踏上华南这片沃土。当时李烈军是广钢集团技术研发中心负责人，这是第一次见面；2004年我来广钢集团做博士后，与李烈军的接触更加紧密；后来我们先后来到高校。我们在长期的科研合作中，逐步发展了深厚的友谊，算来马上到20个年头了。李老师的人品有目共睹，不用多说，我想从深度、宽度和高度三个方面谈一下对他的认识。

曾是广钢集团和广州市优秀专家的李烈军是华南理工大学教授，广东省金属新材料产业的领军人物。他先后主持包括863项目在内的各级政府和企业项目35项，有13项成果获国家和省部级科技进步奖，其中10项获省部级科技进步一等奖及以上。为企业和社会经济发展做出了重要贡献，推动了我国钢铁产业的技术进步。这代表了他科学研究的"深度"。

李烈军兼任广东博士创新发展促进会会长，粤港澳大湾区金属新材料产业联盟理事长，广东省钢铁行业协会常务副会长，广州市金属学会理事长，广东省特殊钢及汽车零部件产业技术创新联盟理事长，韶关市华工高新技术产业研究院院长。这代表了他社会活动的"广度"，当然这也是他的学术水平的体现和延伸。

而"知行合一　致真立人"的理念集中体现了他思想境界的高度。近年来，他不遗余力地践行、推广和传播自己的理念，得到社会各界的认可、媒体的广泛关注，引起了极大的社会反响。2014年他荣获华南理工大学第六届"我最喜爱的导师奖"并参加首场巡讲。2015年5月作为华工唯一的班主任代表在华南理工大学全校学生工作会议上作典型事迹发言，其担任班主任的本科班荣获2015年度华工"校园十佳班集体"和学校"五四红旗团支部"。《中国科学报》连续三年在全国"两会"期间报道了李

烈军的事迹和理念。2016年6月，他登上了《科学中国人》杂志的"封面人物"，荣获科学中国人（2015）年度人物奖，并受邀在"开放·共享"论坛上分享理念。新华网、中国网、人民网、南方网等十余家媒体先后进行了采访和报道。李烈军受邀到高校、中学、企业、科研院所、政府机关等作了近百场报告。在华南理工大学每年两次的发展对象入党培训班上，他连续三年做首场报告。2017年9月他以"知行合一 致真立人"理念入选为"广东省科学道德和学风建设宣讲团"成员。

2015年暑期去苏州开特殊钢会议前，我们在镇江小聚，晨起迎着初升的朝阳，在古京杭大运河边散步，我对他说："你的课题组越来越大，平台越来越广，应该有个理念。"这也正是他在考虑的问题。可见，理念的产生基于李烈军团队发展的需要，后来也是由他独立提出的，我只是在其中起了促进的作用。可以这样说：李烈军在我的帮助下提出了"知行合一 致真立人"的教育理念；而正是在他的鼓励和支持下，我坚定了"致真"的人生追求。

《中国科学报》和《科学中国人》对他的报道，我全程参与，发挥自己读书多、爱思考的优势，尤其是对传统文化的深入理解，凝练出他的人生精华，把理念灌输到记者的报道中。这两篇报道放在本书附录部分，以使读者对李烈军的事迹和"知行合一 致真立人"的理念有更加深入的了解。

现在社会上有许多人并不了解传统文化，甚至有很多偏见和误解。而我开始也读不懂，对"四书五经"也是慢慢深入、逐渐领悟的。后来，随着自己阅历的增加，人生体会每每在《论语》中得到验证，就会兴奋不已。那些文字就不再枯燥乏味，仿佛有了精神，给我的人生增加了力量！正如宋代心学家陆九渊所说，"不是我注六经，是六经注我"，也正如阳明先生所说，"千圣皆过影，良知乃吾师"。在"致真"的过程中，放下私欲，就是在向古今圣贤学习。而诗人是真诚的，"真"是诗歌的灵魂，诗是"致真"的途径。

传统文化的智慧并不在书本上，而是在我们的日常生活中。李烈军本身就是"知行合一"的践行者，他的办公室里挂着别人送的条幅"知者不惑，仁者不忧，勇者不惧"，我认为非常合适。我也在向他学习真诚，他的生命深深扎根于生活，蓬勃向上，积极进取，从不怨天尤人。我们在一起的时间较长，他始终言行一致、表里如一。李烈军把教育作为人生的归宿，他坦言自己在"立人"过程中收获了快乐，如果单纯牺牲自己、无私奉献，绝不可能产生对教育事业由衷的热爱。"立人"始终是李烈军的理想，而他利用自己的深度、广度和高度可以帮助更多的人树立。

"克己复礼为仁"，"致真"的方法就是克制私欲。有人可能要问：如果人生没有欲望，活着还有什么意思？其实和佛教的"空"不同，儒家是讲"诚"的。诚者不勉而中，什么都是刚刚好。既不行险侥幸，也不能辜负此生。"率性之谓道"，就是追求自我实现！

在理念形成的初期，我们并没有想到后来会产生这么大的影响力。一灯点燃百盏灯，百盏灯点燃万盏灯，这样就会点燃"无尽灯"。这是一项崇高的事业，祝愿李烈军在"知行合一　致真立人"的道路上越走越远，越走越宽阔，意气风发，风光无限！

霍向东

2019 年 9 月